D1877705

रवीश कुमार

रवीश कुमार लेखक, पत्रकार और सामाजिक आलोचक हैं। वे लम्बे समय तक एनडीटीवी इंडिया में वरिष्ठ कार्यकारी संपादक के रूप में कार्यरत रहे। लोग उन्हें 'रवीश की रिपोर्ट' वाले रवीश के रूप में ज़्यादा जानते रहे हैं। राजकमल प्रकाशन की लप्रेक श्रृंखला में प्रकाशित उनकी किताब 'इश्क में शहर होना' एक मानक बन चुकी है। अंग्रेज़ी में इसका अनुवाद 'ए सिटी हैपेन्स इन लव' स्पीकिंग टाइगर से प्रकाशित हुआ है। कथेतर विधा में पहली किताब 'बोलना ही है' अब तक अंग्रेज़ी, नेपाली, मराठी, पंजाबी और कन्नड़ में अनूदित हो चुकी है। साल 2019 में उन्हें रैमॉन मैगसेसे अवार्ड से सम्मानित किया गया।

अब रवीश अपने यूट्यूब चैनल पर सक्रिय हैं, जिसका पता है : @ravishkuamar.official

बोलना ही है

लोकतंत्र,
संस्कृति और
राष्ट्र के बारे में

रवीश कुमार

राजकमल पेपरबैक्स

अंग्रेज़ी में यह किताब THE FREE VOICE : ON DEMOCRACY, CULTURE AND THE NATION नाम से Speaking Tiger से प्रकाशित है।

राजकमल पेपरबैक्स में
पहला संस्करण : 22 अक्टूबर, 2019
आठवाँ संस्करण : जनवरी, 2025

© रवीश कुमार

राजकमल पेपरबैक्स : उत्कृष्ट साहित्य के जनसुलभ संस्करण

राजकमल प्रकाशन प्रा.लि.
1-बी, नेताजी सुभाष मार्ग, दरियागंज
नई दिल्ली-110 002
द्वारा प्रकाशित

शाखाएँ : अशोक राजपथ, साइंस कॉलेज के सामने, पटना-800 006
पहली मंजिल, दरबारी बिल्डिंग, महात्मा गांधी मार्ग, प्रयागराज-211 001
1, अनमोल सोराबजी संतुक लेन, धोबी तलाव, मरीन लाइंस, मुम्बई-400 002
वेबसाइट : www.rajkamalprakashan.com
ई-मेल : info@rajkamalprakashan.com

यश प्रिंटोग्राफिक्स
नोएडा-201 301 (उत्तर प्रदेश)
द्वारा मुद्रित

मूल्य : ₹299

BOLNA HI HAI
Loktantra, Sanskriti aur Rashtra ke baare mein
by Ravish Kumar

ISBN : 978-93-88933-61-2

नॉयना, तनिमा और तनिशा को
जो मेरे बोलने और लिखने का मोल चुकाते हैं...

क्रम

भूमिका

2019 आ चुका है, दुनिया एक नए रंग में हमारे सामने है। जिस समय मैं यह नई भूमिका लिखने बैठा, तभी व्हाट्सएप्प पर यह मैसेज आया—'आज तेरी लिंचिंग की जाएगी।' लिंचिंग अंग्रेज़ी में लिखा है और उसकी स्पेलिंग ग़लत है; lynching की जगह leanching लिखा गया है। हम जिस लिंचिंग के ख़तरों की बात करते हैं, वो अब कुछ लोगों के लिए सामान्य कार्य हो चुका है। किसी से असहमति होने पर उसकी लिंचिंग करने का ख़याल आना, अब आम बात की तरह है। झारखंड में 17 जून को तबरेज़ अंसारी नाम के युवा को लोग खंभे से बाँध कर रात के एक बजे से लेकर सुबह छह बजे तक मारते रहते हैं। पुलिस देर से आती है। तबरेज़ को अस्पताल ले जाया जाता है। डॉक्टर उसका ब्लड प्रेशर तक रिकॉर्ड नहीं करते हैं। वह मर जाता है।

ऐसी ही भीड़ थी जिसने दिल्ली से सटे बुलंदशहर में इंस्पेक्टर सुबोध कुमार सिंह को मारा था। वे उस भीड़ को नियंत्रित करने की कोशिश कर रहे थे जो महाव गाँव के खेतों में गाय का कंकाल देखकर हिंसा पर उतारू हो गई थी। यह 2018 के दिसंबर की घटना है। तब इस

तरह की हिंसा गाय के नाम पर हुआ करती थी। लेकिन जैसे ही गायों की हालत पर रिपोर्ट आने लगी कि वे गौशालाओं में बग़ैर चारे के मर रही हैं, गायों के खुले घूमने से खेती चौपट हो रही है, किसान नाराज़ हैं, राजनीति ने गायों को छोड़ दिया है। तो भी इसके नाम पर किया जाने वाला काम जारी है—काम भय और हिंसा का। इसे जारी रखने के लिए 'जय श्री राम' का नारा आ गया है। वही भीड़ अब 'जय श्री राम' बुलवाने के नाम पर सक्रिय है। वह तबरेज़ अंसारी से ऐसा करवाने पर उतारू होती है। वह 'जय श्री राम' बोलता है, लेकिन बच नहीं पाता।

जो यह 'भीड़' है, महज़ शब्द नहीं है। इसमें बहुत से लोग हैं। मारने वाले, मारते हुए देखकर चुप रहने वाले और अपने मोबाइल फ़ोन में वीडियो बनाने वाले। वो तब भी चुप हैं जब बहुसंख्यक समाज के दर्जनों बच्चे इस तरह की हिंसा के आरोपों में जेल में हैं या मुक़दमा झेल रहे हैं। आवारा भीड़ का निर्माण तीव्र गति से चल रहा है। यह भीड़ कब, कहाँ आ जाएगी, पता नहीं।

यह सामान्य बात नहीं थी कि लोकसभा में सांसद असदुद्दीन ओवैसी के शपथ लेने के वक़्त 'जय श्री राम' का नारा लगाया गया। यह नारा राम के प्रेम में लगाया गया नारा नहीं था। ओवैसी को डराने या चिढ़ाने के लिए था। जवाब में ओवैसी ने 'अल्लाहु अकबर' का नारा दिया। नारा बनाम नारा का यह प्रसंग लोकसभा की कार्यवाही से निकाल दिया गया, मगर सड़कों पर होने वाली कार्यवाही का यह उद्घोष बन गया। सांप्रदायिक बातें अब राष्ट्रवादी बताई जाने लगी हैं। ड्राइंग रूम की संभ्रांत चर्चा में सांप्रदायिकता अच्छे भोजन के बाद अच्छी मिठाई हो चुकी है। सांप्रदायिकता सिर्फ़ भौंड़े रूप में ही नहीं दिखती है। वह अच्छे संस्कारों में भी जगह बनाती है। फ़र्क़ यही है कि जो पढ़े-लिखे बेरोज़गार हैं वो

अच्छे वाक्यों और तर्कों को गढ़ने की क्षमता नहीं रखते। सीधा मारते हैं। जो पढ़े-लिखे लोग हैं वो मारने का नुकसान जानते हैं, इसलिए हिंसा के समर्थन का शालीन रास्ता अपनाते हैं। वो धीमे स्वर में किसी को सीधा करने या सबक सिखाने की राजनीति का समर्थन करते हैं, जिन्हें हम अच्छे और ज़िम्मेदार लोग कहते हैं।

कुछ भी नया नहीं है। भारत और दुनिया के इतिहास में पहले घट चुका है। फिर भी यह मान लेना सही नहीं होगा कि सब कुछ पुराना है। बहुत कुछ नए तरीक़ों से भी हो रहा है। जैसे भारत का एक प्रमुख न्यूज़ चैनल बताता है कि 2019 का विश्व कप भारत प्रधानमंत्री नरेंद्र मोदी की क़िस्मत के कारण जीतने वाला है। न्यूज़ एंकर की आवाज़ गूँज रही है। वह लाखों घरों में पहुँचती हुई संभ्रांत चर्चाओं का भी सहज हिस्सा बन जाती है। ठीक उसी वक़्त और भी ख़बरें हैं जिन्हें प्रधानमंत्री की क़िस्मत से नहीं होनी चाहिए थीं, जैसे कि अर्थव्यवस्था में मंदी की आहट और रिकॉर्ड स्तर पर रोज़गार का घटना, बिहार के मुज़फ़्फ़रपुर में एक्यूट इंसेफेलाइटिस से 140 से अधिक बच्चों का मर जाना, गुजरात में सीवर की सफ़ाई करने के दौरान 7 सफ़ाईकर्मियों का मर जाना। गनीमत है, न्यूज़ एंकर ने इसके लिए प्रधानमंत्री की क़िस्मत को ज़िम्मेदार नहीं माना या इन मामलों में उनकी तरफ़ से हुए या नहीं हुए किसी हस्तक्षेप पर कोई सवाल नहीं उठाया। न्यूज़ चैनलों को देखने वाले करोड़ों दर्शक यह सब देखते हुए चुप हो जाते हैं। उन्हें पत्रकारिता का मतलब पता है, मगर उन्होंने बेमतलब की पत्रकारिता से ही अपना रिश्ता जोड़ लिया है।

आख़िरकार, प्रधानमंत्री की क़िस्मत उस दिन किसी काम नहीं आई जिस दिन भारत अपना मैच हार गया और फाइनल में नहीं पहुँचा। तो भी उनकी क़िस्मत के भरोसे चैनल और एंकर मौज कर रहे हैं। वे पत्रकारिता नहीं

करते हुए भी पत्रकारिता का चेहरा बने हुए हैं। उनकी जवाबदेही समाप्त हो चुकी है। बस, शाम को टीवी पर आना है, दो वक्ताओं को बुलाकर आपस में लड़ा देना है और असली ख़बरों को दबा देना है। अब यह विकार इतना व्यापक हो चुका है कि इसमें नैतिकता और अनैतिकता के बिंदु खोजने का कोई मतलब नहीं रहा। ख़राब पत्रकारिता की विश्वसनीयता इतनी कभी नहीं थी। न्यूज़ चैनलों ने भारत के लोकतांत्रिक मूल्यों की हत्या करने में जो मेहनत की है, उसी का नतीजा है कि अब भारत के लोग उन चैनलों को बग़ैर किसी सवाल के देखते हैं जिनके यहाँ सरकार से कोई सवाल नहीं होता। चैनलों ने अपने दर्शकों को एक ख़ास तरह से टीवी देखने के लिए प्रशिक्षित कर लिया है। नतीजा यह हुआ है कि अब वो ऐसे कार्यक्रम देखने के अभ्यस्त हो गए हैं जिनमें उनके हित को लेकर कुछ दिखाया नहीं जाता। जहाँ चुनाव जीतकर आए प्रतिनिधि हत्यारों को माला पहनाते हैं, मंत्री सरेआम झूठ बोल सकते हैं और न्यूज़ एंकर ख़बर के नाम पर सरकार की ओर से प्रेस रिलीज़ पढ़ सकते हैं। किसी को किसी बात से फ़र्क़ नहीं पड़ता।

दोबारा केंद्र में सत्ता में लौटने वाली भाजपा सरकार का पहला बजट पेशी के बाद वित्त मंत्रालय ने अपने कार्यालयों में प्रेस इंफॉर्मेशन ब्यूरो (पीआईबी) का कार्ड रखने वाले पत्रकारों के बग़ैर इजाज़त आने पर रोक लगा दी है। अब इन पत्रकारों को तभी अंदर आने दिया जाएगा जब अधिकारी मुलाक़ात का समय देंगे। पीआईबी कार्ड से पत्रकार कभी भी मंत्रालय के भीतर जा सकता है। किसी को पता चले बग़ैर मिल कर आ सकता है और स्टोरी फ़ाइल कर सकता है, इसकी छूट थी। तभी चुनाव से पहले सोमेश झा की *बिजनेस स्टैंडर्ड* में वह रिपोर्ट आ सकी, जिसमें बताया गया था कि 2017-18 में बेरोज़गारी बीते 45 सालों में

सबसे अधिक थी। अब ऐसी रिपोर्ट नहीं आ सकेगी। वित्त मंत्रालय ने कहा है कि पत्रकारों के बैठने का इंतज़ाम अच्छा कर दिया गया है, लेकिन अंदर आने से पहले अधिकारी से मुलाक़ात का समय लेना ही होगा। एडिटर गिल्ड ने आलोचना की है। भारत की जनता ने नज़र फेर ली है। 2019 के लोकसभा चुनाव में जब मीडिया के स्पेस में सिर्फ़ एक पार्टी का बोलबाला था, उसी की ख़बरें थीं और उसी का गुणगान था, तब भी जनता को यह सवाल महत्त्वपूर्ण नहीं लगा कि यह क्यों हो रहा है। भारत एक विशाल और महान लोकतंत्र है तो उसके सबसे बड़े प्रतीक मंच मीडिया में विपक्ष को क्यों ग़ायब किया जा रहा है। एकतरफ़ा कवरेज़ के इस दौर में आप चुनाव आयोग से भी उम्मीद नहीं कर सकते थे। ख़ुद चुनाव आयोग पर एकतरफ़ा होने के आरोप लग रहे थे। आचारसंहिता के उल्लंघन से जुड़े प्रधानमंत्री के मामलों में फ़ैसला लेने में देरी कर आयोग ने साबित भी कर दिया कि वह एक ऐसे समय में हैं, जहाँ तटस्थ होना ही सबसे ग़ैरज़रूरी है। इस दौर में सबको भरोसा है कि इतिहास से डरने की ज़रूरत नहीं है। इतिहास बदला जा सकता है, घटनाओं और शख़्सियतों को देश की सामूहिक स्मृति से मिटाया जा सकता है, उतनी ही आसानी से जितना कि स्कूलों के टेक्स्टबुक से।

प्रेस की गुणवत्ता का अब एक ही मानक है कि वह सत्ता पक्ष का गुणगान कितना अच्छा करता है। 2019 के चुनाव प्रचार के दौरान प्रधानमंत्री मोदी के इंटरव्यू गुणगान के लिए देखे जाने चाहिए, गुणवत्ता के लिए नहीं। भारत की जनता ने अपनी आवाज़ की बची-खुची जगह उन शक्तियों को सौंप दी है जिनके अगले क़दम के बारे में उसे भनक तक नहीं होती है। सत्ता पर जनता का इतना गहरा विश्वास शायद ही किसी दौर में रहा होगा। प्रेस का प्रोपेगैंडा तंत्र में बदल जाना भारत की

लोकतांत्रिक यात्रा का अब सहज हिस्सा है। जनता के एक बड़े हिस्से ने इसे गर्व के साथ स्वीकार किया है। प्रेस की आज़ादी के मामले में दुनिया में भारत की स्थिति को देखें तो वह 180 देशों की सूची में 140वें स्थान पर है। ऐसा सिर्फ़ सरकार की वजह से नहीं हुआ है, दर्शकों और पाठकों की वजह से भी हुआ है। तभी तो जो चैनल या अख़बार जितना दरबारी है, वह रेटिंग और सब्स्क्रिप्शन की होड़ में उतने ही बेहतर नंबर पर है।

भारत सरकार अपनी नई शिक्षा नीति के ड्राफ़्ट में कहती है कि NACC यानी राष्ट्रीय मूल्यांकन एवं प्रत्यायन परिषद् की रेटिंग में 68 फीसदी यूनिवर्सिटी औसत या औसत से भी ख़राब हैं। 91 प्रतिशत कॉलेज औसत या औसत से भी नीचे हैं। इन बेहद ख़राब कॉलेजों में कितनी मेहनत से छात्रों और छात्राओं की कई पीढ़ियों को औसत या औसत से नीचे तैयार किया होगा; जानने, पढ़ने और समझने की हर बेचैनी को ख़त्म किया गया होगा। आज के भारत के लिए नौजवानों, जिनमें लड़के और लड़कियाँ दोनों शामिल हैं, को हम दशकों से तैयार कर रहे थे। वे बेक़सूर थे। उनका क़सूर था तो सिर्फ़ इतना कि जब यह सब हो रहा था, तब वो सो रहे थे; और जब यह सब हो चुका है तब भी वे सो ही रहे हैं। नौजवान लड़के-लड़कियों ने यह समझना ही छोड़ दिया कि एक व्यवस्था के तहत उन्हें लाखों की फीस देकर इंजीनियर बनने के लिए मजबूर किया गया और उसके बाद उन्हें दस हज़ार की नौकरी भी नसीब नहीं हुई। वे यह समझना ही नहीं चाहते कि आख़िर क्यों कुछ साल के लिए

सैकड़ों इंजीनियरिंग कॉलेज खुले और बंद हो गए। जिन कॉलेजों के लिए उन्होंने लाखों रुपये बैंक से लोन लिए, जिसे आज तक चुका रहे होंगे, वे कॉलेज बंद हो चुके हैं। आईटी सेल में खप रहे/रहीं सॉफ़्टवेयर इंजीनियरों की जमात कभी भी उस तथाकथित गौरवशाली इतिहास का हिस्सा नहीं बन सकेगी, जिसे बनाने के लिए वे झूठ, नफ़रत और बदनाम करने की रणनीति के तंत्र खड़ा कर रहे/रही हैं। जिस तरह उनके सैकड़ों कॉलेज बंद हुए, उसी तरह एक दिन उन्हें भी तथाकथित गौरवशाली इतिहास के बेसमेंट में फेंक दिया जाएगा।

लोकतंत्र उन आदर्श लोगों के दम पर ज़िंदा और मज़बूत रहता है जो दुनिया को बेहतर ढंग से समझने को उत्सुक रहते हैं। जो सवाल करते हैं और जानकारी चाहते हैं। जिस मुल्क में 91 प्रतिशत कॉलेज औसत और औसत से नीचे के हों, क्या हम उनके छात्र-छात्राओं से लोकतांत्रिकता के उच्चतम आदर्शों की उम्मीद कर सकते हैं? भारत के 65 प्रतिशत नौजवान लड़के-लड़कियाँ उम्र में भले 35 साल से कम के हों, मगर उनकी सोच में वो जवानी कहाँ दिखती है! इन पर पहले अज्ञानता का बोझ लादा गया और अब सांप्रदायिकता का चश्मा पहना दिया गया है। भारत में असमानता को आर्थिक और सामाजिक पैमाने पर देखा जाता है, इसे ज्ञान के आधार पर भी पहचाने जाने की ज़रूरत है। हमारे समाज में ज्ञान की असमानता इतनी गहरी हो चुकी है कि इसे आप किसी अच्छी किताब से नहीं पाट सकते हैं। नौजवान 140-कैरेक्टर के ट्वीट और पावर प्वाइंट या मीम की जुबान में ही समझ सकेंगे, क्योंकि उनकी समझने की क्षमता का इतना ही विकास होने दिया गया है।

जब 91 फीसदी कॉलेज औसत या औसत के नीचे के हो गए तो उसके करोड़ों छात्र-छात्राओं के बीच ज्ञान की गहरी खाई बननी ही थी।

भारत में व्हाट्सएप्प यूनिवर्सिटी के लोकप्रिय होने का यह भी एक कारण रहा होगा। उसकी चमकदार मीम नौजवानों को नई किताब की तरह लगी जिसमें शब्द कम और चित्र रोमांचक थे। वे उसी के होते चले गए। शहरी विद्वानों ने इन नौजवानों के साथ हो रही नाइंसाफ़ी पर कम बात की। जो करते थे, वो भी दिल्ली महानगर के विद्वानों के बीच हाशिये पर थे। नौजवान जानने के लिए बेताब बैठा था। उसके जानने का हर तरह का सिस्टम पहले ही ख़त्म किया जा चुका था। व्हाट्सएप्प यूनिवर्सिटी की मीम ने उसे जानने का एक नया गौरवबोध दिया। भ्रामक और हिंसक जानकारियाँ उसे उसके स्मार्टफ़ोन में निजी तौर पर डिलिवर की गईं। यह ज्ञान की होम डिलिवरी थी। वह अब ख़ुद को सूचना-संपन्न महसूस करने लगा। उसे गौरव करने के लिए सच नहीं मिला तो उसने झूठ पर गर्व करना सीख लिया। कुछ लोगों को यह पता है कि वो झूठ बोल रहे हैं, लेकिन उन्होंने इसका प्रतिकार करने के बजाय अनजान बने रहना ठीक समझा है। इससे हुआ यह है कि अब उनका ये गर्व अतार्किक होकर भी इनके आलोचकों को उकसाने और आहत करनेवाले हथियार के रूप में काम आने लगा है।

बोलने के लिए जानना पड़ता है। जब जानने की हर कोशिश नाकाम कर दी जाए, जानकारी कम कर दी जाए तो बोलने का अभ्यास अपने-आप कम हो जाता है। न्यूज़ चैनलों और अख़बारों में मेहनत से खोज कर लाई गई ख़बरें ग़ायब होती चली गईं। ऐसी ख़बरों से जानने की बेक़रारी बढ़ती थी। हिंदी के कई अख़बारों ने जानबूझ कर उन नौजवानों को औसत बना रखा है, जिनके 91 प्रतिशत कॉलेज औसत या औसत से नीचे के थे। लोगों ने समझा कि मीडिया बता रहा है, लेकिन मीडिया तो अब वही बताता है जो उसे बताने के लिए बताया जाता है। सत्ता

को पता है कि जब लोग जानेंगे, तभी बोलेंगे। जब बोलेंगे, तभी किसी को सुनाएँगे। जब कोई सुनेगा, तभी उस पर बोलेगा। अब तमाम मीडिया तंत्र के ज़रिये जो जानकारी आप तक पहुँच रही है वह आपके बोलने की क्षमता को सीमित कर रही है। आपके बोलने के ख़तरे कम होते जा रहे हैं। माँ-बाप बच्चों को ज़्यादा बोलने और लिखने से मना कर रहे हैं। अध्यापक अपने विद्यार्थियों को सिर्फ़ पढ़ने और राजनीति से दूर रहने की सलाह दे रहे हैं। सारा समाज मिलकर भारत के महान लोकतंत्र को दब्बू बनाने में लगा है। सेंसरशिप की बात कहाँ नहीं है?

मई 2019 में, चुनावों के दौरान, प्रधानमंत्री ने इंडियन एक्सप्रेस के राजकमल झा और रवीश तिवारी से यह बात कही थी, जब उनसे पूछा गया था कि वे असहमति को कितना बर्दाश्त करते हैं, अगर कभी कैबिनेट या पार्टी की मीटिंग में भिन्न राय रखी गई हो :

> *...मनमोहन सिंह सरकार के दौरान होने वाली मंत्रिमंडल की बैठकों के औसत समय के बारे में पता करके देखिए। औसत समय आपको बीस मिनट से ज़्यादा का नहीं मिलेगा। अब आप हमारे कार्यकाल के मंत्रिमंडल की बैठक का औसत समय देखिए, यह आपको कम-से-कम तीन घंटे का मिलेगा। मंत्रिमंडल के ऐसे कई प्रस्ताव हैं, जिन पर दोबारा से विचार किया गया। कई ऐसे हैं, जिन्हें अस्थायी मंत्रिमंडल समूह के पास भेजा गया। इसके अलावा हमने अपने मंत्रिमंडल के सभी मंत्रियों के साथ बैठकें कीं, जिनमें सबको बोलने, अपनी बात रखने के लिए आमंत्रित*

किया। कई तरह के प्रेजेंटेशन तैयार हुए हैं, लेकिन ये सब मीडिया के लिए नहीं हैं।

लेकिन ख़बर के नाम पर हमें क्या मिलता है?

ये आपकी समस्या है। मैं कोई अलोकतांत्रिक व्यक्ति नहीं हूँ। मैं अभी तीन घंटे में दिल्ली के उन 250 लोगों से मिला जो मुझसे खुलकर बात करना चाहते थे। मैं मानता हूँ कि मीडिया में सरकार और इस देश के लोगों की बातें पारदर्शी ढंग से आएँ। ***सिर्फ़ ख़बरें छप जाएँ, बस यही लोकतंत्र नहीं है।***

यह प्रधानमंत्री का जवाब है। उन दुर्लभ इंटरव्यू में से एक के दौरान जो उन्होंने अब तक दिए हैं। वे इस जवाब में प्रेस और सरकार को बदलने की बात कर रहे हैं। क्या यह पूर्व संकेत था, वित्त मंत्रालय के उस फ़ैसले का जिसमें उसने पीआईबी पत्रकारों के बग़ैर अप्वाइंटमेंट मंत्रालय के अंदर आने पर रोक लगाया है! हैरानी हुई कि ख़ुद *इंडियन एक्सप्रेस* की नज़र इस लाइन पर क्यों नहीं पड़ी और इसे बैनर हेडलाइन क्यों नहीं बनाया। शायद ऐसी चूक हो जाती है।

इन सबके बीच सिविल सोसाइटी की एक बहुत बड़ी उपलब्धि सूचना का अधिकार अधिनियम में संशोधन किया गया है। अब तक केंद्र में मुख्य सूचना आयुक्त और राज्यों में सूचना आयुक्त हुआ करते थे जो कि सरकार से स्वतंत्र होकर कार्य करते थे, अब संशोधन के बाद सीधे केंद्र सरकार के नियंत्रण में होंगे। इस बात से कोई फ़र्क़ नहीं पड़ेगा कि लोग इस लोकतंत्र में जिस तरह की सूचना चाह रहे हैं, जिनकी उन्हें ज़रूरत है, मिल पाती भी है या नहीं?

लोकसभा ने ग़ैरकानूनी गतिविधि रोकथाम अधिनियम पारित कर दिया

जिसके तहत किसी को भी व्यक्तिगत स्तर पर आतंकवादी घोषित किया जा सकता है। हालाँकि जो मूल अधिनियम है उसमें भी आतंकवाद पर लगाम कसने के कई मज़बूत प्रावधान मौज़ूद हैं। उदाहरण के तौर पर जो लोग आतंकवादी गतिविधियों को अंजाम देनेवाले संगठन से जुड़े हैं, यहाँ तक कि उनके पास से किसी प्रतिबंधित संगठन से जुड़ा कोई दस्तावेज़ या साहित्य भी प्राप्त होता है तो उन्हें आतंकवादी करार दिया जा सकता है।

मनु सब्सटियन के *Livelaw.in* पर लिखे लेख से हमें पता चलता है कि "एक बार किसी को आधिकारिक रूप से आतंकवादी घोषित करने का मतलब है, उसके 'नागरिक जीवन की तबाही'", ऐसे में अब कोई भी सामाजिक रूप से बहिष्कृत हो सकता है, नौकरी गँवा सकता है, मीडिया के लिए एक शिकार साबित हो सकता है और वह भीड़ की चपेट में भी आ सकता है जो किसी कोर्ट-कचहरी द्वारा दी गई सज़ा से अलग अपने तरीक़े से दंडित करती है। लेकिन यह सब भी मायने नहीं रखता। जहाँ कोई नागरिक बिना किसी भय के जीवनयापन नहीं कर सकता, बोल नहीं सकता, स्वतंत्र ढंग से सोच नहीं सकता, वह लोकतंत्र आख़िर बचा कैसे रह सकता है?

1949 ई. में जॉर्ज ऑरवेल ने अपना महत्त्वपूर्ण उपन्यास *1984* लिखा था। मैंने इसे 2019 में पढ़ा। मैं उसी चम्पारण ज़िले से आता हूँ जहाँ ऑरवेल की पैदाइश हुई थी। लेकिन इस उपन्यास के प्रति मेरा आकर्षण बढ़ने की वजह है, इसके हर प्लॉट और हर विवरण का आज के समय की दुनिया में सटीक बैठना। उपन्यास में एक किरदार है जो हर छपी हुई चीज़ से पुराने शब्दों और नारों को मिटा रहा है। जैसे हमारे देश में नेहरू और गांधी को लेकर कितने ही संदर्भ और स्मृतियाँ मिटा

दी गई हैं। उपन्यास में हर जगह एक टेलिस्क्रीन लगा है, जिसके ज़रिये कोई बिग बॉस आम नागरिकों पर नज़र रखता है और उसी टेलिस्क्रीन से ख़बरों की घोषणा होती है। आज हमारे फ़ोन और टीवी स्क्रीन हमें नियंत्रित करने के नए औज़ार हैं। सैकड़ों चैनल हैं, सभी से एक ही घोषणा होती है। एक ही मुद्दे पर चर्चा होती है। न्यूज़ तंत्र के ज़रिये नागरिकों की नियमित ड्रिल कराई जा रही है और उन्हें रोबोट में तब्दील करने की प्रक्रिया जारी है।

प्रधानमंत्री भले कहें कि लोकतंत्र में यही एक काम नहीं है कि ख़बर छपती है कि नहीं छपती, लेकिन लोकतंत्र की कल्पना में सूचना और उसकी पवित्रता बेहद ज़रूरी है। भले ही लोग प्रधानमंत्री से सहमत हों, लेकिन जब वे अपने सवालों से घिरते हैं और जवाबदेही और ज़िम्मेदारी की ज़रूरत महसूस करते हैं, तब उस क्षण वे जिस प्रेस की कल्पना करते हैं, वह वही प्रेस है जिसके बारे में हम जैसे कुछ पत्रकार बात करते हैं। वह पहले भी आदर्श रूप में नहीं था। अब तो उसके क़रीब भी नहीं है, लेकिन आप जब अपने पेंशन, बच्चों की फ़ीस, किसी नाइंसाफ़ी के लिए प्रेस को ढूँढ़ते हैं तो एक बार तो कहते ही हैं कि मीडिया बिक गया है। इसका मतलब है कि आपके भीतर भी मीडिया की वह पवित्र समझ अभी तक बाक़ी है जिसे मैं बड़ा होते देखना चाहता हूँ। बस, आप खुल कर नहीं कह रहे हैं कि हमें बिका हुआ मीडिया नहीं चाहिए।

न्यूज़ चैनल हों या अख़बार हों, उनके न्यूज़ रूम में सरकार का साया घूमता रहता है। कई सालों से उन्होंने सरकार से सवाल करना बंद कर दिया है। प्रधानमंत्री से पूछे गए सवालों का मज़ाक़ उड़ता है, लेकिन जनता का एक बड़ा वर्ग अब उन्हें ही सही सवाल समझने लगा है—आम कैसे खाते हैं? पर्स रखते हैं या नहीं? आपके स्वभाव में ये

फ़क़ीरी कहाँ से आई है? ये वो सवाल हैं जो 2019 में लोकसभा चुनाव के दौरान फ़िल्मी सितारे और सेलिब्रिटी गीतकार द्वारा पूछे गए। उस देश में जहाँ ग़ैर बराबरी और भेदभाव के बीच स्वाभिमान से जीने-मरने की हज़ारों चुनौतियाँ हैं, उनसे जुड़े अनेक ज़रूरी सवाल हैं। तो भी 'आम कैसे खाते हैं' जैसे सवालों वाले इंटरव्यू प्रसारित होते हैं, देखे जाते हैं। कहीं कोई उल्लेखनीय विरोध नहीं होता। इसलिए जब वित्त मंत्रालय ने मान्यता प्राप्त पत्रकारों को बग़ैर अप्वाइंटमेंट के अंदर आने से मना किया तो भी कोई हंगामा नहीं हुआ।

आप ट्विटर पर ही न्यूज़ चैनलों के एंकरों और कई तरह के पदनाम वाले संपादकों के हैंडल का अध्ययन कीजिए। इनके ट्विटर हैंडल से लेकर प्रोग्राम के टाइटल तक आप देख लें। महीनों एक सवाल नहीं मिलेगा। न्यूज़ रूम में ऐसे कई संपादक हैं जिन्होंने महीनों से कोई ख़बर नहीं की है। लेकिन सुबह-शाम सरकार की नीतियों में गुण खोजकर प्रधानमंत्री को बधाई देते रहते हैं। इससे उनकी नौकरी और सुरक्षित हो जाती है। प्रधानमंत्री भी कुछ दिनों के बाद ऐसे पत्रकारों को फॉलो कर लेते हैं। यह उनके लिए उपलब्धि हो जाती है। यही नहीं, कुछ पत्रकार उन्हें ट्विट करने लगे कि आपने हमें फॉलो नहीं किया। सरकार और पत्रकार आपस में लाइक्स और फॉलो बाँट रहे हैं। यह नए दौर की रेवड़ियाँ हैं। महत्त्वपूर्ण बने रहना ही सबसे बड़ी चुनौती है।

भारत के लोकप्रिय और ताक़तवर प्रधानमंत्री से ट्विटर पर अपना हैंडल 'फॉलो' करवा पाने की यह लालसा हमारे दौर की पत्रकारिता की सबसे बड़ी लालसा है। देखा जाना चाहिए कि प्रधानमंत्री जिन पत्रकारों को फॉलो करते हैं, उनकी पिछले पाँच सालों में किस तरह की रिपोर्टिंग रही है। उन्होंने ऐसी क्या रिपोर्टिंग की है जिसके कारण भारत के प्रधानमंत्री

उन्हें फॉलो करते हैं। वैसे भारत के प्रधानमंत्री उन लोगों को भी फॉलो करते हैं जो सोशल मीडिया पर लोगों को ट्रोल करते हैं। ये न्यूज़ एंकर भी तो सरकार के लिए लोगों को ट्रोल करते हैं। अपने कार्यक्रम में विपक्ष को ललकारते हैं। हर शाम ये किसी लिबरल को खोजते हैं। उनकी भाषा सुनिए। वह सिर्फ़ और सिर्फ़ गुंडों और ट्रोल की भाषा है और कुछ नहीं।

अब न्यूज़ रूम में कोई नहीं पूछता कि ख़बर कहाँ है या इसमें ख़बर क्या है? रिपोर्टर का सिस्टम कुचल दिया गया। जो बचे हैं, अब संपादक बचे हैं। जिनके नाम के आगे सीनियर ग्रुप एडिटर, ग्रुप एडिटर, सीनियर मैनेजिंग एडिटर, मैनेजिंग एडिटर, नेशनल एडिटर, पॉलिटिकल एडिटर, एसोसिएट एडिटर आदि लगा होता है। इसके अलावा भी कई तरह के एडिटर हो गए हैं। अब एडिटर एडिटर से कैसे पूछे कि 'ख़बर क्या है। तुमने इतने दिनों से ख़बर क्यों नहीं की है?' न्यूज़ चैनलों के न्यूज़ रूम का एक ही काम है। डिबेट का प्वाइंट तय करना। जनता भी इसे ही पत्रकारिता समझने लगी है। वह भी कहती है कि 'हमारे यहाँ ये घटना हो गई है, इस पर डिबेट करा दीजिए।' अब वह नहीं कहती कि 'इस घटना की ख़बर करवा दीजिए।' आम लोगों को तब तक इससे कोई फ़र्क़ नहीं पड़ता जब तक वे खुद पीड़ित नहीं होते हैं। जैसे ही वे प्रभावित होते हैं, सबसे पहले उनकी नज़र यह ढूँढ़ती है कि यहाँ रिपोर्टर कौन है? जुलाई 2019 में रेलवे के कई ज़ोन में हड़तालें हुईं। हज़ारों की संख्या में कर्मचारियों ने हिस्सा लिया। जब मीडिया ने कवरेज़ नहीं किया तो कर्मचारी व्हाट्सएप्प मैसेज घुमाने लगे, जिसमें यही लिखा था कि मीडिया बिक चुका है। इसके पहले वही कर्मचारी उसी बिके हुए मीडिया के नियमित ग्राहक थे। अब जब उनकी ख़बर का कवरेज़ नहीं हुआ तो मीडिया बिका हुआ नज़र आया। दरअसल मुख्यधारा के मीडिया

ने आम लोगों की यही हालत कर दी है। वह अपनी त्रासदी का वीडियो बनाकर ख़ुद ही देखता रह जाता है।

मुझे रोज़ ऐसे कई फ़ोन आते हैं जिसमें लोग कहते हैं कि वे और उनके साथी देखते तो दूसरे चैनल ही हैं, लेकिन उनकी फलाँ समस्या मैं उठा दूँ। इससे पता चलता है कि वे फ़र्क़ करना जानते हैं कि क्या पत्रकारिता है और क्या नहीं। फिर भी वे उन्हीं चैनलों को देखते हैं जिनके बारे में उनकी राय है कि यह पत्रकारिता नहीं है। न्यूज़ चैनलों ने जनता के बड़े वर्ग को अपनी ख़राबी की आदत डाल दी है। जनता यानी दर्शक अब उन चैनलों के साथ एडजस्ट हो चुकी है। न्यूज़ चैनलों ने अपने दर्शकों को एक ख़ास राजनीतिक दिशा में निर्देशित करना शुरू कर दिया है।

पत्रकारिता अब मुश्किल हो गई है। पहले पत्रकार कहते थे कि 9 से 5 की नौकरी नहीं करनी थी, इसलिए इस क्षेत्र में आए। अब यह सिर्फ़ नौकरी होकर रह गई है। न्यूज़ रूम से साहस के पोषक तत्त्व रोज़ कम होते जा रहे हैं। विटामिन डी सिर्फ़ शरीर में ही नहीं, सोच में भी कम हो गया है। पत्रकारों को निकाला जा रहा है। उनकी आर्थिक सुरक्षा ख़तरे में है। अख़बारों और चैनलों को सरकार विज्ञापन रोक कर सज़ा दे रही है। वैसे उन अख़बारों को भी इस बात की ख़बर नहीं है कि सरकार ने विज्ञापन देना बंद कर उन्हें दंडित किया है। उनकी यह ख़बर दूसरी वेबसाइटों पर छप रही हैं जो मुख्यधारा की तरह नहीं होना चाहती हैं। मीडिया संस्थानों का हाल अच्छा है। गला रेता जा रहा है और गाना गाया जा रहा है।

क्या 2019 का जनादेश पत्रकारिता को लेकर उठे सभी सवालों के ख़िलाफ़ भी था? इसका अंतिम जवाब तो नहीं है, लेकिन लगता है कि

जनता ने पत्रकारिता की आज़ादी के सवाल को महत्त्व नहीं दिया। उसके लिए पत्रकारिता का बिक जाना और किसी पत्रकार का मिट जाना कोई बड़ी बात नहीं है। किसी भी लोकतंत्र में सरकार का मूल्यांकन आप बिके हुए प्रेस से नहीं कर सकते हैं, लेकिन भारत में किया जा रहा है। इस सवाल का जवाब अभी बाक़ी है। प्रेस की आज़ादी का सवाल किसका है? दो-चार पत्रकारों का या पूरे समाज का?

भले ही सत्ता के गलियारे में होने वाली सौदेबाज़ी में प्रेस की आज़ादी का सवाल ख़त्म हो जाए, लेकिन एक दिन यह सवाल जनता के लिए रोज़ी-रोटी का सवाल बनकर आएगा। जब तक इंसान को भूख का अहसास है, बोलने की बेचैनी है, तब तक वह जानने की छटपटाहट में रहेगा। आज लोग सुन्न पड़े हैं, कल जागेंगे। तब पूछेंगे कि भारत का लोकतंत्र महान कैसे हो सकता है, जब उसका मीडिया ग़ुलाम की तरह बर्ताव करता है। पत्रकारों के वेश में न्यूज़ एंकर गुंडों की तरह बात करते हैं।

एक किताब की भूमिका अख़बार की रिपोर्ट की तरह क्यों लिखी जाए? जब अख़बार में रिपोर्ट ही न छपे तो फिर किताब की भूमिका या प्रस्तावना ही बचती है, क्योंकि ऐसी जगहों पर उनकी भी नज़र कम पड़ती है जो किताबें जलाते हैं। इसलिए भूमिका में वो सब लिखा जाना चाहिए जो आप किताब में नहीं लिख पाते हैं। हालाँकि मुझे उम्मीद है कि जो विरोध करते हैं, उनमें से भी कुछ लोग इस किताब को खोलेंगे और इसे पढ़ेंगे। यह बात मायने नहीं रखती कि वे इसमें लिखी गई बातों से सहमत होते

हैं या असहमत। मैं सिर्फ़ यह चाहता हूँ कि इसे वे भी पढ़ें। इसे ही नहीं, उन सबकी किताब जिनका वे विरोध करते रहते हैं। सबको अपने विरोधी मत की किताब भी पढ़नी चाहिए, ताकि किसी भी मत के बारे में सही राय बन सके। किसी को बिना जाने उसका विरोध या समर्थन करने से बचना चाहिए।

मेरी यह किताब अंग्रेज़ी में हज़ारों पाठकों तक पहुँची है। उन सभी उदार पाठकों का शुक्रिया कि उन्होंने मुझे पढ़ा। मराठी और कन्नड़ के पाठकों का भी शुक्रिया कि उन्होंने मेरी किताब अपनी भाषा में पढ़ी। अब यह किताब अपनी मूल भाषा हिंदी में है। तीन भाषाओं में यात्रा के बाद, दो नए लेखों के साथ। अंग्रेज़ी संस्करण के संपादक रवि सिंह का आभार, जिनकी सोच का नतीजा थी यह किताब।

नई दिल्ली
जुलाई, 2019

रवीश कुमार

बोलना

एक जज की मौत होती है। उनका बेटा और पत्नी बोलने का साहस नहीं जुटा पाते हैं तो क्या भारत के मुख्य न्यायाधीश को उन्हें सुरक्षा का भरोसा नहीं देना चाहिए, उन्हें बोलने का हौसला नहीं देना चाहिए? आख़िर जब एक नागरिक डर के कारण जीने का, बोलने का हौसला छोड़ देगा तो उसे कौन हौसला देगा? संविधान के संरक्षक के तौर पर अगर सुप्रीम कोर्ट के मुख्य न्यायाधीश या देश के प्रधानमंत्री हौसला नहीं देंगे तो और कौन देगा? क्या सत्ता को हमने डर का चादर बना लिया है कि वह डराती रहेगी और हम उस चादर को तान कर सोते रहेंगे, उसके नीचे डर से काँपते रहेंगे? एक आम नागरिक के लिए भी जवाब ज़रूरी है, वरना सबको लगेगा कि जब एक जज के साथ ऐसा हो सकता है तो फिर किसी के साथ भी ऐसा हो सकता है।

मैं आपसे एक बात कहना चाहता हूँ। इस ख़बर को पढ़कर मुझे भी डर लगा था, लेकिन इस पर प्राइम टाइम इसलिए किया ताकि अनुराधा बियानी को यह न लगे कि उसके जज भाई को किसी ने मार दिया और बोलने वाला कोई नहीं था। जज लोया

के बेटे को यह न लगे कि उसके बाप को किसी ने मार दिया और उसके लिए इस देश में बोलने वाला कोई नहीं है। ऐसा नहीं है, हम भी डरते हैं; मगर इस डर से मुक्ति का रास्ता था कि इस स्टोरी को लेकर सबके सामने हाज़िर हो जाया जाए। अब जो होना हो, वो हो जाए।

'अब जो होना हो, वो हो जाए।' प्राइम टाइम शो की यह आख़िरी पंक्ति दर्शकों के लिए नहीं थी, ख़ुद के लिए थी। दो दिनों से मुझे जिस डर ने घेर रखा था, उससे निकलने का ऐलान था। प्राइम टाइम के दौरान लग रहा था, जैसे एक-एक शब्द मुझे रोक रहे हों। कह रहे हों कि 'अब बस करो, आगे मत बढ़ो। रुक जाओ। तुम अपने डर से मुक्त होने के लिए ख़ुद को ख़तरे में नहीं डाल सकते। बोल देने से डर समाप्त नहीं होता है। बोलने के बाद दूसरे तरह के कई डर घेरा बनाकर इंतज़ार कर रहे होते हैं।'

लेकिन मैं बोला, और मैं मुक्त हुआ।

---

23 नवंबर, 2017, अर्चना कॉम्प्लेक्स, ग्रेटर कैलाश। एनडीटीवी के दफ़्तर से निकलते हुए प्राइम टाइम का पूरा शो शरीर के भीतर गूँज रहा था। शो के दौरान बोले गए एक-एक शब्द मुझे ही चुभ रहे थे। दरअसल, शो के लिए स्टूडियो की तरफ़ बढ़ते वक़्त मैं उस चुप्पी से लड़ रहा था जो एक जज की कथित मौत की ख़बर के बाद भी पसरी हुई थी। *कैरेवान* पत्रिका ने कथित रूप से सोहराबुद्दीन शेख एनकाउंटर मामले

में सुनवाई कर रहे सीबीआई के जज बृजगोपाल हरिकिशन लोया की मौत पर सवाल उठाती हुई एक रिपोर्ट छापी थी। इस मामले में बीजेपी के राष्ट्रीय अध्यक्ष अमित शाह बरी हो गए थे। इस स्टोरी के छपे कई हफ़्ते बीत जाने के बाद तक जज लोया की पत्नी और बेटे की तरफ़ से कोई बयान नहीं आया। क्या किसी डर की वजह से दोनों अपनी बात नहीं कह पाए? क्या कोई इतना डर सकता है कि अपने पति या अपने पिता की मौत पर सवाल नहीं उठा सकता है? मैं दोनों के भीतर के डर को अपने भीतर जीने लगा।

मैं *कैरेवान* की उस स्टोरी को बार-बार पढ़ रहा था। जितनी बार पढ़ रहा था उसके सही होने की ज़रा-सी भी आशंका मेरे भीतर सिहरन पैदा कर रही थी। ग़लत होने की संभावना इस स्टोरी को टीवी पर पेश करने से रोक रही थी। लेकिन इससे कहीं ज़्यादा स्टोरी के आस-पास बने चुप्पी और डर के माहौल ने मुझे बेचैन कर दिया।

जब भी ऐसी किसी स्टोरी पर कार्यक्रम करता हूँ, उस रात सो नहीं पाता। हर बात को लोगों की निगाह में सही या ग़लत होते देखना ख़ुद को ऐसी सूली पर चढ़ा देना है, जहाँ ज़िंदगी और मौत का फ़ासला एक नज़र के बदल जाने से तय होता है। आपके ही लिखे या बोले हुए एक-एक शब्द शरीर को भीतर से कुरेदने लगते हैं। जैसे कोई छेनी से पत्थर की दीवार तोड़ रहा हो। आशंकाएँ आपको जर्जर बनाती हैं।

अक्सर इन बेचैनियों को साझा करने के लिए आस-पास कोई नहीं होता है। डर बाहर से आता है और हौसला भीतर से। जब डर लगे तो ख़ुद के भीतर झाँका कीजिए। मैं अक्सर ऐसे वक़्त में झाँकता हूँ। कई बार मुझे अँधेरे गहरे कुएँ में गिरता हुआ एक एंकर दिखता है जो चीख़ रहा होता है। जिसकी चीख़ सुनने वाला कोई नहीं है। उसके पास ख़ुद

को बचाने के लिए आवाज़ ही है, जिसे वह ऊँचे स्वर में लोगों तक पहुँचा देता है। डर के ऐसे लम्हों में टीवी के पर्दे के सामने मैं एक-एक शब्द पर सीढ़ी की तरह चढ़ता चला जाता हूँ और अपने डर की गहराई से बाहर आने लगता हूँ।

दिल्ली में अँधेरा रात को ही नहीं आता है, दिन में भी घूमता रहता है। अँधेरे का फ़ैसला सत्ता करती है, सूरज नहीं। ऐसा लग रहा था, *कैरेवान* की स्टोरी के बाद सत्ता ने एक बत्ती बुझा दी हो और सब किसी अँधेरे में सहम गए हों। मेरे लिए अब उस स्टोरी से ज़्यादा बड़ी स्टोरी थी, इसे लेकर पसरी हुई चुप्पी और डर। मैंने प्राइम टाइम में उस डर को लेकर कार्यक्रम कर दिया। उस रात का एपिसोड ख़त्म करने के बाद लगा कि जैसे मैंने जज लोया की पत्नी से किया कोई वादा निभा दिया हो। डर की वह स्टोरी मेरी नहीं थी, मगर अब वो मेरी भी थी, जिससे ख़ुद को अब मुक्त समझ रहा था।

लेकिन प्राइम टाइम शो के बाद अब प्राय: दूसरों का डर मेरा इंतज़ार करने लगता है। वही हुआ। जज लोया की मौत से जुड़े सवालों को लेकर किए गए प्राइम टाइम शो के बाद मेरा फ़ोन घनघनाने लगा। दूसरी तरफ़ से आती हर आवाज़ ठंडी लग रही थी। लग रहा था कि सिर्फ़ देख लेने से ही कोई डर गया है। दर्शक मेरे लिए डर गए थे या ख़ुद के लिए? ऐसा लगा कि मैं घर तक भी नहीं पहुँच पाऊँगा। बातचीत में तरह-तरह के अनिष्ट की आशंकाओं ने जगह ले ली। मैं अकेला महसूस करने लगा। ऐसा लगा कि हर कोई अंतिम चेतावनी देकर दिल्ली से जा चुका है। एक आशंका बची है जो मेरा हिसाब लेने आ रही है।

तो क्या जज लोया की मौत पर प्राइम टाइम कर मैंने कोई नई सीमा पार कर दी? वह 'सीमा' क्या हो सकती थी? क्यों बाकी एंकरों ने

'अपनी सीमा' में रहना पसंद किया? क्या बात इतनी ही थी कि वे स्टोरी से सहमत नहीं थे या फिर कुछ और था? इसका जवाब कभी भी कोई ऑन रिकॉर्ड नहीं जान पाएगा। क्या लोग वाक़ई उस इंसान से इतना डरते हैं जिसकी दहलीज़ तक जज लोया की मौत की कहानी पहुँच रही थी?

डर वास्तविक भी होता है और काल्पनिक भी, लेकिन सच यही है कि काल्पनिक डर के तार भी वास्तविक डर से जुड़े होते हैं। बोलना सिर्फ़ साहस का काम नहीं है। आप जब बोलते हैं तो सबसे पहले ख़ुद को चुनौती देते हैं। ख़ुद से लड़े बिना कोई बोल नहीं सकता। झूठ बोल सकता है, मगर सत्य के क़रीब नहीं पहुँच सकता। आपने फिनिशिंग लाइन पर पहुँच कर उसैन बोल्ट को आगे की तरफ़ शरीर को झुकाते हुए देखा होगा। उस वक़्त बोल्ट अपने शरीर से लड़ रहे होते हैं। उसके ख़िलाफ़ जाकर आगे की तरफ़ झुक रहे होते हैं। बोलते हुए आप जितना अधिक ख़ुद से लड़ेंगे, उतना ही अधिक आप फिनिशिंग लाइन की तरफ़ झुकेंगे, उतना ही अधिक आप सत्य के क़रीब होंगे। सत्य का मतलब सिर्फ़ तथ्य नहीं होता। सत्य का मतलब समय, उस समय का माहौल और उसके भीतर मौजूद संस्थाओं का तंत्र भी होता है, जिसके सामने खड़े होकर आप बोल रहे होते हैं। फ़र्क़ सिर्फ़ इतना है कि बोल्ट के लिए फिनिशिंग लाइन पर एक रस्सी होती है, हमारे जैसों के सामने कंक्रीट की दीवार होती है। आप उस लाइन पर पहुँच कर एक दीवार से टकरा जाते हैं। आपकी नौकरी, आपका जीवन सब कुछ दाँव पर लगा होता है।

आपका डर जहाँ से ख़त्म होता है, सत्ता के शीर्ष पर बैठे शख़्स का काम वहाँ से शुरू होता है। आप एक डर से आज़ाद होते हैं, मगर वह दस और डर का जाल बिछा देता है। साहस कुछ और नहीं, डर के एक घेरे से निकल कर दूसरे घेरे से निकलने का संघर्ष है। इन दिनों

जब भी कोई लेख लिखता हूँ, कहीं कुछ बोल देता हूँ, लोग नए-नए डर से मेरा परिचय कराने लगते हैं। 'आपको डर नहीं लगता है?', 'कोई तो है जो बोल रहा है!'—मैं जब भी ऐसा कुछ सुनता हूँ, बोलने वाले के चेहरे पर डर का संसार देखने लग जाता हूँ। डर लगने या नहीं लगने से जुड़ी ऐसी चिंताएँ आदमी को डरपोक बनाती हैं। ऐसी चिंताओं की आड़ में कई बार कुछ लोग 'सँभल कर बोलने' की नसीहत के बजाय 'नहीं बोलने' की हिदायत दे रहे होते हैं।

जब भी कोई मुझे कहता है कि आपको बोलने से डर नहीं लगता, मेरे भीतर डर पसर जाता है। मैं अपने बचपन के उस रवीश के पास चला जाता हूँ जो शाम के वक़्त बेल के पेड़ के नीचे से गुज़रते वक़्त *हनुमान चालीसा* रटने लगता था। 'जय बजरंग बली' बोलने लगता था। किसी से सुना था कि बेल के पेड़ पर भूत होते हैं। पीछे से पकड़ लेते हैं। रास्ते में जब कोई नहीं होता था तो मैं चप्पल हाथ में लेकर दौड़ने लगता था। यही हाल सिनेमा हॉल में होता था। सिनेमा हॉल की बत्ती बुझते ही जी घबरा उठता था और मारधाड़ का सीन आने पर अपनी आँखें बंद कर लेता था। आज तक किसी भी फ़िल्म में बलात्कार का कोई भी सीन अपनी खुली आँखों से नहीं देख पाया हूँ। मैं इतना डरता हूँ।

स्कूल के दिनों में परीक्षा में फेल होने का डर मुझे हर दिन मारता था। पढ़ने में साधारण था। साइंस के विषयों पर पकड़ न होने के कारण मार्च और अप्रैल का महीना बहुत उदास कर जाता था। ऐसे ही डर के एक क्षण में मेरे पिताजी ने मुझसे कह दिया—'साल भर धीरे-धीरे भी पढ़ो तो परीक्षा के दिनों में पढ़ने की ज़रूरत नहीं रहती। डरने की भी ज़रूरत नहीं होती।'

बोर्ड एग्ज़ामिनेशन के दौरान गणित की परीक्षा के लिए घर से निकल

रहा था। उस वक़्त इतना रोया कि बाबूजी को साथ जाना पड़ा। बाल्टी में पानी भरकर उसमें गुलाब रख दिया गया था। जैसे किसी लड़की की विदाई के वक़्त रखा जाता है। मैं घर से निकल ही नहीं रहा था। मुझे नहीं पता, उस दिन बाबूजी क्यों साथ गए? वैसे उन्होंने कभी इस बात से मतलब नहीं रखा कि मैं किस क्लास में पढ़ता हूँ। किस विषय में कमज़ोर हूँ, किसमें अच्छा हूँ। उस दिन उनका मेरे साथ जाना मुझे याद रहा। सेंट ज़ेवियर स्कूल के बाहर उनका साथ छूट रहा था। जी में आया कि एक बार और लिपटकर रो लूँ। रास्ते भर समझाते रहे कि 'इतना क्यों डरते हो! घबराना नहीं चाहिए।' उन्हें नहीं पता था कि डर का कारण वही थे। फेल हो जाने की स्थिति में जीवन से नहीं, उनके ही ग़ुस्से से डर लगता था।

बाबूजी की ये बात बहुत दिनों तक याद रही। दिल्ली आकर ग्रेजुएशन की पढ़ाई के दौरान मैंने इस डर को जीत लिया। गर्मी की छुट्टियों में जब सारे मित्र पटना चले जाते थे तब मैं लाइब्रेरी में बैठकर अपने डर पर काम कर रहा होता था। बी.ए. की परीक्षाओं से मुझे दोस्ती हो गई।

बाबूजी काफ़ी ग़ुस्सैल स्वभाव के थे। सात भाई-बहनों के परिवार में सबको डाँटते हुए जब मुझ तक आते तो रुक जाते। मुझे बहुत प्यार करते थे। घर में उनके ग़ुस्से के आतंक का असर मुझ पर भी था, मगर प्यार का वो हल्का-सा स्पर्श मुझे डर से आज़ाद कर देता था। वे उस रोज़ अगर साथ नहीं गए होते तो मैं परीक्षा ही नहीं दे पाता। मैं गणित में पास कर गया, क्योंकि जो रटकर गया था उसमें से कुछ सवाल आ गए। मेरी माँ किसी भी परिस्थिति में नहीं घबराती हैं। समभाव में रहती हैं। अक्सर हँसते हुए नॉयना से कह देती हैं कि 'ये तो पहले ही रोने लगता है। परीक्षा के नाम से डर जाता था।' ये वही नॉयना हैं, जिनके

कारण मैं जीवन के बाक़ी हिस्सों में डर से आज़ाद होना सीखने लगा। वो कहानी फिर कभी।

आप मुझे थोड़ा सँभलकर रहने और बोलने को कहते हैं, मैं बचपन से लेकर जवानी के बड़े हिस्से तक एक डरपोक लड़का था।

मुझे आज भी डर लगता है। मुझे अपनी ग़लतियों से बहुत डर लगता है। मेरी सुबह ट्रोल्स की गालियों से होती है और रात में सोने जाते समय मुझे नौकरी चली जाने की आशंका घेर लेती है। 2014 के बाद शायद ही कोई ऐसा दिन रहा होगा जब किसी न किसी ने मुझे अपनी नौकरी गँवा देने के ख़तरे के प्रति आगाह न किया हो। डर ही मुझे बचाता है। मुझे लोगों की तकलीफ़ के क़रीब ले जाता है। मैं रोज़ डर से साहस की तरफ़ सफ़र करता हूँ। साहस की कोई अंतिम मंज़िल नहीं होती। जो हमेशा के लिए उस मंज़िल पर पहुँच जाने का दावा करता है, वह मनुष्य नहीं है। उसके भीतर शैतान रहता है। साहस कभी न पूरा होने वाला एक सफ़र है। आपके लिए जो साहस है, मेरे लिए वह हर दिन की चुनौती है।

सत्ता को पता है कब किसे रास्ते से हटा देना है। आप यह जानते हैं फिर भी यह सफ़र तय करते हैं। डर और साहस के बीच इस यात्रा के रोमांच ने मेरी नींद भी उड़ाई है, गालियाँ भी खिलवाई हैं, और तालियाँ भी बजवाई है।

बोलने की क़ीमत अदा करनी पड़ती है। बीस-बीस साल जिन लोगों के साथ काम किया, उन्हें जब कंपनी से जाना पड़ रहा था, तब उनमें से कई मेरी तरफ़ देख रहे थे। उन निगाहों में काफ़ी दूरी थी। उन्हें लगा कि मेरे इस बोलने के कारण सरकार ने कंपनी को सज़ा दी है।

उसी दौरान दफ़्तर के बाथरूम में एक पूर्व सहयोगी ने मुझसे कहा कि 'क्या हम अपनी लाइन नहीं बदल सकते थे?' मैंने बस इतना कहा कि

'क्या हमें पत्रकारिता नहीं करनी चाहिए थी?' मेरे सवाल से उसे जवाब नहीं मिला, न ही उसके सवाल से मुझे जवा़ब मिला। नौकरी की छँटनी का अनुभव हर किसी के लिए बहुत तल्ख़ होता है। ऐसे वक़्त में किसी की बात का बुरा नहीं मानना चाहिए। मैं उसके सामने किसी गुज़र चुके वक़्त की तरह खड़ा रहा। चुपचाप उसे बाहर जाते देखता रहा। अपने भीतर अकेला होता रहा। एक छोर पर खड़ा भीतर-ही-भीतर टूटता रहा।

'क्या हम अपनी लाइन नहीं बदल सकते थे?'—यह बात मेरे भीतर धँस गई। क्या मुझे किसी भीड़ का हिस्सा हो जाना चाहिए था, जो किसी को चलती ट्रेन में मारकर आ रही थी, जो किसी को उसके घर में ही घेरकर मार दे रही थी? आपका बोलना आपको अकेला कर देता है। आपके पास आपके अलावा कुछ नहीं बचता है। मैं अकेला महसूस करता हूँ। इस पेशे में मेरा कोई दोस्त नहीं है। जिससे भी बात करता हूँ, चुप रहने की सलाह देता है। मैं चुप नहीं रह सकता।

आज भी मैं सत्ता के विशाल बेल के पेड़ के नीचे से गुज़रता हुआ महसूस करता हूँ। फ़र्क़ यही है कि अब *हनुमान चालीसा* नहीं रटता। भगवान से जीवन नहीं माँगता, बल्कि जितना दिया है उसके लिए धन्यवाद देता हूँ। अपने तथ्यों को ठीक से परखता हूँ, क़लम सीधी रखता हूँ और जुबान साफ़। इसके बाद बोलने का साहस आ जाता है।

मेरा बोलना और उसे साहस के फ़्रेम में देखा जाना ये सब 2014 के बाद की परिस्थितियों की मेहरबानी है। 2014 के बाद राजनीति की हवा

बदल गई। सरकार की आलोचना को देश की आलोचना बताया जाने लगा। 'आईटी सेल' नाम का एक कारख़ाना बना जिसके तहख़ाने में डर के अनेक रूप पैदा किए जाने लगे। सवाल करने वालों पर 'आईटी सेल' की ट्रोल आर्मी ने ज़ोरदार हमला बोला। उन्हें देश-विरोधी, धर्म-विरोधी से लेकर विरोधी दलों का दलाल तक कहा जाने लगा। पत्रकारों को 'विरोधी' के खाँचे में ढाल दिया गया। एंटी मोदी बताया जाने लगा। मंत्री तक पत्रकारों पर हमला करने लगे। 'आईटी सेल' ने तीव्र गति से मीडिया को 'गोदी मीडिया' में बदल दिया। तमाम एंकर, पत्रकार सत्ता की गोद में बैठकर *मोदी चालीसा* पढ़ने लगे।

यह 'आईटी सेल' किसी एक पार्टी की इकाई नहीं है। यह एक मानसिकता है। ऐसी मानसिकता जो अब समाज के बहुत बड़े हिस्से में फैली हुई है। मैं इस पूरे सेटअप को, उन लोगों को जो इस मानसिकता से ग्रसित हैं—'आईटी सेल' कहता हूँ। इस 'आईटी सेल' ने नागरिकों को ट्रोल में बदल दिया है। बहुत सारे लोग 'आईटी सेल' वालों की मानसिकता को मज़ाक़ समझते हैं, लेकिन यह एक भरे-पूरे इंसान को रिसोर्स की तरह इस्तेमाल कर रहे हैं जो न सिर्फ़ महानगरों में, बल्कि दूर-दराज़ के इलाक़ों तक में फैले हुए हैं। आज देश के बहुत सारे चैनल इस 'आईटी सेल' का ही विस्तार हैं।

इनकी अपनी प्रयोगशाला है—व्हाट्सएप्प यूनिवर्सिटी। इस व्हाट्सएप्प यूनिवर्सिटी ने हाल के वर्षों में जितना इतिहास व्हाट्सएप्प के ज़रिये लोगों को बताया है, उतना भारत के सभी इतिहासकार मिलकर भी बीते 70 सालों में नहीं बता सके हैं। फ़र्क़ सिर्फ़ इतना है कि व्हाट्सएप्प पर पढ़ाया जाने वाला इतिहास झूठा और ज़हरीला है। इसके झूठ के शिकार तो भारत के पहले प्रधानमंत्री जवाहरलाल नेहरू भी हो गए। उनके कुल-

खानदान से लेकर उनका धर्म तक, यहाँ तक कि उनका नाम भी इस यूनिवर्सिटी ने बदल दिया, उसे तोड़-मरोड़ कर पेश कर रहे हैं। आज जब नेहरू अपने ही देश में जिन्ना से भी बड़े दुश्मन साबित किए जा रहे हैं, तब ये 'आईटी सेल' और उसे बढ़ावा देने वाले लोग भला किसे छोड़ेंगे! उन्होंने तो गांधी तक को नहीं छोड़ा। ख़ैर, 'आईटी सेल' ने वो कर दिखाया है जो बहुत सारे राजनेता जनता के बीच खुलकर बोल या कर नहीं पाते हैं, जबकि वे चाहते तो यही हैं कि गांधी का नाम तक इस देश से मिटा दिया जाए।

व्हाट्सएप्प यूनिवर्सिटी ने जी भर के गालियाँ देकर और झूठ फैलाकर देश के कई पत्रकारों की विश्वसनीयता को संदिग्ध बनाने की कोशिश की है, जिनमें राजदीप सरदेसाई, राणा अयूब, सागरिका घोष और बरखा दत्त के साथ मेरा भी नाम शामिल है। भारत में हो रहे हर बुरे काम के लिए हमें ज़िम्मेदार ठहराया जाता है। दरअसल, बोलने की आज़ादी को लेकर अपने तरह की इस नई यूनिवर्सिटी ने अपना एक नया बेंचमार्क तय किया है—'तब क्यों नहीं बोले और अभी ही क्यों बोल रहे हो?' इस तरह की भड़काऊ भाषा से लोगों को एक हथियार दे दिया जाता है। उन्हें समझाया जाता है कि वे जब कुछ बोलें, उनसे पूछो, 'तब कहाँ थे जब वो हुआ था?'

दरअसल, ऐसे सवालों के बीच मैं बहुत समय तक घिरा रहा और लगातार सोचता रहा, 'मैं एक पत्रकार हूँ, अपने-आप में एक अख़बार तो नहीं बन सकता। मैं अकेले हर बात पर कमेंट नहीं कर सकता, मैं अगर कभी चुप रहता हूँ तो इसका मतलब यह नहीं है कि मैं उस अन्याय में भागीदार हूँ।' उस वक़्त आपने क्यों नहीं कहा कुछ?—दरअसल ऐसे सवाल इतनी कलाकारी से पूछे जाते हैं कि बोलने वाले व्यक्ति के भीतर

एक अपराध-बोध भर जाए। लेकिन जो लोग ऐसे सवाल हमसे पूछते हैं वो बड़ी चतुराई से उन लोगों से यह सवाल करना भूल जाते हैं जो हमेशा चुप्पी ताने रहते हैं।

2014 के बाद मैंने पाया कि मैं सत्ता से नहीं, समाज के भीतर बन रहे सत्ता के नए गढ़ से लड़ रहा हूँ। सत्ता ने अपनी ताक़त वाया व्हाट्सएप्प यूनिवर्सिटी उस भीड़ को आउटसोर्स कर दी है, जो आपको कहीं भी घेर सकती है। सरकार से आप सवाल पूछें या न पूछें, यह तय करने के लिए किसी भी रोज़ वह आपसे आपका आधार नंबर माँग सकती है। यह भीड़ किसी के प्रति जवाबदेह नहीं है। बस, यह व्यवस्था से सवाल करने वालों के ख़िलाफ़ है और व्यवस्था की चीयर लीडर है। जब भी हम सरकार से जवाब माँगेंगे, इस भीड़ को खुला छोड़ दिया जाएगा। यही हो रहा है।

यह भीड़ हर दिन एक नई अफ़वाह गढ़ती है। नया झूठ फैलाती है। ये झूठ किसी शून्य में नहीं खो जाते, बल्कि मैंने इन्हें करोड़ों नहीं तो लाखों लोगों के दिमाग़ में पसरते देखा है। सत्ता ने अपनी शक्ति इस कभी न थकने वाली भीड़ को आउटसोर्स कर दी है जो हर दम, हर जगह अपने एजेंडे पर लगी पड़ी है। हर दिन एक नया झूठ अपराधी की तरह मेरा पीछा करता है। हर दिन मैं एक नए झूठ से लड़ता हूँ। यह बहुत ही थका देने वाला काम है, लेकिन कभी-कभी यह भी महसूस होता है कि सब बेकार नहीं जा रहा।

देश में नौकरियों की जो स्थिति है, उस पर जनवरी 2018 में मैंने प्राइम टाइम में एक सीरीज़ प्रसारित की। जिन सरकारी संस्थानों पर नियुक्तियाँ करवाने की ज़िम्मेदारी है, वो एक नियुक्ति में लगभग चार साल का समय ले रहे हैं। लाखों लोग नौकरियों के इंतज़ार में हैं और

वैकेंसी निकलने से लेकर नियुक्ति तक की प्रक्रिया बहुत ही धीमी है। पहले एपिसोड के प्रसारण के बाद ही बिहार के आरा ज़िले से एक नौजवान लड़के ने मुझे फ़ोन किया। उसका नाम राहुल है। मैं 2015 में बिहार विधानसभा चुनाव की रिपोर्टिंग के दौरान उससे मिला था। उस मुलाक़ात के दो साल बाद उसने अब मुझे कॉल किया था। वह फ़ोन पर मुझसे माफ़ी माँग रहा था। उसका कहना था कि मैं टीवी पर नौकरी सीरीज़ में उसके जैसे नौजवानों की बात को जगह दे रहा हूँ, जबकि दूसरा कोई उनकी बात सुनने तक को तैयार नहीं है। उसने बताया कि वो और उसके दोस्त लंबे समय से मुझसे नफ़रत करते गए हैं, क्योंकि बजरंग दल के स्थानीय सदस्यों ने उनके दिमाग़ में यह ज़हर घोल दिया था कि मैं हिंदू-विरोधी और मोदी-विरोधी हूँ। मैं भारत-विरोधी हूँ। उनके दिमाग़ में यह बात भी भर दी गई थी कि मैं कम्यूनिस्ट हूँ और मेरा सालाना वेतन एक करोड़ के आस-पास है। इस तरह से मुझे किसी ख़ास क़िस्म का कम्यूनिस्ट बताया गया था जो पैसे वाला था। राहुल ने यह भी बताया कि मुसलमानों के प्रति उनके मन में नफ़रत भरा जाता है। दरअसल, सांप्रदायिकता के इस ज़हर को फैलाकर राहुल जैसे नौजवानों की ज़िंदगी बर्बाद की जा रही है।

यही वो ज़हर है जिससे मैं रोज़ लड़ता हूँ। इसे हमारे चारों तरफ़ फैला दिया गया है। इसने लाखों नौजवानों के दिमाग़ को ख़राब किया है। उनके भीतर नफ़रत अब विस्फ़ोटक स्थिति में है। राहुल जैसे नौजवान, जिन्हें सांप्रदायिक नफ़रत के नरक में धकेल दिया गया है, वो अब इससे बाहर निकलना चाहते हैं, पर उनकी मदद करने के लिए उनके आस-पास शायद ही कोई है। मुझे लगता है, किसी दिन मैं उनकी मदद कर सकता हूँ।

यही वह एक बात है जो मुझे गालियों की बौछार में भी आगे बढ़ने का साहस देती है, नहीं तो एकदम तटस्थ होकर अगर मैं मौसम पर भी कुछ लिख दूँ तो मुझे गालियाँ पड़ती ही पड़ती हैं। ये गालियाँ लोगों की रूटीन में नहीं हैं। बल्कि सत्ता की ओर से फेंके जा रहे ये वो ईंट और पत्थर हैं, जिनसे मानसिक अवसाद जैसी एक दीवार खड़ी हो गई है। अब तो इन गालियों की बौछारों की तीव्रता से ही सत्ता के गलियारे में हो रही हलचल को ठीक से समझने में मदद मिलती है।

हमारे देश में गाली देने की अपनी एक अलग संस्कृति है। गालियाँ तो हमारे यहाँ शादी-विवाह में भी कई रस्मों में दी जाती हैं। कई रिश्तों में आपस में हँसी–मज़ाक़ के साथ गालियों के लेन-देन का भी चलन है। मगर इन गालियों का कोई बुरा नहीं मानता क्योंकि ये सामाजिक व्यवहार का हिस्सा हैं। यह पहली बार इस तरह हुआ है कि गाली देने वाले अब सत्ता के हथियार बन चुके हैं। ये लोग किसी के हँसी-मज़ाक़ के रिश्ते में नहीं आते। ये विरोधी विचार वाले लोगों, सत्ता से असहमत लोगों को अपमानित करने, उनके परिवार के लोगों को परेशान कर देने के मक़सद से गंदी-से-गंदी गालियाँ सार्वजनिक मंचों से लेकर इनबॉक्स तक में उड़ेलते हैं। दरअसल ये आपको डराना चाहते हैं। लोग मुझसे अक्सर पूछते हैं, 'आप इतनी गालियाँ सहन कैसे कर लेते हैं?' सच कहने के लिए सहना पड़ता है। सत्ता की तरफ़ खड़े होने वालों ने भी गालियाँ खाई हैं। मगर सत्ता का दामन पकड़कर गालियाँ खाना एक बात है, सत्ता के समर्थकों से उसके सामने खड़े होकर गालियाँ सुनना अलग बात है। वहाँ आपके साथ तंत्र है, यहाँ आप अकेले हैं। इस अनुभव ने मेरे भीतर बोलने की प्रक्रिया को सहज बनाया है।

मैं समझ नहीं पा रहा कि मैं ग़लत क्या कर रहा हूँ। दो सवाल पूछ

लेने की इतनी बड़ी सज़ा हो सकती है कि आपके पीछे एक भीड़ छोड़ दी जाए। कई जगहों पर लोगों के ग़ुस्से का शिकार हुआ। कभी लड़कों ने डंडा लेकर पीछा किया तो कहीं पर लोगों ने कॉलर पकड़ लिया। धक्का-मुक्की तक हुई। इस प्रक्रिया में मैं अकेला होता चला गया। मैं अपने अकेलेपन से लड़ने के लिए बोलता हूँ। इसी से वह छिन्न-भिन्न होता है।

मेरा यह बोलना ही मुझे अपने पेशे में कम वांछित बनाता चला गया। नौकरियों की हर बातचीत में दोस्तों का यह कहना सामान्य हो चला है कि तुम्हारी नौकरी तो पहले जाएगी और कहीं मिलेगी भी नहीं। जीने से लेकर काम करने तक के दरवाज़े बंद होने की सलाह के बीच मेरे लिए बोलना ही उस खिड़की की तलाश है, जिससे सुना है कि हवा और रोशनी कम ही सही, मगर आती है।

2015 में आमिर खान ने एक टीवी साक्षात्कार में दबी ज़ुबान में बस इतना कहा था कि देश के भीतर, अभी के माहौल में उन्हें और उनके परिवार को डर लगता है। इसके बाद तो 'आईटी सेल' के ट्रोल्स उनके पीछे ही पड़ गए। उसी 'आईटी सेल' की ट्रोल आर्मी फ़िल्म *पद्मावती* के रिलीज़ के वक़्त करणी सेना की धमकियों पर चुप्पी ओढ़े रही। जब करणी सेना की भीड़ में एक आदमी खुलेआम जाति और धर्म के नाम पर भड़काऊ भाषण दे रहा था, क्षत्रियों को ललकारते हुए उनसे कह रहा था कि वो विरोध में खाना न खाएँ, तब पूरी सरकार सर झुकाए उस व्यक्ति का साथ दे रही थी।

भीड़ ने डर की एक सत्ता बना ली है। 2014 के बाद तेज़ी से बदलते माहौल को याद कीजिए। दस-बारह पत्रकार, लेखक, अभिनेता टारगेट किए गए। इस खेल के ज़रिये जनता के बड़े वर्ग को डरा दिया गया।

कोई भी भीड़ डर की बुनियाद पर बनती है। लोग अपने-अपने डर के कारण उस भीड़ में शामिल होने लगे। 'आईटी सेल' के आतंक के कारण सोशल मीडिया में उन लोगों ने भी चुप्पी साध ली जो समझ रहे थे कि बहुत-सी घटनाएँ ग़लत हो रही हैं। उन्हें यह डर सताने लगा कि जब बड़े-बड़े लोगों की ऐसी हालत हो सकती है तो आम आदमी की क्या बिसात! जनता के एक हिस्से ने भीड़ का वह डर ख़रीद लिया।

सोशल मीडिया में बदनाम करने का डर उनके ख़िलाफ़ अचूक हथियार बन गया। आज भी मेरे फेसबुक पेज पर कई लड़कियाँ राजनीतिक मसलों पर कमेंट करने से घबराती हैं। इनबॉक्स में अलग से लिखती हैं। बताती हैं कि उन्हें ट्रोल का डर लगता है। जब भी कोई तार्किक या तथ्यपूर्ण बात लिखती हैं, ट्रोल उनका पीछा करने लगते हैं। वे गालियों का सामना नहीं कर पाती हैं। केवल महिलाओं ने ही नहीं, बल्कि अब कई पुरुषों ने भी यही रास्ता अख़्तियार किया है।

मैंने फेसबुक पर अपना पेज बनाया, @RavishKaPage, उसके बाद बहुत सारी महिलाओं ने मुझे इनबॉक्स में मैसेज भेजना शुरू किया कि मेरे पेज पर कमेंट करने के बाद से ट्रोल्स उन्हें परेशान कर रहे हैं। वे उनको धमका रहे हैं कि उन्हें लांछित किया जा सकता है। मेरे पेज पर हज़ारों लोग कमेंट करते हैं, लेकिन उनमें महिलाओं की संख्या सौ भी नहीं होती। दरअसल, ट्रोल्स को ऐसा करने के लिए पॉवर की ज़रूरत होती है और यह पॉवर गोली की तरह काम करता हैं। गोली से तो सबको डर लगता है। ऐसे ही कई लड़कों ने भी मुझे बताया कि

उनके माता-पिता उनको मेरे पेज पर कमेंट करने से रोकते हैं। इसी तरह डर का समाजीकरण होता है, जो इस कमज़ोर लोकतंत्र की नई सभ्यता है। लेकिन मुझे यह असभ्य और अशिष्ट लगता है। यह अशिष्टता हमारे लोकतंत्र पर ज़बरदस्ती थोपी जा रही है।

'आईटी सेल' ने अपनी आक्रामकता के सहारे डर बिठाने का यह काम बहुत बारीक़ी से किया। 'आईटी सेल' की भाषा सरकार के मंत्रियों की भाषा हो गई और सरकार के समर्थक लोगों की भी। लगता है, मेनस्ट्रीम मीडिया और सोशल मीडिया ने डर की फ्रेंचाइज़ी ले रखी है। जहाँ कोई सरकार के बारे में आलोचनात्मक बोलता है, हमला होने लगता है। व्हाट्सएप्प पर घेरकर मार दिए जाने की धमकी से लेकर फ़ोन नंबर पब्लिक कर गाली दिलवाने की धमकी तक का ऐलान—यह सब एक आदमी को डराने के लिए काफ़ी है।

मेरा फ़ोन नंबर सोशल मीडिया—फेसबुक और व्हाट्सएप्प पर सार्वजनिक कर दिया जाता है और उसे सार्वजनिक करने के पीछे जो तर्क दिया जाता है उसकी भाषा पर अलग से शोध किया जा सकता है। उसे पढ़ने पर आपको पता ही नहीं चलेगा कि मुझे जान से मार देने की धमकी दी जा रही है या पब्लिक में गालियाँ देने के लिए उकसाया जा रहा है, 'ये पाकिस्तानी रवीश कुमा़र का नंबर है। इसे कॉल कर राष्ट्रीयता का पाठ पढ़ाएँ।' सोशल मीडिया पर इस तरह के पोस्ट शेयर किए जा रहे हैं, जिससे कोई भी इंसान डर जाए। वैसे मेरा नंबर पब्लिक होने से बहुत लोग ख़ुश भी हुए। उन्होंने मुझे कॉल किया और बताया कि उन्हें मेरा नंबर कहाँ से मिला है। ये भी कहा कि वो ट्रोल नहीं हैं, मेरे फैन हैं। बाद में इन लोगों ने मुझे उस पेज का स्क्रीनशॉट भी भेजा जहाँ से उन्हें मेरा नंबर मिला था, जिसमें मेरे ख़िलाफ़ नफ़रत भरी थी।

'फ़ोन पर नहीं, रुको, अभी व्हाट्सएप्प कॉल करते हैं।' किसी भी अधिकारी से पूछ लीजिए, उसे लग रहा है कि मंत्री फ़ोन रिकॉर्ड करवा रहा है। मंत्री को लग रहा है कि उससे भी बड़ा मंत्री उसका फ़ोन रिकार्ड करवा रहा है। पत्रकारों को लगता है कि उनकी बातचीत सुनी जा रही है। पत्रकारों की हर दूसरी बातचीत में फ़ोन रिकॉर्ड किए जाने की बात उभर आती है। किसी के पास तथ्य नहीं है, मगर सबके पास यह डर है कि फ़ोन रिकॉर्ड हो रहा है। इस डर का असर इतना है कि पत्रकार सामान्य मुलाक़ात को भी संदिग्ध बना देते हैं। सीक्रेट कोड में बदलने लगते हैं। डर की इस आशंका ने मुलाक़ात और बोलने पर गहरा असर डाला है।

क्या बोलना जोखिम भरा हो गया है? आप ख़ुद से सवाल कीजिए। क्या आपको सरकार के बारे में बोलते वक़्त डर लगता है? क्या आप हिसाब करने लगते हैं कि किस हद तक बोला जाए ताकि सरकार और सोशल मीडिया की नाराज़गी न झेलनी पड़े? क्या आपको लगता है कि आपको टारगेट किया जाएगा? क्या आप बिना बोले रह सकते हैं? क्या आप ऐसा समाज चाहते हैं जहाँ लोग बिना बात के सरकार से डरे-डरे घूमते रहें, सिर्फ़ वही सीना ताने घूमे जो सरकार के समर्थन में दिन-रात कथा-वाचन करते रहते हैं। बोलना आसान नहीं होता है। ख़ासकर सत्ता और अपने समय की ताक़तवर विचारधारा और उससे जुड़े संगठनों के ख़िलाफ़ बोलने का मतलब है अपने-आप को अकेला युद्ध-क्षेत्र में झोंक देना। आप कभी भी मारे जा सकते हैं और मारे जाने से पहले तरह-तरह से डराए और फँसाए जा सकते हैं। भारत में झूठे मुक़दमों में फँसाना सबसे आसान काम है। यह काम सरकारें भी करती हैं और संगठन के लोग भी करते हैं।

भारत की सत्ता-संरचना का केंद्र दिल्ली है। एक-दूसरे के प्रति संदेह

और अविश्वास इतनी बुरी तरह घर कर चुका है कि यहाँ लोगों की बातचीत का लहजा ही बदल गया है। कुछ लोग फेसबुक पर अपनी तस्वीर लगाने से बचते हैं तो कोई व्हाट्सएप्प पर मैसेज लिखने से डरता है कि कहीं वह मैसेज सबूत के तौर पर न इस्तेमाल हो जाए। जब भी मैं लोगों से मिलता हूँ, मुझे कोई नया कोड वर्ड पता चलता है, जिसका मकसद यही होता है कि अगर सरकार पता लगाना चाहे तो उसे इसका पता न चले। 'हमें फ़ोन पर ऐसी बातें नहीं करनी चाहिए।'—यह वाक्य अब बहुत सामान्य तरीक़े से इस्तेमाल होने लगा है। अगर राजनीति समाज को इस हद तक बदल दे रही है कि सरकार की नीतियों के ख़िलाफ़ बोलने वाला देशद्रोही हो जाता है, अगर सरकार और नागरिकों के बीच भय की कँटीली तार बिछ रही है तो यह भी हिंसा का एक रूप है।

दिल्ली में रहने वाले वे लोग जो सरकार के साथ, सरकारी काम में किसी-न-किसी तरह से जुड़े हुए हैं, वे लोग जो सरकारी कामों का आकलन करते हैं, इन सभी लोगों के लिए मोबाइल फ़ोन उनकी असुरक्षा का सबसे बड़ा कारण बन गया है। वे अपना मोबाइल फ़ोन साथ लेकर तो चलते हैं, लेकिन उन्हें अपने फ़ोन पर बिलकुल विश्वास नहीं है। यह स्थिति यहाँ तक पहुँच चुकी है कि जब सत्ता पार्टी की तरफ़ से किसी का फ़ोन आता है तो उनके स्क्रीन पर 'अननोन' लिखा आता है। राजनेता लोग हर वक़्त इतने सतर्क हो गए हैं कि ग़लती से भी उनकी ज़ुबान से कोई आलोचना न निकल जाए।

आपके आस-पास का सामाजिक ईको सिस्टम पूरा निहत्था हो जाता है। सत्ता का डर आपके ईको सिस्टम को तोड़ता रहता है। सरकारी सिस्टम के लोग मुझसे मिलते तो हैं मगर सेल्फी लेने से बचते हैं। मुझे देखते ही उनके शरीर में कोई अलार्म बज जाता है कि सत्ता का साहब

मिलते हुए देख न ले। सत्ता से जुड़े जो प्रवक्ता पहले गले मिला करते थे, अब नज़रें भी नहीं मिलाते हैं।

'उनकी ओर उठने वाली उँगली को, उठने वाले हाथ को हम सब मिलकर या तो तोड़ दें या ज़रूरत पड़े तो काट दें।' उँगली उठाना मतलब बोलना। जिनकी तरफ़ उँगली उठाने पर उसे तोड़ने और काटने की बात की जा रही है, वो हमारे प्रधानमंत्री नरेंद्र मोदी हैं।

बिहार के उजियारपुर संसदीय क्षेत्र के सांसद जो वर्तमान केंद्र सरकार में गृह राज्यमंत्री भी बनाए गए हैं, नित्यानंद राय की ज़ुबान से ऐसी भाषा इसलिए निकली, क्योंकि अब डराना सामान्य हो गया है। कई नेताओं को लगता है कि उन्होंने डर का राज कायम कर दिया है, इसलिए वे मारने-काटने की भाषा बोलते हैं। भारत की राजनीति में यह पहला ऐसा बयान नहीं है। अंतिम भी नहीं है, आगे और भी सुनने को मिलेंगे। आप बस अपनी उँगलियों और गर्दन पर लोहे का कवच डालकर रखिए, क्योंकि मामला हाथ काटने से आगे निकलकर सर काटने तक पहुँच गया है।

पद्मावती फ़िल्म के रिलीज़ के समय जो विवाद हुआ, उस दौरान हरियाणा बीजेपी के एक पदाधिकारी सूरजपाल ने दीपिका पादुकोण और संजय लीला भंसाली के सर काट लाने पर दस करोड़ का इनाम देने की घोषणा की। उनसे पहले मेरठ में एक शख़्स ने पाँच करोड़ का इनाम देने का ऐलान किया था, जिसे सूरजपाल ने इकोनॉमी क्लास से बिज़नेस क्लास की तरह अपग्रेड कर पाँच से दस करोड़ कर दिया। हालाँकि बाद

में यह फ़िल्म जैसे-तैसे *पद्मावत* नाम से रिलीज़ हो सकी। उसी मेरठ में 2006 में बहुजन समाज पार्टी के नेता याक़ूब कुरैशी ने डेनमार्क के कार्टूनिस्ट का सर काट लाने के लिए ग्यारह करोड़ और कुछ मीडिया रिपोर्ट के अनुसार इक्यावन करोड़ का इनाम देने का ऐलान किया था। उम्मीद है कि मेरठ में ऐसा कोई बैंक नहीं होगा जो सर काटने के लिए ईएमआई पर लोन देता होगा। 12 अप्रैल, 2017 को भारतीय जनता युवा मोर्चा के नेता योगेश वार्ष्णेय ने कहा कि जो पश्चिम बंगाल की मुख्यमंत्री ममता बनर्जी का सर काट लाएगा, उसे ग्यारह लाख रुपये मिलेंगे। बरेली के एक संगठन ऑल इंडिया फैज़ान-ए-मदीना काउंसिल ने *ज़ी न्यूज़* के एक कार्यक्रम 'फ़तह का फ़तवा' के मेज़बान तारेक फ़तह के सर के लिए 10,786 रुपये तय कर दिए। लगे हाथ इसी संगठन ने *ज़ी न्यूज़* चैनल के मालिक सुभाष चंद्रा के सर के लिए भी पाँच लाख रुपये का ऐलान कर दिया। यह ख़बर 21 फ़रवरी, 2017 के *टाइम्स ऑफ़ इंडिया* में छपी। लेकिन, इनाम के रुपये इतने कम! कहीं यह नवंबर 2016 की नोटबंदी का असर तो नहीं! शायद कैश ख़त्म हो गया होगा।

अगर आपको लगता है कि प्रधानमंत्री के ख़िलाफ़ बोलने पर हाथ काटने की यह धमकी कोई सामान्य धमकी है तो एक और आँकड़े पर ग़ौर कर सकते हैं जो मैंने गूगल से जमा किए हैं। 2014 से लेकर नवंबर 2017 तक प्रधानमंत्री मोदी और उत्तर प्रदेश के मुख्यमंत्री योगी आदित्यनाथ के ख़िलाफ़ टिप्पणी करने या पोस्ट शेयर करने के आरोप में 40 से अधिक लोग गिरफ़्तार किए जा चुके हैं या उनके ख़िलाफ़ मुक़दमा लिखा गया है। 2014 से पहले बंगाल की मुख्यमंत्री ममता बनर्जी के ख़िलाफ़ कार्टून पोस्ट करने वाले प्रोफ़ेसर को जेल हुई थी। इस तरह के दो-तीन उदाहरण और मिल जाएँगे।

ये ख़बरें बताती हैं कि सत्ता के ख़िलाफ़ बोलना आसान नहीं है। बोलने से पहले अब जेल जाने से लेकर लिंचिंग तक के लिए तैयार रहना होगा। भीड़ को क़ानून का भय नहीं है।

भीड़ के भी बहुत प्रकार हैं—एक वह जो गायों की हत्या को लेकर खड़ी होती है, दूसरी प्रकार की भीड़ लव जिहाद जैसे उतने ही बड़े फ़र्ज़ी विषय पर खड़ी होती है, और कुछ भीड़ किसी ख़ास तरह के फ़िल्म के बनने पर सामने आ खड़ी होती है। इन सभी प्रकार के भीड़ की सामाजिक हैसियत भले ही भिन्न हो, लेकिन इनमें एक समानता है—धर्म से जुड़े उन्माद की। इस भीड़ के डर से कई ऐसे नौजवान जो राजनीति पर अपनी बात सबके बीच साझा करना चाहते हैं, वो फेसबुक पर भी लिखने से डरते हैं। डर का ऐसा माहौल ही तैयार कर दिया गया है कि जब आपको बोलना चाहिए तब आप बोल नहीं पाते।

समाज में बोलने की जगह लगातार सिकुड़ती जा रही है। यह सिर्फ़ सरकार के डर से या भीड़ के डर से नहीं हो रहा, बल्कि नागरिकों की एक बड़ी आबादी के भीतर धर्म के प्रति कट्टर आस्था भर दी गई है, उन्हें इस तरफ़ झोंक दिया गया है। यह आस्था भी उन्हें कुछ कहने से रोकती है।

सड़कों पर खुलेआम हिंसा हो रही है। वो कौन-सी शक्ति है, जिसने कुछ लोगों को इतना शक्तिशाली बना दिया कि वो बच्चों से भरे स्कूल बस पर पत्थर फेंकने लगते हैं? क्या इस घटना पर सरकार और विपक्ष को एक साथ खड़े होकर इसकी भर्त्सना नहीं करनी चाहिए थी और दोषियों को सज़ा दिलवाने के लिए आश्वस्त नहीं करना चाहिए था? क्यों पब्लिक में इस घटना को लेकर ग़ुस्सा नहीं फूटा? क्या हिंदुत्व के प्रति उनकी आस्था उन्हें ऐसा करने से रोक रही थी? अगर किसी दूसरे धर्म

के लोगों ने स्कूल बस पर पत्थर फेंका होता तो? क्या वो ऐसे ही चुप रहते? कैसे धर्म के आधार पर किसी ग़लत को सही और सही को ग़लत की तरह देखा जा सकता है?

क्या धर्म इतना अंधा हो गया है कि वह भीड़ को हिंसा की इजाज़त देता है? भीड़ संविधान से भी बड़ी हो गई है?

टीवी चैनलों के ज़रिये सनक भरी बहसों से एक प्रकार का ताक़तवर भय खड़ा किया गया है जिसे सुनते हुए बहुत लोगों के भीतर बोलने का आत्मविश्वास कमज़ोर हुआ है। उन्होंने एक ऐसे माहौल की आशंका पाल ली है, जहाँ बोलने पर भीड़ लोगों को मार देती है। कई जगहों पर गौ-रक्षा के नाम पर या अन्य भावुक कारणों से भले ही अल्पसंख्यक समाज के लोग घेरकर मार दिए गए, मगर उन घटनाओं के ख़िलाफ़ अल्पसंख्यक समाज के लोग सड़क पर उतरने की हिम्मत नहीं जुटा सके। डर लोगों की चेतना को इस हद तक कुंद कर सकता है।

इसका सबसे अधिक प्रभाव अल्पसंख्यक समुदाय पर पड़ा है। वह हर तरह की बहस से बाहर कर दिया गया है। इन समुदायों के बाहर कर दिए जाने से जो जगह ख़ाली हुई है, उसे उन मौलानाओं से भर दिया गया है जो मुसलमानों का प्रतिनिधित्व तो करते हैं, लेकिन बात उन बहुसंख्यक संस्थानों के अनुकूल करते हैं जिनके सांप्रदायिक एजेंडा की चपेट में ये ख़ुद हैं। इन मौलानाओं ने मुसलमानों को अधिक असुरक्षित बनाया है। इस हद तक कि मेरे मुस्लिम दोस्त सलाह देते हैं कि मुझे

ऐसे मंचों से बचना चाहिए जहाँ मुस्लिम समुदायों के मुद्दों से संबंधित कोई बहस हो रही हो। मुसलमानों को किस हद तक यह महसूस कराया जा रहा है कि राजनीतिक रूप से वे कितने अप्रासंगिक हो चुके हैं, इसे समझना अब कोई रहस्यमय बात नहीं है। अधिकांश मुस्लिम अब यह महसूस करते हैं कि अगर वह अपनी माँगों को लेकर सड़कों पर उतरेंगे तो मीडिया को केवल उनकी दाढ़ी या उनकी शेरवानी ही दिखेगी, कोई उनके मुद्दों के बारे में बात नहीं करेगा। यह दरअसल अपने को दूसरे दर्जे के नागरिक के रूप में मान लेने की विडंबना है।

अल्पसंख्यक होने का यही मतलब नहीं है कि किसी धार्मिक समुदाय की जनसंख्या कम है। लोकतंत्र पर हावी हो रहे इस भय-तंत्र के दौर में सत्ता और ताक़त की विचारधारा से असहमति भी आपको अल्पसंख्यक बना सकती है।

'रवीश जी, आपको बोलने में डर नहीं लगता है?' 'आप इस हालात में कैसे बोल लेते हैं?' 'घरवाले मना नहीं करते?' मेरे पास इन सवालों के ठोस जवाब नहीं हैं। मैं ऐसा क्या बोल रहा हूँ जिसके लिए अलग से तारीफ़ हो रही है। मैं तो सिर्फ़ लोगों की बात बोल रहा हूँ। क्यों किसी को लगता है कि मेरे भीतर हिम्मत का कोई खनिज पदार्थ है जिसे वे पूछ-पूछ कर कुरेदना चाहते हैं, निकालना चाहते हैं। कहीं लोग तो नहीं डरे हुए हैं?

सबको लगता है कि अब रवीश कुछ ऐसा जवाब देंगे कि वे घर

से बोर्नविटा पीकर निकलते हैं, हनुमान जी को लड्डू चढ़ाकर निकलते हैं, तब जाकर बोल पाते हैं। मेरे पास बोलने को लेकर कोई तंत्र-मंत्र नहीं है। वैसे यह इतना भी आसान नहीं है। मुझे पता है कि सत्ता ऐसे हालात रच देगी, जिनके कारण मैं इस पेशे में अप्रासंगिक हो जाऊँगा। अभी ही हिंदी के कई अख़बार मेरा लेख नहीं छापते हैं। जबकि 2014 से पहले उन अख़बारों के फ़ोन कॉल्स से झुँझलाया रहता था कि क्या एक मैं ही अच्छा लिखता हूँ?

दरअसल मैं जो बोलता हूँ वो बहुत साहसिक नहीं है। सुनने वाले ही इतना डरे हुए हैं कि उन्हें मेरा बोलना साहसिक लगता है। उन्हें लगता है कि जब सभी डर से चुप हो गए तो ये क्यों बोल रहा है। कई लोग मज़ाक़ में कह देते हैं कि बिहारी लोग डरते नहीं हैं। अपने बिहार के लिए कोई अच्छी बात सुनने को मिल जाए तो किसे बुरा लगेगा, मगर बात बिहारी होने की नहीं है। मराठी बोलते हैं, बंगाली बोलते हैं, गुजराती भी बोलते हैं। गुजराती को बोलते हुए लोगों ने सुना भी और देखा भी। मैं अकेला नहीं बोल रहा। बहुत से पत्रकार लिख रहे हैं, बोल रहे हैं। लिखते-बोलते वे किनारे लगाए जा रहे हैं। कई बार सोचता हूँ कि पत्रकारिता में बोलने वाला क्यों निकाल दिया जाता है, चुप रहने वाला क्यों टिक जाता है।

बोलना किसी भी दौर में आसान नहीं रहा है। बोलने के लिए आपको अकेलेपन के इम्तहान से गुज़रना पड़ता है। आप ख़ुद से पूछिए कि क्या आप अकेले रह सकते हैं? एक सवाल यह भी कीजिए कि क्या आप चुप रहकर चैन की नींद सो सकते हैं? बोलना मुश्किल नहीं है। मुश्किल है बोलने से पहले डर के सुरंग से गुज़रना। यह डर हमेशा सत्ता का नहीं होता है। ग़लती कर जाने का भी डर होता है। बाद की प्रतिक्रियाओं का

भय सताता है। डर से मुक़ाबला तो बोलने के बाद शुरू होता है। तब पता चलता है कि जो आप बोलते हैं, उसका सामना करने की हिम्मत है या नहीं, जब दोस्तों के फ़ोन आते हैं कि सतर्क रहा करो, चुप रहा करो, समय ख़राब है। दस में एक फ़ोन ही किसी का आता है जो कहता है कि 'कोई बात नहीं, चिंता मत करो, बोलते रहो।' बाक़ी ज़्यादातर को न तो संस्थाओं पर भरोसा है और न ही समाज पर। सबको लगता है कि दुनिया को फ़र्क़ नहीं पड़ता है।

दोस्तों और परिवार के सदस्यों की सलाह आपके भीतर डर पैदा करती है। गौरी लंकेश की हत्या के बाद प्रेस क्लब में भाषण दे रहा था। वहाँ मौजूद कई निगाहें मुझे गौरी लंकेश की तरह देख रही थीं। सब सतर्क रहने की चेतावनी दे रहे थे। इस तरह से कंधे पर हाथ रखकर चले जा रहे थे जैसे अगली बारी मेरी है। वो अपने भीतर का डर मेरे कंधे पर लाद रहे थे। प्रेस क्लब के भाषण को सुनने के बाद कई दर्शकों ने फ़ोन किया। मैं कुछ दिनों तक एक ज़िंदा लाश की तरह भटकता रहा। दिल्ली की हवा में डर का घर बन चुका है। मोबाइल फ़ोन के इनबॉक्स में मैसेज आ रहे थे कि 'प्लीज़, अपना ख़याल रखो।' 'सावधान रहो।' 'सुरक्षा ले लो।' 'कम से कम पुलिस में एफआईआर तो कर दो।' मुझे देखने वाले दर्शक बुरी तरह परेशान हो गए। 'आईटी सेल' ने डराने का काम अच्छा किया है। बस, मुझे नहीं डरा पाए।

आप ऐसी सलाहों के बीच ज़िंदा हैं, यही बहुत है। आज के समय में हम अपना डर दूसरे को दे रहे हैं। सरकार का समर्थक बनकर लोग भी डर बाँट रहे हैं। आएदिन लोग यह कहते हुए मिल जाते हैं कि 'मोदी जी की जड़ खोदना बंद कर दीजिए। सँभल जाइए।' क्या यह सारा डर मोदी जी के कारण है? डर का सामाजिक वितरण किया जा रहा है।

मैं अपने कार्यक्रम या लेखन से ऐसा क्या कर रहा हूँ जिससे किसी सरकार के समर्थक को लगता है कि उनका खेल बिगड़ जाएगा। कम-से-कम मैं ऐसा भ्रम नहीं रखता। मीडिया के सारे नियम ध्वस्त हो गए हैं। नब्बे फीसदी मीडिया में गुणगान है। जहाँ कहीं सवाल है, उस पर हमला किया जा रहा है। उससे तटस्थता की अतिरिक्त माँग हो रही है। जो नियम तोड़कर गोद में बैठे हैं, उनके लिए तटस्थता की कोई परिभाषा नहीं है।

जिस तरह एक व्यक्ति अपने डर से आज़ाद होने का रास्ता खोजता है, उसी तरह से एक ज़िंदा समाज भी अपने डर से निकलने के लिए संघर्ष करता रहता है। आप मार दिए जाने की आशंका के बीच ज़िंदा होकर भी ज़िंदा नहीं रहते हैं। ज़िंदा होने का पता तब चलता है जब आप बोलते हैं। जो नहीं बोल पाता है वह चूक जाता है। इसलिए सबको बोलना चाहिए। बहुत ज़रूरी है कि हम अपने बच्चों को घर से ही बोलना सिखाएँ। बोलने से न रोकें। हम रोकते-रोकते एक दिन अपने घर का डर पूरे मुल्क में फैला देते हैं। ज़्यादातर डर हमारे घरों में पलते हैं। जहाँ हमें चुप रहना सिखाया जाता है।

आप ख़ुद से एक सवाल कीजिए। क्या आपको बोलने से डर लगता है? क्यों लगता है? क्या आप डरने के लिए कोई व्यवस्था का चुनाव करते हैं? यह डर मार दिए जाने का है या अकेला हो जाने का है? अगर मार दिए जाने का डर नहीं है तो आप दोस्तों के बीच अकेला हो जाने का डर मत पालिए। इतना तो आप जोखिम उठा ही सकते हैं। दोस्तों की निष्ठा जिसके प्रति हो, अगर आपको लगता है कि ग़लत है तो बोल दीजिए। अगर आप दोस्तों के बीच नहीं बोल पाएँगे तो सरकार के सामने कैसे बोलेंगे। बोलने का अभ्यास कहीं से तो करना ही होगा। अभी इतने हालात नहीं बिगड़े हैं कि कोई बोल न सके।

आपको प्रधानमंत्री मोदी के ख़िलाफ़ बोलने से डर लगता है तो आप प्रथम प्रधानमंत्री नेहरू के ख़िलाफ़ कुछ भी अनाप-शनाप बोलिए। इससे नेहरू का कुछ नहीं बिगड़ेगा, आप प्रधानमंत्री जैसी संस्था के सामने सवाल करना सीख जाएँगे। बस बोलते वक़्त अपने सवाल सही रखिएगा। तथ्यों को सही से जाँच कर लीजिए। जिसके प्रति बोल रहे हैं उसके प्रति अपने सवालों में नफ़रत मत लाइए। सत्ता में जो होता है, वही नैतिकता के नियम तय करता है। ख़ुद अनैतिक होगा मगर आपसे नैतिकता पर टिके रहने का आग्रह करेगा। तो बोलने की एक शर्त यह भी है। नैतिकता के अधिकतम अंक का संकलन करते रहिए। जीवन को साफ़-सुथरा रखिए।

रोबो-पब्लिक और नए लोकतंत्र का निर्माण

2017 के दो चरणों वाले गुजरात चुनाव के लिए मतदान शुरू ही हुआ था। ज़मीनी रिपोर्ट संकेत दे रहे थे कि दो दशक से अधिक समय तक सत्ता में रहने के बाद भाजपा अब गुजराती जनता के बड़े हिस्से का समर्थन खो रही है और यह स्थिति विपक्षी पार्टी कांग्रेस को लाभ पहुँचा सकती है। प्रधानमंत्री नरेंद्र मोदी अपने गृहराज्य में व्यापक चुनावी अभियान का नेतृत्व सँभाले हुए एक बड़ी भीड़ को संबोधित करने के लिए पालनपुर पहुँचे। वहाँ अपने भाषण के दौरान उन्होंने एक ऐसी बात कही जो मीडिया में जम के प्रसारित किया गया :

> *मणिशंकर अय्यर के घर में पाकिस्तान के हाई कमिश्नर, पाकिस्तान के भूतपूर्व विदेश मंत्री, भारत के भूतपूर्व उप राष्ट्रपति, भारत के भूतपूर्व प्रधानमंत्री मनमोहन सिंह की मीटिंग हुई...उसके अगले ही दिन, जिस दिन मणिशंकर अय्यर ने मोदी को 'नीच' कहा...भाइयो और बहनो, यह एक गंभीर बात है कि पाकिस्तान एक संवेदनशील मामला है...उस पाकिस्तान के हाई कमिश्नर के साथ इस तरह की गुप्त मीटिंग करने का कारण क्या है और जब गुजरात में चुनाव*

चल रहा है तो इस तरह की गुप्त मीटिंग का कारण बताएँ; दूसरी बात, पाकिस्तान के पूर्व आर्मी डायरेक्टर जनरल अरशद रफ़ीक़ यह बात बोले कि गुजरात में अहमद पटेल को मुख्यमंत्री बनाने में साथ देना चाहिए...

9 दिसंबर, 2017 को गुजरात के पालनपुर की चुनावी सभा में प्रधानमंत्री नरेंद्र मोदी का दिया यह बयान फ़ेक न्यूज़ का क्लासिक उदाहरण है। इसे मीडिया के क्लास रूम में पढ़ाया जाना चाहिए। इसमें सिर्फ़ एक तथ्य पूरी तरह ठीक है। वह यह कि मणिशंकर अय्यर के घर पर लोग मिले थे। बाक़ी सारे तथ्य या तो अधूरे हैं या ग़लत हैं। मणिशंकर अय्यर के घर मीटिंग नहीं हुई थी, रात्रिभोज का आयोजन था। कुछ लोग ईमेल से आमंत्रित किए गए थे जिनमें कई पत्रकार भी थे। प्रधानमंत्री ने रात्रिभोज में शामिल कुछ लोगों के नाम सही बताए, मगर सभी के नाम नहीं बताए। इस बयान के अगले दिन मीडिया रिपोर्टिंग से पता चला कि उस रात्रिभोज में भारत के पूर्व सेनाध्यक्ष दीपक कपूर, एक पूर्व विदेश सचिव और कई अन्य वरिष्ठ भारतीय राजनयिक भी शामिल थे। सबने कहा कि गुजरात पर कोई चर्चा नहीं हुई। लेकिन प्रधानमंत्री के उस बयान के बाद अख़बारों और समाचार वेबसाइटों ने 10 दिसंबर, 2017 को जो हेडलाइन लगाया, उनमें से कुछ को आप उदाहरण के तौर पर देखिए :

गुजरात चुनाव : नरेंद्र मोदी ने पूछा, पाकिस्तान सेना के पूर्व डीजी अहमद पटेल को मुख्यमंत्री के रूप में क्यों देखना चाहते हैं [Mint on Sunday]

नरेंद्र मोदी ने पाकिस्तान पर गुजरात विधानसभा चुनावों में हस्तक्षेप करने का आरोप लगाया; कांग्रेस से माँगा जवाब कि उसके शीर्ष

नेताओं ने पाकिस्तानी नेताओं के साथ बैठक क्यों की [Mid-Day]

नरेंद्र मोदी ने पाकिस्तान पर गुजरात चुनाव में हस्तक्षेप करने का आरोप लगाया; दावा किया कि पाकिस्तान अहमद पटेल को मुख्यमंत्री देखना चाहता है [First Post]

पाकिस्तान गुजरात चुनावों को प्रभावित करने की कोशिश कर रहा है, प्रधानमंत्री नरेंद्र मोदी का पालनपुर रैली में दावा [New Indian Express]

रात्रिभोज में आए लोगों की सूचना को पहले प्रधानमंत्री ने संदिग्ध बना दिया। मीडिया के लिए यह काफ़ी था। उसने हेडलाइन में और खुलकर लिख दिया कि गुजरात चुनावों में पाकिस्तान हस्तक्षेप कर रहा है। बात चर्चा की हुई थी, मीडिया ने उसे हस्तक्षेप की तरह पेश कर दिया। ज़ाहिर है, राजनीति गरमा गई। लोग चर्चा करने लगे। प्रधानमंत्री आरोप मढ़ने और कटाक्ष करने के खेल में माहिर हैं। वह हमेशा निर्दोष होते हैं, क्योंकि खुलकर वे कभी सामने नहीं आते। इस मामले में भी उन्होंने बस संकेत दिए। अपने दिमाग़ की बात पूरे जनसमूह के दिमाग़ में डाल दी और मीडिया ने उनके मन के अनुकूल नैरेटिव भी गढ़ दिया। उन्होंने जो कुछ भी पालनपुर में कहा, उसका मकसद लोगों को एक 'गुप्त बैठक' के बारे में बताने और उस बैठक की टाइमिंग की तरफ़ सबका ध्यान खींचने के लिए था। फिर उन्होंने यह भी जोड़ा कि पाकिस्तान सेना का एक सेवानिवृत्त अधिकारी कांग्रेस के एक मुस्लिम नेता को गुजरात का मुख्यमंत्री बनते देखना चाहता है। उन्होंने स्पष्ट रूप से कुछ नहीं कहा। इसकी उन्हें ज़रूरत नहीं थी। गोदी मीडिया ने लोगों को जो सुर्खियाँ परोसीं, उनमें देश के प्रधानमंत्री के हवाले से कहा गया कि पाकिस्तान

गुजरात में हो रहे चुनाव में हस्तक्षेप कर रहा है और कांग्रेस पाकिस्तान से साँठ-गाँठ कर रही है। हस्तक्षेप का यह विचार एक बार स्थापित हो जाने के बाद भाजपा ने इसको कांग्रेस पर हमला करते हुए बार-बार दोहराया और सच बना दिया। हर बार जब कांग्रेस गुजरात में विकास के भाजपा के दावे पर सवाल उठाती, भाजपा उस पर यह आरोप लगाती। जो रोज़ ख़बरें देखते-पढ़ते हैं, उनको लगा कि प्रधानमंत्री ने जो कहा था, उसमें ज़रूर कुछ बात रही होगी; नहीं तो उनकी पार्टी इतनी मुखर नहीं होती।

कुछ तो है—यही वह बात है जो फ़ेक न्यूज़ के लिए ईंधन का काम करती है। जब कांग्रेस पार्टी ने प्रधानमंत्री से माफ़ी की माँग की तो तत्कालीन वित्त मंत्री अरुण जेटली ने कहा कि कांग्रेस माफ़ी क्यों माँग रही है, वह उस 'सीक्रेट मीटिंग' के डिटेल जनता को क्यों नहीं बता रही है। साफ़ है, अरुण जेटली भी प्रधानमंत्री के एक फ़ेक बयान को आगे बढ़ा रहे थे। उसे मान्यता दे रहे थे।

चुनाव ख़त्म हुए, मगर इस बयान को लेकर हुआ विवाद राज्य सभा पहुँच गया। कांग्रेस के हंगामे के बाद जब सदन की कार्यवाही प्रभावित हुई तब सरकार और विपक्ष के बीच समझौता हुआ। उसके बाद तत्कालीन वित्त मंत्री अरुण जेटली ने जो टिप्पणी की, उसके एक-एक शब्द को पढ़िए, जिस तरह आपने प्रधानमंत्री के बयान का एक-एक शब्द पढ़ा है। चुनाव के दौरान कांग्रेस से मीटिंग की डिटेल माँगने वाले मामले पर अरुण जेटली का बयान इस तरह से है :

> *अपने भाषण में प्रधानमंत्री ने ऐसा कोई सवाल नहीं किया और न ही उनकी ऐसी कोई मंशा थी कि वो देश के पूर्व प्रधानमंत्री मनमोहन सिंह या पूर्व उप राष्ट्रपति हामिद अंसारी की राष्ट्र के प्रति निष्ठा पर सवाल उठाएँ। ऐसी कोई भी धारणा ग़लत है; हम*

इन नेताओं का बहुत सम्मान करते हैं, साथ ही भारत के प्रति उनकी निष्ठा का भी सम्मान करते हैं।

इसमें 'गुप्त मीटिंग' का कोई ज़िक्र नहीं था। यह ऐसा ही था कि प्रधानमंत्री ने तूफ़ान रोकने का काम नहीं किया और जनता झूठी बात पर मूर्ख बनती रही, जबकि इस प्रक्रिया में उन्होंने यह ज़रूर किया कि भारत के एक पूर्व प्रधानमंत्री, पूर्व उप राष्ट्रपति और पूर्व सेनाध्यक्ष की निष्ठा को संदेहास्पद बना दिया।

अगर आपको लगता है कि फ़ेक न्यूज़ खेल-खेल में तैयार होता है तो आप ग़लत हैं। आप प्रधानमंत्री के बयान और अरुण जेटली की सफ़ाई के एक-एक शब्द को ध्यान से पढ़िए। बहुत दक्षता से दोनों को तैयार किया गया है। प्रधानमंत्री का गुजरात के चुनावी भाषण में दिया गया बयान झटके में तैयार नहीं हुआ होगा। इसका हरेक शब्द झूठ के निर्माण का क्लासिक उदाहरण है। उसी तरह इसकी सफ़ाई का हर शब्द भी। पहले बयान में सवाल ही सवाल हैं, दूसरे बयान में आराम से कहा जा रहा है कि हम तो सवाल ही नहीं कर रहे थे। यह एक महीन रणनीति के तहत तैयार किए गए बयान हैं। जो ऊपरी तौर पर चलताऊ लग सकते हैं, लेकिन इनमें आम जनता के मनोविज्ञान का भरपूर ध्यान रखा गया है। फ़ेक न्यूज़ ज़्यादातर उन मामलों में ही बनते हैं, जिनके बारे में लोगों को आधी-अधूरी या नामालूम-सी जानकारी रहती हो। उदाहरण के लिए भारत-पाकिस्तान के बँटवारे को ही लें। भारतीय जनमानस में इसके बारे में कई तरह की धारणाएँ हैं। जिसका नतीजा यह है कि इसके इर्द-गिर्द कई तरह के झूठ गढ़ दिए जाते हैं। पाकिस्तान को लेकर या उससे जोड़कर कई तरह के फ़ेक न्यूज़ आराम से फैला दिए जाते हैं। 'मणिशंकर अय्यर के घर पर

हुई गुप्त बैठक'—इस मामले में झूठ गढ़ने में प्रधानमंत्री और भाजपा को कामयाबी इसलिए मिली क्योंकि उसमें पाकिस्तान का नाम शामिल था। मणिशंकर अय्यर से जुड़ी घटनाओं में एक निरंतरता भी थी। उन्होंने उस रात्रिभोज से पहले प्रधानमंत्री नरेंद्र मोदी और भाजपा के बारे में तीखे और विवादास्पद बयान दिए थे। वे पाकिस्तान के साथ शांति-वार्ता के लिए लगातार पैरवी कर रहे थे। उन्हें और उनकी पार्टी को स्थायी शत्रु के तौर पर पेश करने के लिए ये सब मामले पर्याप्त थे।

इसीलिए मैंने यह उदाहरण चुना और कहा कि यह फ़ेक न्यूज़ का एक क्लासिक उदाहरण है। यह शायद पहला मौक़ा है, जब भारत के प्रधानमंत्री ने एक न्यूज़ में मिलावट करके उसे फ़ेक बनाकर पेश किया। इसे लेकर न्यूज़ चैनलों और गुजरात के चौक-चौराहों पर होने वाली चर्चाएँ भी फ़ेक हो गईं। फ़ेक न्यूज़ ने कितना असर किया, कोई नहीं बता सकता। मगर हाँ, एक महीने के भीतर इस फ़ेक न्यूज़ का गुब्बारा फट गया। बस फ़र्क़ यह था कि अब गुजरात की जनता के पास इस फ़ेक न्यूज़ पर रीयल चर्चा करने का समय नहीं था। चुनाव के नतीजे भी आ गए थे और फ़ेक न्यूज़ का मकसद भी पूरा हो गया था।

फ़ेक न्यूज़ के ज़रिये पॉलिटिक्स भी फ़ेक हो सकती है, बल्कि उसको ही फ़ेक बनाने के लिए फ़ेक न्यूज़ चलन में आया है। जनता अपने मुद्दों पर राजनीति को ले आने की लाख कोशिश करेगी, नेता फ़ेक न्यूज़ के ज़रिये उसे फ़ेक पॉलिटिक्स में घसीट लेंगे। नेता, मीडिया और सोशल मीडिया—अब ये तय करेंगे कि चुनावों के दौरान आपके मुद्दे क्या होंगे। उनके फ़ेक न्यूज़ से बचने के लिए जनता के पास कोई साधन नहीं है। फ़ेक न्यूज़ एक टूल है, जिसकी मदद से जनता को उसके वास्तविक मुद्दे से अलग कर दिया जाता है। उसे एक दूसरी रियलिटी में ले जाया

जाता है, जहाँ वह अपनी चिंता छोड़कर ग़लत सूचनाओं से तैयार किसी राष्ट्रीय स्तर की चिंता के सामने बौना खड़ा, चुपचाप आत्मसमर्पण कर देता है। बहुत से लोग कहते हैं कि यह पहले भी होता था। बहुत से लोग यह नहीं देख पा रहे हैं कि यह पहले से कहीं ज़्यादा बेहतर तरीक़े से हो रहा है।

पब्लिक के पास सत्ता को चुनौती देने के लिए उसका अपना वह सत्य ही होता है जो उसके हालात से बनता है। जनता अपने हालात के प्रति ईमानदार होती है। राजनीति जानती है कि हालात न तो तेज़ी से बदलते हैं और न बदलने की क्षमता उसमें बची है, इसलिए उसे एक ऐसे इंस्ट्रूमेंट की ज़रूरत थी जो जनता को लगातार एक वैकल्पिक हालात उपलब्ध करवाता रहे। वैकल्पिक हालात चुनाव के आख़िरी दिनों में नहीं बनाए जाते हैं, बल्कि यह प्रक्रिया साल भर चलती रहती है।

फ़ेक न्यूज़ न्यूज़ का ही विकल्प नहीं है, बल्कि इसके ज़रिये जनता का भी विकल्प तैयार हो रहा है। क्योंकि जनता जब ग़लत सूचनाओं या वैकल्पिक हालात के आधार पर अपनी धारणा बनाती है, तब वह इंसान होते हुए भी रोबोट की तरह व्यवहार करने लगती है। फ़ेक न्यूज़ के ज़रिये आप जनता के एक बड़े हिस्से को रोबोट की तरह नियंत्रित कर सकते हैं। हमें लगता है कि यह किसी की शरारत मात्र होगी, ऐसा नहीं है। कोई भी फ़ेक न्यूज़ बहुत सावधानी और किसी विशेष रणनीति के साथ तैयार किया जाता है।

लोकतंत्र में जनता कोई निर्जीव यूनिट नहीं होती है। एक सवाल ख़ुद से कीजिए। क्या आप बग़ैर सूचनाओं के जनता बने रह सकते हैं? तरह-तरह की वैकल्पिक सूचनाओं के सहारे ही किसी व्यक्ति के भीतर जनता होने का बोध सक्रिय रहता है। अगर सूचनाओं की विविधता समाप्त कर दी जाए, विकल्प सीमित कर दिए जाएँ तो मुमकिन है कि आप राजनीति में एक रोबोट की तरह व्यवहार करेंगे।

मैंने बहुत से ऐसे लोगों को रोबोट की तरह व्यवहार करते देखा है। इनके भीतर एक ही क़िस्म की सूचनाएँ और धारणाएँ फीड की जा चुकी हैं। नई सूचनाओं के लिए कम से कम जगह बची रहे, इसलिए लगातार फ़ेक न्यूज़ या फ़ेक डिबेट या फ़ेक पॉलिटिक्स से इनकी प्रोग्रामिंग होती रहती है। सूचनाओं के विकल्प समाप्त होते ही इन्हें राजनीति का भी विकल्प दिखना बंद हो जाता है। ये वही हैं, जिन्हें आप झुँझलाकर हताशा में बार-बार भक्त कहते हैं। आप मान चुके हैं कि कुछ भी हो जाए ये भक्त नहीं बदलेंगे।

हम रोबोटों के साथ नहीं बैठ सकते और बातचीत नहीं कर सकते। हम उनके साथ चाँद और तारे नहीं देख सकते और ब्रह्मांड के महान रहस्यों पर विस्मित नहीं हो सकते हैं। हम उन्हें सहूलियत नहीं दे सकते और न वे हमें।

राजनीति में समर्थक को 'भक्त' में बदलने की प्रक्रिया पर गंभीर काम नहीं हुआ है। सबने इस प्रक्रिया को हल्के में लिया है और वे समझते हैं कि यह सब थोड़े समय की बात है। समय के साथ ये बदल जाएँगे। मुमकिन है कि कुछ भक्त बदल जाएँ, पर क्या यह मुमकिन नहीं है कि उनकी जगह कुछ नए लोग भक्त बन जाएँ। सूचनाओं की विविधता और उनके माध्यमों की स्वतंत्रता ही भक्त-निर्माण की प्रक्रिया की रफ़्तार को

कम कर सकता है। इसीलिए सरकारें अब मीडिया को लगातार अपने नियंत्रण में रखती हैं।

फ़ेक न्यूज़ उस स्मार्ट फ़ोन की तरह है जो आपकी गर्दन को झुकाए रखता है। भक्त की गर्दन भी एक ही तरफ़ झुकी रहती है। आप उसे लाख नई-नई सूचनाएँ दिखाते रहें, वह अपनी गर्दन नहीं उठाएगा। वह रोबोट में बदल चुका है। रोबोट आदमी की तरह काम कर रहा है और आदमी रोबोट की तरह। अगर कोई रोबोट से जनता बनने का प्रयास भी करेगा तो उसके लिए वापसी की यह प्रक्रिया आसान नहीं होगी।

फ़ेक न्यूज़ ने पहले ख़बरों और पत्रकारिता को फ़ेक किया और अब वह जनता का फ़ेक रूप तैयार कर रहा है। ग़लत सूचनाओं के आधार पर अपनी मूल चेतना को स्थगित कर देने की प्रकिया किसी भी जनता को फ़ेक पब्लिक में बदल देती है। जनता का विवेक ग़लत सूचनाओं से पैदा की गई भ्रामक वास्तविकता से तय होने लगता है। वह रियल पब्लिक होते हुए भी फ़ेक पब्लिक हो जाती है और वह एक फ़ेक रिपब्लिक बनाती है; जिसमें उन समस्याओं का कोई महत्त्व नहीं होता जिनके आधार पर जनता बग़ावत कर देती है। वास्तविक मुद्दों पर जनता का बग़ावत पर उतर आना अब शायद पुरानी मान्यता है। गुजरात में सूरत शहर की जनता बहुत नाराज़ थी, मगर उसने अपनी राजनीतिक निष्ठा नहीं बदली। उसने अपने आर्थिक नुकसान की चिंता को किनारे कर दिया और उस स्थिति को स्वीकार कर लिया जो मीडिया और राजनीति की प्रोग्रामिंग से

तैयार की गई थी। वह तैयार की गई थी फ़ेक न्यूज़, फ़ेक डिबेट, फ़ेक पॉलिटिक्स और फ़ेक चेतनाओं के अंबार से। आईफ़ोन और आईपैड बनाने वाली एप्पल कंपनी के प्रमुख टिम कूक ने एक ब्रिटिश अख़बार से कहा है कि फ़ेक न्यूज़ लोगों के दिमाग़ की हत्या कर रहा है।

व्हाट्सएप्प यूनिवर्सिटी में यही होता है। किसी भी तस्वीर को लेकर उसे संदिग्ध कर दिया जाता है। वायरल कर दिया जाता है। पंजाब चुनाव के दौरान पटियाला में मैं दिल्ली के मुख्यमंत्री अरविंद केजरीवाल का रोड शो कवर कर रहा था। मैं और मेरी टीम के कैमरामैन उसी जीप पर सवार थे जिसके आगे अरविंद केजरीवाल लोगों से वोट के लिए अपील कर रहे थे। छत पर खड़े एक फ़ोटोग्राफ़र ने मेरी तरफ़ इशारा किया कि मुख्यमंत्री से कह दूँ कि वो उसकी तरफ़ देखें, ताकि वह उनकी तस्वीर ले सके। मैंने अरविंद केजरीवाल को उसकी तरफ़ देखने को कहा और उसने तस्वीर ले ली। यह तस्वीर खूब वायरल कराई गई। यह कहते हुए कि मैं केजरीवाल का एजेंट हूँ और चुनाव में उसकी मदद कर रहा हूँ। बहुत दिनों बाद उस फ़ोटोग्राफ़र ने मुझसे व्हाट्सएप्प पर संपर्क किया। मेरा शुक्रिया अदा किया और कहा कि आपकी बदनामी तो हुई, मगर मुझे बहुत सारे हिट्स मिले। उम्मीद है, इस उदाहरण की मदद से गुजरात चुनाव में पालनपुर में दिए गए प्रधानमंत्री के भाषण को आप बेहतर तरीक़े से समझ सकेंगे।

दुनिया भर में फ़ेक न्यूज़ लोकतंत्र का गला घोटने और तानाशाहों की मौज का ज़रिया बन गया है। राजधानी से लेकर ज़िला स्तर तक फ़ेक न्यूज़ गढ़ने और फैलाने में एक पूरा तंत्र विकसित हो चुका है। पहले पन्ने पर प्रधानमंत्री का बयान छपता है जिसमें फ़ेक जानकारी होती और जब ग़लती पकड़ी जाती है तो फिर वही अख़बार अगले दिन उसी स्पेस

में यह छापने की हिम्मत नहीं जुटा पाता है कि राष्ट्रपति या प्रधानमंत्री ने झूठा बयान दिया है। मार्च 2017 में वाशिंगटन में Reporters Without Borders (RSF) ने दुनिया भर में प्रेस की आज़ादी पर अपनी रिपोर्ट जारी की, जिसमें भारत की स्थिति बहुत ख़राब है। 180 देशों में हमारा स्थान नीचे की तरफ़ 136वाँ है। इस संस्था का मानना है कि फ़ेक न्यूज़ तानाशाहों के लिए वरदान है। किसी भी सरकार का मूल्यांकन इस बात से भी होना चाहिए कि उसके दौर में आज़ाद मीडिया था या गोदी मीडिया था। 4 मार्च, 2017 को ही संयुक्त राष्ट्रसंघ की एक समिति ने बयान जारी कर कहा था कि संवैधानिक पदों पर बैठे लोग मीडिया को झूठा बता रहे हैं या फिर उसे विपक्ष करार दे रहे हैं। जबकि सरकारों का काम है कि वो अभिव्यक्ति की स्वतंत्रता के माहौल को बनाए रखें। फ़ेक न्यूज़ के बहाने एक नए क़िस्म का सेंसरशिप आ रहा है। आलोचनात्मक चिंतन को दबाया जा रहा है।

2017 के मार्च में अमेरिका में विपक्षी दल के सांसदों ने फ़ेक न्यूज़ के विरोध में एक बिल पेश किया। जिसमें कहा गया कि हालत यह हो गई कि अब जनता को राष्ट्रपति और उनके प्रवक्ताओं से ही फ़ेक न्यूज़ मिल रही है। डोनाल्ड ट्रंप के राष्ट्रपति पद की शपथ लेने के समय व्हाइट हाउस के प्रवक्ता स्पाइसर ने बयान दिया था कि इससे पहले ऐसा कभी नहीं हुआ कि किसी शपथ ग्रहण समारोह में इतने लोग शामिल होने आए हों और समारोह पूरी दुनिया में देखा गया हो। इसमें तथ्य नहीं है। ट्रंप ने कहा कि कोई दस-साढ़े दस लाख लोगों की भीड़ नज़र आ रही थी। भारत में तो नेता कब से एक लाख की रैली को दस लाख की बताते रहे हैं, मगर अमेरिका में लोगों ने चुनौती दे दी कि प्रवक्ता और राष्ट्रपति ने भीड़ की गिनती कैसे कर ली। इसलिए सदन से प्रस्ताव पास करने

का अनुरोध किया गया कि व्हाइट हाउस के प्रवक्ता फ़ेक न्यूज़ जारी न करें। यह बिल वहाँ की कमेटी ऑफ़ ज्यूडिशियरी में भेज दिया गया।

पूरी दुनिया में सरकारों, संगठनों और विश्वविद्यालयों में फ़ेक न्यूज़ को लेकर चर्चा हो रही है। फिलिपींस में फ़ेक न्यूज़ बहुत बड़ी समस्या बन गई है। वहाँ के राष्ट्रपति रोड्रिगो दुतेर्ते पर आरोप है कि वो सत्ता पर पकड़ बनाए रखने के लिए फ़ेक न्यूज़ को खूब प्रोत्साहित कर रहे हैं। फिलिपींस में एक विधेयक भी पेश किया गया—Senate Bill 1492, or An Act Penalizing the Malicious Distribution of False News and Other Related Violations; इस बिल में फ़ेक न्यूज़ फैलाने वाले सरकारी अधिकारियों पर भी भारी जुर्माने या सज़ा की वकालत की गई। एक से पाँच साल तक की सज़ा का प्रावधान किया गया। अगर कोई मीडिया हाउस फ़ेक न्यूज़ फैलाता है तो उसे बीस साल की सज़ा हो, यह भी प्रस्तावित किया गया।

फिलिपींस में ही नवंबर 2016 में University of the Philippines ने फ़ेक न्यूज़ से लड़ने के लिए एक ऑनलाइन चैनल TVUP लांच किया। इस मौक़े पर यूनिवर्सिटी के कार्यकारी निदेशक ने बयान दिया था कि इसके ज़रिए वे उम्मीद करते हैं कि ऑनलाइन ठिकानों पर फैले ख़बरों के कबाड़ का विकल्प तैयार हो सकेगा, ताकि नागरिकों के पास असली लेख, असली ख़बर जानने के अवसर उपलब्ध रहे। ब्रिटिश संसद की खेल मीडिया और संस्कृति कमेटी ने लोकतंत्र पर फ़ेक न्यूज़ के असर की जाँच की पहल की है।

दूसरी तरफ़ फ़ेक न्यूज़ का प्रसार करने वाले नेता या उनकी सरकारों के तंत्र ने एक और खेल शुरू किया है। अमेरिकी राष्ट्रपति डोनाल्ड ट्रंप ने सीएनएन को फ़ेक न्यूज़ फ़ैलाने वाला चैनल कह दिया। जो भी

मीडिया उनकी सरकार की आलोचना करता है, ट्रंप उसके बारे में ऐसा ही कहते हैं। टर्की के राष्ट्रपति एरदोगन ने फ़ेक न्यूज़ से लड़ने के नाम पर कई पत्रकारों को जेल भेज दिया। कंबोडिया के प्रधानमंत्री ने भी कहा कि ट्रंप ठीक कहते हैं कि मीडिया अराजकतावादी है। उन्होंने कंबोडिया में काम कर रहे विदेशी मीडिया को शांति और स्थायित्व के लिए ख़तरा बता दिया। कंबोडिया की सुप्रीम कोर्ट ने तो मुख्य विपक्षी दल को ही भंग कर दिया है। रूस में भी फ़ेक न्यूज़ से लड़ने के लिए क़ानून बनाने की तैयारी हो चुकी है। मीडिया और सत्ता का मौजूदा दौर ऐसे अनेक उदाहरणों से भरा हुआ है।

भारत में कुछ वेबसाइटें अपने स्तर पर फ़ेक न्यूज़ से लड़ रही हैं। मुख्यधारा का मीडिया, चाहे वह प्रिंट हो या अख़बार हो, फ़ेक न्यूज़ को लेकर सतर्क नहीं है। 2014 से 2017 के बीच ऐसे कई फ़ेक न्यूज़ आए, जिनके सहारे स्थानीय स्तर पर समाज में तनाव फैलाने की कोशिश की गई। उत्तर प्रदेश के शामली ज़िले के कैराना गाँव से 2015-16 में हुए अन्य कारणों से पलायन को एक सांप्रदायिक रंग दिया गया और टीवी पर लगातार बहस हुई कि कैराना को कश्मीर बना दिया गया है। जबकि वहाँ ऐसी कोई बात नहीं थी। यह एक ख़तरनाक खेल था और इसमें बड़े अख़बार और टीवी चैनल शामिल थे। *altnews.in, indiaspend.com, boomlive.com, hoax-slayer.net* और हिन्दी में *mediavigil.com* जैसी वेबसाइटों ने फ़ेक न्यूज़ से लोहा लेना शुरू किया है। *altnews.in* के प्रतीक सिन्हा ने कई मंत्रियों, कई सरकारों और कई वेबसाइटों के फ़ेक न्यूज़ का पर्दाफ़ाश किया है। यह सब बहुत छोटे पैमाने पर हो रहा है। इसकी पहुँच मुख्यधारा के मीडिया के फैलाए फ़ेक न्यूज़ की तुलना में बहुत सीमित है।

फ़ेक न्यूज़ को परिभाषित करने की ज़रूरत है। इसका प्रसार किस-किस तरीक़े से होता है, इसकी समझ आम लोगों तक नहीं पहुँची है। पत्रकारिता में ग़लती हो जाती है। हर ग़लती फ़ेक न्यूज़ नहीं है, मगर एक ख़ास डिज़ाइन के तहत तैयार किया गया फ़ेक न्यूज़ कहीं और से आता है। मीडिया उस फ़ेक न्यूज़ को उठाता है और जन-जन तक पहुँचा देता है। बीच-बीच में संवैधानिक पदों पर बैठे लोग भी फ़ेक न्यूज़ का प्रसार करते हैं। अपने बयानों से फ़ेक न्यूज़ को असली बनाते हैं। एक और तरीक़े से फ़ेक न्यूज़ बन रहा है। सभी सरकारें मीडिया तक सूचना पहुँचने से रोक रही हैं। किसी के पास सही-ग़लत को सामने लाने वाली क्रिटिकल सूचना नहीं है। उसकी जगह पर सरकार के तंत्र से ही फ़ेक सूचना, फ़ेक मुद्दे दिए जाते हैं ताकि मीडिया का काम चलता रहे। ऐसे मुद्दे गढ़े जाते हैं, जिनका वास्तविकता से कोई लेना-देना नहीं होता है या उतना नहीं होता, जितना बढ़ा-चढ़ा कर पेश किया जाता है।

फ़ेक न्यूज़ के ज़रिए ताक़तवर दल अपने से कम ताक़तवर दल को बर्बाद कर देता है। इस खेल में कम संसाधन वाले दल प्राय: फ़ेक न्यूज़ की जाल में फँस जाते हैं। बड़े दलों के 'आईटी सेल' या समर्थक फ़ेक न्यूज़ फैलाने में लगे रहते हैं। अब एक दल दूसरे दल के फ़ेक न्यूज़ को पकड़ने के लिए टीम बना रहा है। फ्रांस के चुनाव में 'नेशनल फ्रंट' ने 'फ़ेक न्यूज़ अलर्ट टीम' का गठन किया था। जल्दी ही भारत के राजनैतिक दलों को भी 'फ़ेक न्यूज़ अलर्ट टीम' का गठन करना पड़ेगा।

चुनाव आते ही फ़ेक न्यूज़ की भरमार हो जाती है। 2016 में इटली में संविधान में संशोधन की ज़रूरत और प्रधानमंत्री को दिए जाने वाले अधिकारों के दायरे को लेकर एक जनमत संग्रह हुआ तो वहाँ फेसबुक

पर जो स्टोरी शेयर हुईं, उनमें से आधी नकली थीं। यूरोपियन यूनियन ने तो रूस से आने वाले फ़ेक न्यूज़ का सामना करने के लिए 'East Start-Com Team नाम से एक टास्क फोर्स बनाया है। फ्रांस और नीदरलैंड में हुए चुनाव के लिए इस टास्क फोर्स को काफ़ी पैसा और संसाधन दिया गया ताकि वह रूस के प्रोपेगैंडा को रोक सके। रूस पर आरोप है कि वह फ़ेक न्यूज़ पर काफ़ी पैसा खर्च करता है। देखिए कि फ़ेक न्यूज़ को लेकर किस हद तक कूटनीतिक युद्ध भी छिड़ा हुआ है। फ़ेक न्यूज़ का एक बड़ा काम है, नफ़रत फैलाना और हिंसा के लिए उकसाना।

जुलाई 2017 में जर्मनी की संसद ने एक क़ानून पास किया जिसके अनुसार अगर किसी सोशल मीडिया नेटवर्क ने नफ़रत फैलाने वाली सामग्री 24 घंटे के भीतर नहीं हटाई तो उस पर 50 मिलियन यूरो तक का जुर्माना लग सकता है। इस क़ानून को लेकर भी चिंता है कि कहीं यह अभिव्यक्ति की आज़ादी का गला घोटने का ज़रिया न बन जाए। जर्मन जस्टिस मिनिस्टर ने कहा है कि इंटरनेट पर जंगल का क़ानून चल रहा है, उसी को समाप्त करने के लिए यह क़ानून लाया गया है।

रॉयटर की इस ख़बर के मुताबिक़ फेसबुक जैसे सोशल मीडिया नेटवर्क ने इस क़ानून पर चिंता जताते हुए कहा था कि वह इस तरह की तमाम संदिग्ध सामग्री को हटाने के लिए दुनिया भर में 3000 लोगों की टीम बनाएगा। अभी 4500 लोगों की टीम तमाम पोस्ट की समीक्षा कर रही है। आप सोच सकते हैं कि जब एक नेटवर्क को नफ़रत फैलाने वाली सामग्री को पकड़ने में हज़ारों लोग तैनात करने पड़ रहे हैं तो इस वक़्त दुनिया में फ़ेक न्यूज़ कितनी बड़ी समस्या है। न्यूज़ रूम में अब हर मसले को कवर करने के लिए रिपोर्टर की संख्या में लगातार कमी होती जा रही है। आप जिन एंकरों को देखकर स्टार समझते हैं, दरअसल

वो पत्रकारिता के संकट के जीते-जागते प्रतीक हैं। ख़ाली न्यूज़ रूम में फ़ेक न्यूज़ का भूत नहीं घूमेगा तो भला कहाँ घूमेगा!

भारत में भी चुनावों के समय फ़ेक न्यूज़ की मात्रा बढ़ जाती है। चुनाव आयोग के पास ऐसा कोई तंत्र नहीं है जो फ़ेक न्यूज़ के बाढ़ को रोक सके। आयोग के पास इसकी कोई ठोस परिभाषा भी नहीं है। पेड न्यूज़ को चुनाव आयोग रोक तो नहीं सका, मगर उस पर नज़र रखने और उसे पकड़ने के लिए हर चुनाव में राज्य स्तर और ज़िला स्तर पर 'Media Certification and Monitoring Committees' बनाता है। यह पूरा तंत्र अधिसूचना लागू होने के बाद काम करता है। वैसे अब सारा खेल चुनाव की तारीख की घोषणा से पहले ही हो चुका होता है। आयोग के पास करने के लिए कुछ ख़ास होता नहीं है। आयोग हर चुनाव के बाद पेड न्यूज़ पर एक रिपोर्ट भी जारी करता है जिसमें बताता है कि पेड न्यूज़ के कितने मामले सामने आए। 2013 में चुनाव आयोग की एक रिपोर्ट आई थी, जिसके अनुसार 17 राज्यों के विधानसभा चुनावों में पेड न्यूज़ के 1400 मामले सामने आए थे। ये सभी चुनाव 2010 से 2013 के बीच हुए थे। 2014 के लोकसभा चुनाव में पेड न्यूज़ के 787 केस सामने आए थे। इस चुनाव में पेड न्यूज़ के मामले में उम्मीदवारों को 3100 नोटिस जारी किए गए थे।

फ़ेक न्यूज़ का उत्पादन इतने बड़े पैमाने पर होता है कि उसे साधने के लिए अब सरकार को चुनावों के दौरान मीडिया के लिए अलग से एक आयोग का गठन करना पड़ेगा जिसकी नियामक संस्था चुनाव आयोग की तरह संवैधानिक अधिकारों से लैस हो और स्वतंत्र भी।

फ़ेक न्यूज़ समाज का पूरा चरित्र बदल देता है। स्थायी रूप से भले न बदल पाता हो, मगर एक ख़ास समय के लिए तो बदल ही देता है। दिल्ली में मंकी मैन की घटना आपको याद होगी। 2001 में उसकी फिर से वापसी हुई थी। मंकी मैन न तो मंकी था, न ही मैन था; मगर दिल्ली के मैन, विमेन और चिल्ड्रन मंकी मैन के आने और काट लेने की कल्पनाओं में खो गए। रात-रात भर जागते थे। किसी ने उसे देखा नहीं, मगर बताने वालों की कमी नहीं थी कि वह कैसा है। फ़ेक न्यूज़ हम सबका यही हाल कर रहा है। हमारा व्यवहार इस तरह से नियंत्रित करता है कि हम राजनीतिक रूप से रोबोट हो जाएँ। जनता की जगह भक्त हो जाएँ। अब फ़ेक न्यूज़ लोगों की रातों की नींद उड़ाएँगे। इनकी वजह से हम समुदायों को आपस में लड़ते देखेंगे, किसी को पीटते देखेंगे, बल्कि देख ही रहे हैं। फ़ेक न्यूज़ का असली असर तो आप आने वाले समय में देखेंगे।

जब समाज बौरा जाता है तो उसका असर पुलिस के काम पर पड़ता है। हमारा तंत्र भी फ़ेक न्यूज़ के अनुसार बर्ताव करने लगता है। दिल्ली पुलिस ने बहुत समझाया कि कोई मंकी मैन नहीं है, मगर अंत में हारकर उसने भी मंकी मैन को पकड़वाने के लिए 50,000 रुपये का इनाम रख दिया। गृह मंत्रालय से रैपिड एक्शन फोर्स माँगी गई। इस मामले की गंभीरता को देखते हुए एक विशेष टीम गठित कर दी गई, जिसका काम था मंकी मैन से जुड़ी घटनाओं की जाँच करना। पूरा तंत्र एक झूठ के पीछे नाचने लगा। किसी ने कहा कि पाकिस्तान का हाथ है तो किसी को लगा कि कोई स्थानीय गिरोह है।

2017 के गुजरात चुनाव में पाकिस्तान मंकी मैन की तरह फिर लौटा था।

ख़ैर, हम दिल्ली की बात कर रहे थे। यहाँ के लोगों का साल 2001 का मई महीना मंकी मैन के पीछे भागने में ही बीत गया। उसी साल जून में दिल्ली पुलिस ने मंकी मैन के रहस्य से पर्दा उठा दिया। एक्सपर्ट कमेटी की रिपोर्ट में कहा गया है कि मंकी मैन था ही नहीं। उस वक़्त के ज्वाइंट कमिश्नर सुरेश राय ने कहा है कि मंकी मैन मामले में बंदर या कोई भी अन्य जानवर शामिल नहीं है। एक्सपर्ट कमेटी में नेशनल इंस्टीट्यूट ऑफ़ ह्यूमन बिहैवियर और सेंट्रल फ़ॉरेंसिक लेबोरेटरी के सदस्य भी शामिल थे। पुलिस ने यह भी कहा कि मंकी मैन के पीछे पाकिस्तान के आईएसआई का हाथ नहीं है, न ही किसी गुंडा गिरोह का हाथ है। पुलिस ने माना कि मीडिया के कवरेज ने इस पागलपन को और बढ़ा दिया। उस वक़्त कई चैनलों ने मंकी मैन की बाइट के लिए पाँच-पाँच रिपोर्टरों की टीम बनाई थी जो रात भर दिल्ली में घूमा करते थे। उन्हीं में से कई आज प्राइम टाइम के एंकर हैं। ज़ाहिर है, 2001 में मंकी मैन के ज़रिए जो प्रैक्टिस किया गया था वो अब काम आ रहा है।

मंकी मैन के समय में हम मैच्योर नहीं हुए थे, इसलिए हमारे बीच से बहुत से लोग रात भर कूद-फाँद करते रहते थे। फ़ेक न्यूज़ के समय हम परिपक्व हो चुके हैं। जो मिलता है, चुपचाप गटक जाते हैं और धारणाओं में जीने लगते हैं। फ़ेक न्यूज़ को पचाने की हमारी क्षमता में सुधार भी हुआ है और विकास भी। यह बदलाव भारत में भी आया है और दुनिया में भी आ चुका है।

1995 में गणेश जी की मूर्ति को दूध पिलाने का सबक हमें अभी तक ठीक-ठीक याद है। तो भी नवंबर 2016 में देश के कई राज्यों के लोग दुकानों के आगे लाइन में लग गए कि चीनी और नमक की किल्लत होने वाली है। इस मामले में दिल्ली, कोलकाता, मुंबई और हैदराबाद के

लोगों ने भी छोटे शहरों के साथ अच्छा प्रदर्शन किया था। व्हाट्सएप्प के ज़रिये सबको मैसेज मिला था कि चीनी और नमक की किल्लत होने वाली है। उत्तर प्रदेश के तत्कालीन मुख्यमंत्री अखिलेश यादव इसे अफ़वाह बताते रहे और ज़िलाधिकारी को निर्देश देने लगे कि वो अफ़वाह फैलाने वालों पर सख़्त कार्रवाई करें। कितनी अच्छी बात है कि फैलाने वालों के लिए सज़ा है मगर अफ़वाह पर यक़ीन करने वालों के लिए कोई सज़ा नहीं। दिल्ली के मुख्यमंत्री केजरीवाल और खाद्य एवं सार्वजनिक वितरण और उपभोक्ता मामलों के केंद्रीय मंत्री रामविलास पासवान को भी बयान देना पड़ा कि नमक की कोई कमी नहीं है। अफ़वाहों का क्या है, वो उड़ते-उड़ते मुंबई पहुँच गईं कि नमक 200 रुपये किलो हो गया है। मुंबई पुलिस को ट्वीट करना पड़ा कि यह अफ़वाह है। कई जगहों से ऐसी ख़बरें भी आईं कि दुकानदार वाक़ई 200 रुपये से लेकर 600 रुपये किलो तक नमक बेच रहे हैं। एक ख़बर कानपुर से आई कि वहाँ एक दुकान के सामने नमक खरीदने के लिए मची भगदड़ में एक महिला की मौत हो गई।

इससे पता चलता है कि ऐसी घटनाओं से जनता को फ़ेक पब्लिक में बदलने की प्रोग्रामिंग की जा सकती है। ग़लत सूचनाओं पर यक़ीन कर जीने वाली पब्लिक पब्लिक तो है मगर वो फ़ेक पब्लिक है।

फ़ेक न्यूज़ के ज़रिये इतिहास-बोध को भी फ़ेक किया जा रहा है। कोई इतिहासकार चुनौती न दे सके, इसके लिए सत्ता के ताक़तवर लोगों की

तरफ़ से इतिहास के फ़ेक वर्जन लांच किए जाने लगते हैं। ऐसे संगठनों को समर्थन दिया जाने लगता है जिनसे मुक़ाबला करना किसी अकेले इतिहासकार के वश की बात नहीं है। यहाँ तक कि भारत के पहले प्रधानमंत्री जवाहरलाल नेहरू भी फ़ेक न्यूज़ से नहीं बच सके हैं। 15 मई, 2016 को *टाइम्स ऑफ़ इंडिया* की अमूल्या गोपालकृष्णन ने नेहरू को लेकर फैलाये जा रहे कई तरह के झूठ को लेकर एक रिपोर्ट छापी। वे झूठ कैसे-कैसे हैं, आप स्वयं पढ़ें :

- जवाहर एक अरबी शब्द का नाम है। कोई कश्मीरी ब्राह्मण अपने बच्चे का अरबी नाम रख ही नहीं सकता है।
- नेहरू के दादा गियासुद्दीन ग़ाज़ी थे, मुग़लों के कोतवाल थे, जिन्होंने अपना नाम गंगाधर नेहरू रख लिया।
- नेहरू का जन्म इलाहाबाद की वेश्याटोली में हुआ था।
- नेहरू ने एक कैथोलिक नन को गर्भवती कर दिया था। चर्च ने उस नन को भारत से बाहर भेज दिया जिसके लिए नेहरू आजीवन चर्च के आभारी रहे।

इस तरह की झूठी सूचनाओं के ज़रिये नेहरू के वजूद को ही संदिग्ध बनाया जा रहा है। तभी कहता हूँ कि फ़ेक न्यूज़ जनता को रोबोट में बदलने की प्रक्रिया है। वह एक दिन इतिहास के अध्यापकों को ही रोबोट में बदल देगा। इतिहास को आप उस तरह से पढ़ेंगे जिस तरह से फ़ेक न्यूज़ उस इतिहास-अध्यापक की प्रोग्रामिंग करेगा। नेहरू के बारे में ऐसी-ऐसी और भी ग़लत सूचनाओं को न्यूज़ की शक्ल में पेश किया गया ताकि लाखों लोग उसे देख सकें और नेहरू के प्रति घृणा फैले। एक वीडियो में तो बताया गया है कि नेहरू की मौत एड्स से हुई थी। जैकलीन कैनेडी और मृणालिनी साराभाई की तस्वीरें लगाकर नेहरू को

अय्याश दिखाया गया। फोटोशॉप का इस्तेमाल हुआ। विकिपीडिया में जवाहरलाल नेहरू और उनके पिता मोतीलाल नेहरू के बारे में जानकारियाँ बदल दी गईं। *टाइम्स ऑफ़ इंडिया* ने सेंटर फॉर इंटरनेट एंड सोसाइटी के प्राणेश प्रकाश के हवाले से लिखा कि ये बदलाव सरकार के आईपी एड्रेस से किए गए थे।

जनवरी 2016 में नरेंद्र मोदी सरकार ने नेताजी सुभाषचन्द्र बोस से जुड़े कई दस्तावेज़ सार्वजनिक किए। उनमें से कुछ ख़ास तो नहीं निकला, मगर उनके हवाले से जवाहरलाल नेहरू के नकली पत्र बनाकर व्हाट्सएप्प के ज़रिये बाँटा जाने लगा, जिसके झाँसे में पत्रकार तक आ गए। जब सचाई पता चली तो सबने डिलिट करना शुरू कर दिया और माफ़ी माँगनी शुरू कर दी। क्योंकि उस तरह का कोई पत्र सार्वजनिक किए गए उन दस्तावेज़ों में था ही नहीं।

इंटरनेट पर नेहरू के बारे में फ़र्ज़ी जानकारियाँ भरी जा रही हैं। आपकी बच्ची जब स्कूल-कॉलेज के अपने किसी प्रोजेक्ट या परीक्षा के लिए उन जानकारियों को डाउनलोड करेगी तो जाहिर है, ग़लत जानकारियाँ ही आगे लिखेगी। हो सकता है कि अनुकूल राजनीतिक विचारधारा से प्रेरित शिक्षक उन्हीं जानकारियों पर उसे ज़रूरी नंबर भी दे दें और वह पूरी ज़िंदगी इस यक़ीन में जीती रहे कि जो जानती है, वह सब सही है; जबकि वो जानकारियाँ फ़ेक थीं। इस फ़र्ज़ीवाड़े का शिकार कोई भी हो सकता है। बच्ची-बच्चे से लेकर बुढ़ापे की दहलीज़ पर खड़े लोग तक हो रहे हैं।

ऐसे ही फ़ेक न्यूज़ के ज़रिये इतिहास की सबसे बड़ी हिंसा से जुड़ी जानकारी को भी मिटाने की कोशिश की गई। यह एक तथ्य है कि हिटलर ने बहुत से यहूदियों को गैस चेंबर में मरवाया था, जिसे हम होलोकॉस्ट

के रूप में जानते हैं। अब इस तथ्य को भी इंटरनेट से ग़ायब करने का खेल रचा गया। शुक्र है कि द *गार्डियन* अख़बार की कैरोल कैडवॉलडर ने इसे नोटिस कर लिया। कैरोल ने जब गूगल सर्च में यह डाला कि 'Did the Holocaust really happen?' तो जवाब आया कि ऐसा कुछ नहीं हुआ था। यही नहीं, सर्च इंजन उन्हें एक नव-नाज़ी वेबसाइट www.stormfront.org पर ले गया, जहाँ होलोकॉस्ट नहीं हो सकने के दस कारण बताए गए थे।

11 दिसंबर, 2016 के द *गार्डियन* अख़बार में कैरोल ने एक लंबा लेख लिखा। उन्होंने बताया कि यूट्यूब पर भी इस तरह के कई वीडियो हैं। जबकि किताबों और ऐतिहासिक दस्तावेज़ों में यह बात दर्ज है कि हिटलर ने साठ लाख लोगों को मरवा दिया था। हाल-फ़िलहाल, 2013 तक तो नाज़ी यातना शिविरों से ज़िंदा बचे कुछ लोग इस दुनिया में थे ही। उस सचाई को क्या इतनी आसानी से झुठलाया जा सकता है! कैरोल के सवाल उठाने के बाद गूगल ने इस बारे में सुधार कर दिया, लेकिन सोचिए कि इंटरनेट पर ऐसे कितने ऐतिहासिक साक्ष्यों को बदल दिया गया होगा! आपके सामने टीवी चैनलों की बहस के ज़रिये रोज़ इतिहास बदला जा रहा है। आप उसे ही स्वीकार करने के लिए मजबूर हैं।

एक और दिलचस्प तथ्य है। अमरीकी अख़बार द *सन क्रॉनिकल* के टॉम रैली ने 29 जून, 2017 को अपने एक संपादकीय में लिखा कि एसोसिएटेड प्रेस (AP) जैसी बड़ी संस्था भी फ़ेक न्यूज़ का शिकार हुई है। जबकि यह संस्था 171 साल पुरानी है। यह उस संस्था का हाल है जिसके 120 देशों में 243 न्यूज़ ब्यूरो हैं। दुनिया भर के 1700 अख़बार, 5000 टीवी और रेडियो नेटवर्क्स 'एपी' से ख़बरें लेते हैं। तो सोचिए, कहाँ-कहाँ फ़ेक न्यूज़ पहुँच जाता होगा! भारत के आठ-दस टीवी चैनल

मिला दिए जाएँ तो भी इतने रिपोर्टर नहीं होंगे। आप सोचिए, कि क्या आप फ़ेक न्यूज़ के इस जाल से निकल पाएँगे। जवाब 'ना' में ही होगा। एसोसिएटेड प्रेस ने यह बात स्वीकार कर ली है कि उसके यहाँ कुछ ऐसी ख़बरें थीं जो न्यूज़ नहीं थीं। इसलिए अब 'एपी' ने 'Not Real News' नाम से एक नया न्यूज़ फीचर शुरू किया है। इसके तहत वह ऐसी फ़ेक न्यूज़ का पर्दाफ़ाश किया करेगा जो ट्विटर या दूसरे प्लेटफॉर्म पर वायरल हुईं। फिर भी यह काम किसी बड़ी झील को छन्नी से छानकर साफ़ करने जैसा है।

फ़ेक न्यूज़ अपने-आप में एक व्यापक श्रेणी है। इसकी कई उपशाखाएँ हैं। एक शाखा है फ़ेक तस्वीरों की। हाल ही में भारत के गृह मंत्रालय की 2016-17 की सालाना रिपोर्ट के पेज नंबर 40 पर यह जानकारी दी गई कि भारत-पाक की जो अंतरराष्ट्रीय सीमा है, वहाँ 2043 किमी. तक तेज़ रोशनी की व्यवस्था करने की मंज़ूरी प्रदान की गई थी। तय लक्ष्य में अब सिर्फ़ 100 किमी. ही काम बाक़ी रह गया है। इसे दिखाने के लिए गृह मंत्रालय की रिपोर्ट में एक तस्वीर लगाई गई है, जिसके नीचे लिखा हुआ है—सीमा पर तेज़ रोशनी की व्यवस्था। उस तस्वीर को देखकर कोई भी कहेगा कि वाह, ये तो कमाल ही हो गया! लेकिन जब 14 जून, 2017 को www.altnews.in ने इस तस्वीर को झूठ बताते हुए रिपोर्ट छापी तो सब हैरान रह गए। आख़िर गृह मंत्रालय की रिपोर्ट में फ़ेक तस्वीर कैसे जा सकती है? आई कहाँ से? क्या यह रिपोर्ट

गूगल सर्च करके बनाई जा रही थी? *altnews* ने बताया कि यह तस्वीर स्पेन-मोरक्को सीमा की है। गनीमत है कि गृह मंत्रालय के गृह सचिव ने ज़रा भी देरी नहीं की। उन्होंने रिपोर्ट की तैयारी से जुड़े अधिकारियों से सफ़ाई माँगी तो पता चला कि वह तस्वीर बीएसएफ से आई थी। गृह सचिव ने उसके लिए अफ़सोस जताया और सालाना रिपोर्ट के ऑनलाइन संस्करण से उसे हटाया गया।

किस तरह फ़ेक न्यूज़ के ज़रिये किसी व्यक्ति विशेष के ख़िलाफ़ भीड़ को ट्रिगर किया जा सकता है, यह बताने के लिए बीजेपी के सांसद परेश रावल के दो ट्वीट सटीक उदाहरण हैं। उन्होंने 3 जुलाई, 2017 को पूर्व राष्ट्रपति एपीजे अब्दुल कलाम का एक बयान अपने ट्वीटर हैंडल से शेयर कर दिया कि ये छद्म लिबरल लोगों के लिए है। बाद में पता चला कि वो बयान कलाम का था ही नहीं।

इस बयान में लिखा था कि 'मुझे पाकिस्तान ने इस्लाम का हवाला देकर मिलाने का प्रयास किया, लेकिन मैंने मातृभूमि के साथ गद्दारी नहीं की।' जब हंगामा हुआ तो परेश रावल ने कहा कि मुझे पता नहीं था कि यह फ़ेक है। अगर इनकी जगह कोई और होता तो मैं इसे दो बार चेक करता, मगर कलाम की वजह से मुझे यह सही लगा। परेश रावल की माफ़ी के बाद भी आप दावा नहीं कर सकते कि यह फ़ेक बयान व्हाट्सएप्प यूनिवर्सिटी में चलना बंद हो गया होगा।

17 मई, 2017 को परेश रावल ने ट्वीट किया कि अरुंधति रॉय ने एक इंटरव्यू दिया है, '70 लाख भारतीय सेना कश्मीर के आज़ादी गैंग को हरा नहीं सकती।' इसी के साथ उन्होंने अरुंधति रॉय की तस्वीर लगा दी जिसमें वो सेना की जीप के आगे बिठाई गई हैं। वह यह कहना चाह रहे थे कि अरुंधति रॉय की भी यही हालत होनी चाहिए।

एक सांसद का ऐसा करना बेहद ख़तरनाक था। लोगों के बीच एक ऐसी कल्पना को जन्म देना था, उन्हें उकसाना था कि कोई ऐसी बात कहे तो भीड़ उसकी ऐसी ही हालत कर दे। इसे लेकर कई बड़े न्यूज़ चैनलों पर बाक़ायदा बहस हो गई। जबकि अरुंधति रॉय न तो तब श्रीनगर गई थीं और न ही उन्होंने ऐसा कोई इंटरव्यू किसी को दिया था। अरुंधति रॉय ने एक साल पहले *आउटलुक* पत्रिका को ज़रूर इंटरव्यू दिया था, मगर परेश रावल का ट्वीट उस इंटरव्यू को लेकर नहीं था। 24 मई को thewire.in ने जब यह पता लगाया कि परेश रावल तक जानकारी कैसे पहुँची तो फ़ेक न्यूज़ का एक और ख़तरनाक पहलू सामने आया।

परेश रावल ने अरुंधति रॉय का यह फ़ेक इंटरव्यू The Indian Nationalist नाम के फेसबुक पेज से उठाकर ट्वीट कर दिया। इस पेज पर 'ख़बर' पहुँची postcard.news से। इस वेबसाइट की कई ख़बरें फ़ेक न्यूज़ के सिलसिले में विवादित हो चुकी हैं। इस पर 'ऐश्वर्या एस' ने 17 मई को लिखा था कि अरुंधति रॉय ने यह इंटरव्यू पाकिस्तान के अख़बार *The Times of Islamabad* को दिया है। *पोस्टकार्ड.न्यूज़* ने अपना सोर्स नहीं बताया लेकिन वायर ने पाया कि रेडियो पाकिस्तान ने सबसे पहले यह प्रसारित किया था। जिस *The Times of Islamabad* को पाकिस्तानी अख़बार बताया जा रहा है, वो वेबसाइट है, अख़बार नहीं है। postcard.news ने जिस दिन ये फ़ेक इंटरव्यू छापा था उसी दिन इसे satyavijayi.com ने भी छापा और चार-पाँच वेबसाइट ने भी इसे अपने यहाँ जगह दी थी। इन सभी का नाम भी फ़ेक न्यूज़ के सिलसिले में आ चुका है। thewire.in ने पाया कि internethindu.in ने अपनी स्टोरी में *The Times of Islamabad* का लिंक दिया था।

आप देखिए कि किस तरह पाकिस्तानी साइट से चलते हुए एक फ़ेक न्यूज़ या फ़ेक इंटरव्यू भारत के एक सांसद के ट्वीटर हैंडल पर पहुँचता है और वहाँ से भारत के चैनलों पर अरुंधति रॉय के ख़िलाफ़ ज़ोरदार बहस छिड़ जाती है। परेश रावल ने ट्वीट डिलिट कर दिया, लेकिन इस फ़ेक न्यूज़ को फैलाने वाली वेबसाइट ने इसे तुरंत नहीं हटाया। आप सोचिए, यह कितना ख़तरनाक पहलू है। फ़ेक न्यूज़ के मामले में भारत और पाकिस्तान की वेबसाइट भी एक-दूसरे की मदद कर सकती हैं। कोई आपके नाम से पाकिस्तान में फ़ेक इंटरव्यू छपवा दे, जब तक आप सफ़ाई देंगे, टीवी चैनल, नेता और ये वेबसाइट मिलकर आपका भयंकर नुकसान कर चुके होंगे। अभी तो इसके ज़रिये आवाज़ उठाने वालों को डराया जा रहा है। कमज़ोर और डरपोक विपक्ष को डराया जा रहा है, लेकिन जल्दी ही इस खेल के ज़रिये औरों को भी फिक्स किया जाने लगेगा, बल्कि किया भी जा रहा है।

फ़ेक न्यूज़ जनता को उसकी वास्तविकता से अलग तो करता ही है, जनता के लिए सवाल करने वालों को भी उस जनता से अलग कर देता है। यह लगातार ऐसी प्रक्रिया को संचालित करता है, जिससे एक समूह किसी बड़े समूह के सामने छोटा होता रहे और अलग-थलग पड़ता रहे। लोकतंत्र में लोक को असुरक्षित बनाए रखने के लिए फ़ेक न्यूज़ अभी लंबे समय तक काम आएगा। हम लोकतंत्र में एक रोबोट युग देख रहे हैं। जहाँ नेता बहुत चालाकी से हमारी प्रोग्रामिंग कर रहा है। यह सब मुमकिन है, अगर आपके पास सत्ता और अकूत संसाधन हो। बेशक जनता इसके बाद भी परिवर्तन कर देगी या करते-करते चूक जाएगी। चूक गई तो फ़ेक न्यूज़ या फ़ेक डिबेट या फ़ेक पॉलिटिक्स अपना काम कर चुकी होगी। उसका काम ही यही है कि एक ख़ास समय में लोगों को

एक अलग वास्तविकता की दुनिया में ले जाया जाए, जहाँ उसे सिर्फ़ एक ही नेता सुनाई दे, एक ही बात सुनाई दे और एक ही विकल्प दिखाई दे। क्या आप दावे के साथ कह सकते हैं कि आपने ऐसा होता हुआ महसूस नहीं किया है?

डर का रोज़गार

2017 में, कुछ महीनों के ही अंतराल में हम पत्रकार, अपने साथियों के ख़िलाफ़ हुई हिंसा की निंदा करने के लिए दो बार विवश किए गए। यह लेख मैंने अपने उन दो वक्तव्यों के आधार पर तैयार किया है जो तब दुख और क्षोभ में दिए थे। इनमें से एक बसित मलिक की नई दिल्ली में भीड़ द्वारा पिटाई के बाद और दूसरा बेंगलुरू में गौरी लंकेश की हत्या के बाद दिया गया वक्तव्य था।

जून 2017 में नई दिल्ली में हुए एक आयोजन में लोकसभा अध्यक्ष सुमित्रा महाजन ने हम पत्रकारों को एक सलाह दिया। उन्होंने कहा कि 'नारद की तरह हो जाओ। अप्रिय सत्य मत बोलो। सरकार से बोलो तो ज़रा प्रेम से बोलो।' यह ख़बर छपी है।

मैं अध्यक्ष महोदया से कहना चाहता हूँ कि अगर आप हमें नारद बनाना चाहती हैं तो हमें इंद्र के दरबार के देवताओं की शक्लें भी

तो दिखा दीजिए। कौन हैं इनमें से जो देवता होने की योग्यता रखते हैं, जिनके लिए हम नारद बन जाएँ और अप्रिय सत्य न कहें? और उसमें भी आप कैसे तय करेंगी कि क्या प्रिय सत्य होगा, क्या अप्रिय सत्य होगा!

पिछले कुछ सालों में पत्रकारों को धमकाने का जो प्रोजेक्ट लॉन्च हुआ है उसका नतीजा यह हुआ है कि अब सब इस आशंका के बीच काम कर रहे हैं कि पता नहीं, कब किस ख़बर के लिए वे टारगेट बन जाएँ। पत्रकार का काम है, ख़बर करना। वह अपना काम करे या उकसाई हुई भीड़ का रुख देखे। किसी की निगाह में खटकने से बच-बचा के पत्रकार आख़िर कैसे काम कर सकते हैं?

9 जून, 2017 को *कैरेवान* पत्रिका ने बसित मलिक का जो विवरण छापा है, उसे पढ़ना आसान नहीं है। पत्रकार बसित मलिक दिल्ली के सोनिया विहार में रिपोर्टिंग करने गए थे। वहाँ पर एक जगह को लेकर दो समुदायों में विवाद है। जैसे ही लोगों को पता चला कि वे मुस्लिम हैं, भीड़ ने उन पर हमला कर दिया। उन्होंने अपने साथ हुए पूरे बर्ताव को लिखा है। उसे पढ़ते हुए ध्यान गया कि उस भीड़ में एक वकील है। यह जो वकील का कैरेक्टर है, यह हर जगह क्राउड में है। मैं देख रहा हूँ कि यह है। बेहतर होगा कि हम इसे समझने का प्रयास करें कि यह वकील का कैरेक्टर वहाँ भीड़ में क्या कर रहा है? यह एक तरह से उस भीड़ के लिए लीगल एम्पावरमेंट सेल है। हाल-फ़िलहाल में हमने तीन-चार ऐसी घटनाएँ देखी हैं, जहाँ वकील मौजूद हैं।

फरवरी 2016 की पटियाला हाउस कोर्ट की वह घटना आप सबको याद होगी। जिसमें जवाहरलाल नेहरू विश्वविद्यालय के छात्र संघ के पूर्व अध्यक्ष कन्हैया कुमार पर राष्ट्रद्रोह से जुड़े मुक़दमे की सुनवाई के

दौरान *इंडियन एक्सप्रेस* के दो पत्रकारों आलोक सिंह और कौनैन शरीफ़ पर अदालत परिसर के अन्दर वकीलों ने हमला किया था। उस हमले के बारे में जाँच का आज तक कोई नतीजा ही नहीं आया कि वहाँ क्या हुआ। अब भीड़ में वकील है। वकीलों की भी एक भीड़ है। भीड़ घटना अंजाम देती है। पहचानते रहिए कि कहाँ कौन है!

कर्नाटक विधानसभा के स्पीकर के. बी. कोडवाल ने जून 2017 में जो किया, वह तो सामने ही है। विधायकों के ख़िलाफ़ लेख लिखने के मामले में जाने-माने पत्रकार रवि बेलागेरे समेत कन्नड़ पत्रिका के दो पत्रकारों को एक साल जेल की सज़ा सुनाई। आप देखिए कि एक बीजेपी का विधायक है, एक कांग्रेस का विधायक है। दोनों एक-दूसरे के चरित्र पर कीचड़ उछाल रहे हैं। अख़बार के ख़िलाफ़ ट्रोलिंग हुई और फेसबुक ने अख़बार का अकाउंट बंद कर दिया। *वार्ता भारती* वहाँ का 15-20 साल का पुराना प्रतिष्ठित अख़बार है। फेसबुक उसका अकाउंट सस्पेंड कर देता है, जबकि ये जो गाली देने वालों की जमात है, जो ट्रोल हैं, उनको सस्पेंड नहीं करता है। *वार्ता भारती* के संपादक ने बाक़ायदा फेसबुक को चिट्ठी लिखी है।

उधर राजस्थान में हनुमानगढ़ में असद अशरफ, अनुपम पाण्डेय और विनय पांडेय के साथ जो हुआ है, वह और चिंताजनक है। वहाँ पुलिस वाले ने इन पत्रकारों से कहा कि तुम्हें जूते मारूँगा, चाहे मैं आज सस्पेंड ही हो जाऊँ। आख़िर इन पत्रकारों ने ऐसा क्या कर दिया था? दरअसल ये लोग किसी ऐसे ट्रेनिंग कैंप की खोज-ख़बर में लगे हुए थे जिसमें शस्त्र चलाने का प्रशिक्षण दिया जा रहा था और ख़बर थी कि यह कैंप बजरंग दल ने लगाया हुआ है। उस पुलिसवाले की हिम्मत दरअसल इसलिए बढ़ी हुई है क्योंकि उसे मालूम है कि इस डर के नेशनल प्रोजेक्ट की

जो अथॉरिटी है, जो उसका पॉलिटिकल मास्टर है, वह हवा में नहीं है। सच में है। वह उसे बचाएगा। इसलिए वह एक विचारधारा विशेष की ख़बर करने से पत्रकारों को रोक रहा है।

पत्रकारों को धमकाने का जो यह एक ख़ास तरह का प्रोजेक्ट है, अब साफ़ सामने आ रहा है। और ज़्यादा आएगा। ये सब घटनाएँ इतनी हो रही हैं कि हम आपस में ही ट्रैक नहीं रख पा रहे हैं कि किसके साथ क्या हो रहा है। अब यह आम बात की तरह है। गली से लेकर चौराहे तक एक भीड़ खड़ी है जो आपको शक्ल से पहचानती है। आपको प्रेस का काम करते देखेगी तो पहले आप पर शक करेगी, फिर आपकी पिटाई करेगी।

जो डर का नेशनल प्रोजेक्ट है, वो पूरा हो गया है। हाई-वे बनने से पहले, नौकरी मिलने से पहले सबको डर दे दिया गया है। हर व्यक्ति के लिए डर एक रोज़गार है और हम तरह-तरह से डर रहे हैं। घर से निकलते हैं तो सौ तरह की चेतावनी का ख़याल रखना पड़ता है कि यहाँ देख लेना, वहाँ देख लेना।

जो गोदी मीडिया है, वही हिंदुस्तान में सुरक्षित है। आप सत्ता की गोद में बैठ जाइए, आपको कहीं कोई कुछ नहीं बोलेगा। भजन करते रहिए, तानपूरा ले लीजिए, नारद की तरह 'नारायण-नारायण' करते रहिए टेलीविज़न पर बैठकर। ये हमारी लोकसभा अध्यक्ष हैं, जिनको लोकतंत्र में सबसे मज़बूत स्थिति में माना जाता है। उनके इस तरह के विचार हैं!

जिस तरह से चैनलों की बात हो रही है, कुछ दिन में हम रिपब्लिक का मतलब सिर्फ़ एक चैनल समझेंगे और उसी से इंडिया को पहचानने लगेंगे। यही हमारा इंडिया है। वो दिन ज़्यादा दूर नहीं है। मैं देख रहा

हूँ कि भारत एक भीड़तंत्र बन गया है और उस भीड़तंत्र में हमारे ही अपने हैं। हमारे ही रिश्तेदारों के बहुत से हिस्से उसमें शामिल हैं जो किसी को भी लाठी से मार रहे हैं, जो किसी को गाली से तबाह कर रहे हैं।

ट्रेन में हमारे एक मित्र अपनी माँ के साथ जा रहे थे। वो पुराने ख़याल की औरत हैं। बुरका पहनी हुई थीं। पूरे रास्ते ट्रेन में उन पर लोगों द्वारा ताना कसा जाता रहा। एक-दो घंटे गुज़रते-गुज़रते उन सबका आत्मविश्वास जा चुका था। आपको अगर सर्वे करना है तो आप देख लीजिए कि ट्रेन में यात्रा करने वाले लोग, जो मुस्लिम हैं, वे अपने साथ खाना क्या ले जाते हैं? उन्हें इस बात का डर हो गया है कि कोई चेक कर लेगा। इसलिए अंडा करी भी साथ ले जाने में अब डर है। तो इन्होंने डर का अपना प्रोजेक्ट पूरा कर दिया है। उसमें हम सबसे छोटी इकाई हैं और बहुत आसान इकाई हैं। अब यह न्यूज़रूम तक चला गया है। यह सुधरेगा कैसे, मुझे नहीं मालूम है। मार खाने वालों के लिए हम सिर्फ़ हेल्पलाइन बना सकते हैं।

नारद सिंड्रोम से न्यूज़रूम में सब सहज हो गए हैं। जर्नलिज़्म के लिए सबसे बड़े आइकॉन आजकल नारद जी बन गए हैं। कब बन गए, हमें पता भी नहीं चला!

हमें ये देखना पड़ेगा कि हमारे बहुत सारे साथी जो ऑल्टरनेटिव जर्नलिज़्म कर रहे हैं, जिनकी एक छोटी-सी वेबसाइट है, चार लोग मिलकर चलाते हैं, अब उन सबकी बारी है। ये वो लोग हैं जिनके पास एक लाख-दो लाख हिट्स हैं, पाँच लाख हिट्स हैं। फिर भी, जब तमाम जगहों पर आवाज़ें दबा दी जाती हैं तो ये रिपोर्ट कर देते हैं। कहीं से कोई शेयर हो जाता है, किसी के पास पहुँच जाता है। अब इनकी भी

पिटाई होने वाली है। लोग इनको भी मारेंगे। और यह सब पूरी तरह से पॉलिटिकल तैयारी के साथ हो रहा है। हम किसी गफ़लत में न रहें। उनके बहुत सारे जो लोकल एजेंट हैं, पॉलिटिकल एजेंट हैं। ये वेंडर का काम करते हैं। व्हाट्सएप्प से फीडिंग का काम करते हैं। ये ही अब मारने का भी काम कर रहे हैं। बसित मलिक मामले में इतने कम समय में दस लड़के क्या वाक़ई आ सकते थे! बहुत ही कम समय लगा होगा किसी को जमा करने में, क्योंकि व्हाट्सएप्प के ज़रिये उनकी अपनी मशीनरी तैयार है। तो अब आप फील्ड रिपोर्टिंग भी नहीं कर पाएँगे।

नोटबंदी के दौरान मैंने ख़ुद ही देखा कि कितना मुश्किल हो गया था कहीं जाना। आप एसपीजी तो लेकर नहीं जाएँगे न? जो कहीं नहीं जाते, उन्हें एसपीजी दे दी गई। जो कभी नहीं जाएँगे, उनको आपने सिक्योरिटी दे रखी है। तो कहाँ जाएँ और कितने कम समय में लोगों से बात करके आएँ। इसके लिए उन्होंने अपनी तैयारी पूरी कर ली है। अब रास्ता हमें निकालना पड़ेगा कि इस डर का क्या किया जाए।

डर का ऐसा राष्ट्रीयकरण हमने कभी नहीं देखा कि जहाँ हर दूसरा आदमी फ़ोन पर बात कर रहा हो, वहाँ सामने वाले से आप कह दीजिए कि मेरा फ़ोन रिकॉर्ड हो रहा है तो वह फ़ोन काट दे। वह अब बात करता है तो यही कहकर शुरू करता है कि आपका फ़ोन रिकॉर्ड तो नहीं हो रहा है? लो, कर लो भाई, मेरा फ़ोन रिकॉर्ड करके राष्ट्रीय स्तर पर प्रसारित कर दो कि मैं दिन भर किस-किस से क्या-क्या बातें करता हूँ। सबका कर दो, अगर इसी से आपका कुछ हित सधता हो।

सिर्फ़ इतना कह देना कि ख़तरनाक है, काफ़ी नहीं है। हमारे पेशे में गोएबल्स आ गया है। वो है, वो दिख नहीं रहा है, लेकिन उसने अपना काम शुरू कर दिया है। उस गोएबल्स का ही काम है कि एक मामला

जो सात साल पुराना है, उसको लेकर एक टेलीविज़न चैनल रात भर कार्यक्रम करता है। तीन साल से मैं ख़ुद परेशान हूँ और कह रहा हूँ कि 'टीवी मत देखो। बंद कर दो इस टेलीविज़न को देखना।' लोगों को बताना पड़ेगा कि 'आप जो देख रहे हैं वह कूड़ा है।'

आपको 'मुसलमान' को मारने के लिए तैयार नहीं किया जा रहा है। एक दिन आपका इस्तेमाल किसी को भी मारने के लिए किया जाएगा, किसी को भी। झारखंड में बच्चा चोरी गैंग की अफ़वाह फैली तो उसमें उत्तम और गंगेश को भी मारा गया, नईम और हलीम के साथ। ग्रेटर नोएडा में गाय लेकर जा रहे थे भूप सिंह और जबर सिंह, उनको कहना पड़ा कि मैं मुसलमान नहीं हूँ, मुझे मत मारो।

समझिए, यह एक प्रोजेक्ट है कि इस भीड़ में हर आदमी को संभावित हत्यारे में बदल दो। भीड़ को मैनेज करना बड़ा आसान होता है। इस भीड़ पर कोई अधिकार नहीं जताता, लेकिन यह भीड़ एक सरकार पर हर जगह अपना हक़ जताती है। इसकी अपनी एक सरकार है, इसको सपोर्ट करने वाले लोग हैं।

हम सिर्फ़ लोकतांत्रिक बहसों का गला घोट दिए जाने के ख़िलाफ़ नहीं लड़ रहे हैं। हमारे लिए अब मुश्किल यह हो गया है कि हम अपने मोहल्ले में भी नहीं निकल पाएँगे। इसकी इन्होंने तैयारी कर दी है। कई बार आप सोचते होंगे कि जिसका चेहरा ज़्यादा पहचाना जाता है, उसे ज़्यादा ख़तरा होगा। पर बसित मलिक को कौन पहचानता है? जब तक वे मलिक से कन्फ़्यूज़ हो रहे थे, तब तक तो ठीक था; लेकिन जैसे ही वो उर्दू देखेंगे, कहेंगे ये तो पाकिस्तान की भाषा है। हम इस स्तर पर पहुँच गए हैं कि उर्दू कहीं लिखा देखेंगे तो कहेंगे कि ये पाकिस्तानी है और उसको मारना शुरू कर देंगे।

बहुत चिंता की बात है कि बहुत से लोग आज यहाँ बसित मलिक के लिए एकजुटता दिखाने नहीं आए हैं। हममें से बहुत से लोग इन घटनाओं पर कोई प्रतिक्रिया नहीं देते हैं। वे भी पत्रकार हैं और हमें लगता है कि उनकी एक मौन सहमति है इस तरह की घटनाओं को लेकर। मैं ऐसे बहुत से पत्रकारों के बीच होता हूँ, जिनको बेचैन होते नहीं देखता हूँ। यह मुझे बड़ा ख़तरनाक लगता है कि अब आपकी यह सहभागिता भी चली गई कि आपका कोई साथी पीट दिया गया और आपको उससे बेचैनी नहीं हो रही है। तब तो डर के रोज़गार का यह राष्ट्रीय प्रोजेक्ट ज़रूर पूरा हो गया है! हमें अब हर हफ़्ते का कैलेंडर निकाल लेना चाहिए। अभी तो हम ऐसी घटनाओं की निंदा करने की मीटिंग कर रहे हैं, जल्दी ही हम श्रद्धांजलि सभाओं में मिलेंगे।

कल, 5 सितंबर 2017 को, जब से गौरी लंकेश की हत्या की ख़बर आई है, मैं देख रहा हूँ कि हमारे आस-पास कितने हत्यारे हैं। सोशल मीडिया और ट्वीटर के टाइमलाइन पर हत्यारों का या हत्या की मानसिकता का समर्थन करने वालों का एक हुजूम उमड़ा हुआ है जो बिना किसी शर्म-संकोच या किसी सीमा और बंदिश के इस हत्या को तरह-तरह के सवालों का राइडर लगाकर जायज़ ठहरा रहा है। कभी वह इसमें कश्मीर का सवाल ठेल रहा है, कभी वह केरल का सवाल ठेल रहा है। हर सवाल का जवाब उसे इस हत्या की जाँच से पहले चाहिए। हमें शायद अपनी एकजुटता से इस सवाल पर बने रहना चाहिए कि सबसे पहले हमें

इस सवाल का जवाब चाहिए की गौरी की हत्या किसने की है? इसकी जाँच होगी कि नहीं होगी? कर्नाटक के मुख्यमंत्री सिद्धारमैया कुछ करेंगे कि नहीं करेंगे? वह एक नाकारे इंसान हैं। उनसे कलबुर्गी की हत्या के मामले में भी कुछ नहीं हुआ। वह अगर चाहते तो खुलकर सामने से लड़ सकते थे और इसकी जाँच को, कलबुर्गी की हत्या जाँच को एक पेशेवराना अंदाज़ में एक नतीजे तक पहुँचा सकते थे, नहीं पहुँचा सके। इसका मतलब यह नहीं कि महाराष्ट्र में जिनकी सरकार है, उन्होंने नरेंद्र दाभोलकर और गोविंद पंसारे के मामले में बहुत अच्छा काम किया है। वहाँ बीजेपी की सरकार है, कर्नाटक में कांग्रेस की। दोनों जगह रवैया वही है। तो समझ लीजिए कि हम पार्टियों के हिसाब से चाहे जितना बँट जाएँ, सरकारें हमारे ही ख़िलाफ़ हैं। आप चाहे महाराष्ट्र के उदाहरण से देख लीजिए या फिर कर्नाटक के उदाहरण से देख लीजिए।

मैं समझता हूँ कि ऐसा कभी नहीं और कहीं नहीं हुआ कि हत्या को इतने लोगों ने जस्टीफाई किया हो। मुझे दुख है कि जिस व्यक्ति को हिंदुस्तान की जनता ने इतनी चाहत से गद्दी सौंपी है, वह व्यक्ति ऐसे लोगों को फॉलो करता है जो किसी के मरने पर उसे कुतिया लिखता है। मुझे दुख है अपने प्रधानमंत्री पर, क्योंकि हमारे प्रधानमंत्री चाहे जितनी शिकायत कर लें इस देश से, वह यह शिकायत नहीं कर सकते कि जनता ने उन्हें सत्ता सौंपने में कोई कमी की है। उन्होंने जैसा बहुमत माँगा, वैसा ही बहुमत, और उससे ज़्यादा बहुमत हर राज्य में और हर जगह जनता ने दिया है। तब प्रधानमंत्री बताएँ कि उनके पास ऐसा ख़ाली वक़्त कहाँ से कैसे आया, जबकि देश सेवा करने के चलते उनको सोने तक का समय नहीं होता; जैसा कि उनकी प्रोपेगैंडा टीम बताती है! वो यह बताएँ कि उनके पास यह वक़्त कब मिला कि वह दधीचि जैसे लड़कों

को फॉलो कर रहे थे जो गौरी लंकेश को उनकी हत्या के बाद कुतिया लिख रहे थे। वो यह बताएँ; और चीन और बर्मा से जब वह लौटें तो पहला काम यही करें कि वह दधीचि को अनफॉलो करें। वह यह कहें कि हमसे ग़लती हुई है।

हम सबको एक नागरिक के तौर पर अपने प्रधानमंत्री से यह पूछना चाहिए कि आप दधीचि जैसों को ट्वीटर पर क्यों फॉलो करते हैं। वह ऐसा क्या कंट्रीब्यूट करता है जो हिंदुस्तान की 30 फीसदी आबादी, जो आपको वोट देती है, वह नहीं करती है? क्या यह या ऐसे ही आदमी आपको चुनाव जिता रहे हैं? क्या ऐसे ही आदमी की ज़रूरत है आपको सत्ता में पहुँचने के लिए? हमें इस सवाल का जवाब उनसे माँगना चाहिए। गौरी लंकेश का जो आख़िरी संपादकीय है, मैं उस बारे में कुछ कहना चाहता हूँ। *वार्ता भारती* के अपने एक पत्रकार मित्र के ज़रिये मैं कन्नड़ में लिखे उनके उस संपादकीय को पढ़ रहा था और उनकी मदद से उसका अनुवाद कर रहा था। वह फ़ेक न्यूज़ पर ही लिखा हुआ है और उसको पढ़कर लगता है कि फ़ेक न्यूज़ को हम भले ही दिल्ली सेंट्रिक देखते हैं, मगर राज्यों में भी यह उसी तरह से इतना बवाल मचाए हुए है कि लोगों को लगातार हिंदू-मुस्लिम के दायरे में बाँट रहा है। हममें से कुछ लोग काला कोट पहनकर रोज़ रात को 9 बजे देश को ऐसे मुद्दों में झोंक रहे हैं, जो आपको हिंदू बनाम मुसलमान के अखाड़े में ले जाते हैं। रोज़ इनका यही काम है। ऐसे ही तरह-तरह के फ़ेक न्यूज़ के प्रोपेगैंडा के ख़िलाफ़ गौरी लंकेश ने अपना अंतिम संपादकीय लिखा था। यह ठीक है कि अभी उनकी हत्या के कारण का पता नहीं चला है, मारने वालों का पता नहीं चला है, लेकिन उनके लिखने के मिज़ाज के हिसाब से किसी ने उनके प्रति सहानुभूति प्रकट की है तो ग़लत नहीं किया है। इसके नाम

पर आप केरल और कश्मीर का मुद्दा ठेल-ठेल कर क्या कर रहे हैं? उस बारे में तो सरकार से माँग करनी चाहिए कि आप श्वेतपत्र जारी कीजिए कि आपने अपने कार्यकाल के तीन सालों में कश्मीरी पंडितों के लिए क्या किया है। आप क्या कर रहे हैं, यही बता दीजिए।

गौरी लंकेश की यह जो हत्या हुई है, वह अभी लगातार हो रही है। हर किसी के टाइमलाइन पर हत्यारों की फ़ौज है। जो भी उनकी सहानुभूति में कुछ लिख रहा है, हो सकता है कि कोई उनका ही मतदाता हो, उन्हें भी डराया जा रहा है।

गौरी लंकेश की इस शोकसभा में किसी ने मुझसे पूछा, 'आप यहाँ क्यों आए हैं?'

मैंने कहा, अपने लिए तो नहीं आया हूँ। इसलिए आया हूँ कि एक गौरी लंकेश को मारकर व्यापक जनता को यह जो संदेश दिया जा रहा है कि आप भी चुप रहिए। आपकी नौकरी चली गई है। बच्चे-बच्चियों के स्कूल की फ़ीस महँगी हो गई है। आप मत बोलिए, वरना आपकी हालत भी इसी तरह की होगी। इस संदेश को नकारा जाए, इसलिए यहाँ आया हूँ। समाज को हमने ऐसा तैयार कर दिया है कि आपकी लाश बिछी होगी और वो उस पर मुस्कुरा रहा होगा और हँस रहा होगा। यह हमारा क़ायदा नहीं है। यह हमें साफ़-साफ़ बताना पड़ेगा, जिनकी भी सरकारें हैं वहाँ पर, उन्हें यह समझ लेना चाहिए और सुनना चाहिए। तरीक़ा खोजना चाहिए कि हम बार-बार श्रद्धांजलि देने के लिए यहाँ

न जमा हों। यह हमारी हार पर हार होगी कि हम बार-बार यहाँ शोक प्रकट करने के लिए जमा हों। यह अच्छा नहीं है दोस्तो, हम जो बँट रहे हैं, उससे क्या हासिल हो रहा है हमें, यह देखना चाहिए। हमने जिन सरकारों और नेताओं की करतूतों पर पर्दा डालना शुरू कर दिया है अपनी-अपनी राजनीतिक और वैचारिक वफ़ादारी के चलते, हम अच्छा नहीं कर रहे हैं। यह वो भी अच्छा नहीं कर रहे हैं, जो विरोध के नाम पर विरोध करते हैं और समर्थन के नाम पर समर्थन किए जाते हैं। दोनों इसमें बराबर के कसूरवार हैं।

मैं आपसे सच बोल रहा हूँ, कल रात से ऐसा लग रहा है कि मैं ज़िंदा लाश हूँ। मर गया हूँ। लोगों ने मुझे गोली मार दी है और आप लोग मेरी लाश ढोकर चल रहे हैं। देश भर से इतने सारे शुभचिंतक, पाठकों और दर्शकों ने लिखा है कि आप अकेला बोलना छोड़ दो। आपका भी ये यही हाल कर देंगे। आप गृहमंत्री को लिख दो, प्रधानमंत्री को लिख दो कि सुरक्षा दें। अरे भाई, चमचों को पूरी सुरक्षा नहीं दे पाए। दो-चार को ही एसपीजी दिया है तो हम लोगों को कहाँ से मिलेगा और कितने पत्रकार एसपीजी लेकर चलने वाले हैं! यह डर का कैसा राष्ट्रीय वातावरण है भाई कि पत्रकार को भी एसपीजी सुरक्षा या किसी भी तरह की सुरक्षा व्यवस्था की ज़रूरत पड़ जाए?

जो राजनीतिक माहौल बनाया गया है, भले आप उसमें सीधे शामिल नहीं हैं, लेकिन जो आपका समर्थन करता है वह उसी माहौल की पैदाइश है जो कल गौरी लंकेश की हत्या पर हँस रहा था। यह शर्मनाक है। यह हिंदुत्व का कौन-सा चेहरा है कि कोई मर जाएगा और हम जाकर वहाँ कहेंगे कि कुतिया है? यह वही समाज है जो गुरमीत राम रहीम के ख़िलाफ़ लड़ने वाली दो औरतों के पक्ष में नहीं बोला। आप किसी महिला

आयोग के अध्यक्ष का नाम जानते हैं जिन्होंने उन दोनों महिलाओं को सपोर्ट किया हो। किसी मंत्री-संत्री, महासचिव, अध्यक्ष इत्यादि का नाम बता सकते हैं, जिन्होंने उन दोनों महिलाओं के बारे में ट्वीट किया हो? जिनकी लड़ाई की बदौलत इतने बड़े बाबा का साम्राज्य ध्वस्त हुआ है, लेकिन हमारा समाज और इसके जो अगुआ लोग हैं, उनके लिए 'बेटी बचाओ, बेटी पढ़ाओ' सिर्फ़ एक स्लोगन है।

एक महिला पत्रकार की हत्या हुई है। यह भी एक सवाल है कि इस देश में बहुत मुश्किल से कुछ महिलाएँ उस स्तर पर पहुँच पाती हैं, जहाँ वह अपनी प्रखरता से, सवालों से सरकार को और समाज को आईना दिखाती हैं। यह एक प्रतिभा का नुकसान है।

प्रधानमंत्री को यह समझना चाहिए कि वे इस तरह के लोगों को फॉलो न करें, जिन्हें उनकी मर्यादा का बोध नहीं है। कोई नहीं मिलता उनको हिंदुस्तान में तो वे मुझे फॉलो कर लें। मैं उन्हें आश्वासन देता हूँ कि बहुत आदर से आलोचना करूँगा, उनको कभी भी ऐसा नहीं लगेगा कि मैंने उनका अपमान किया है। बहुत अच्छी कविताएँ सुनाऊँगा। उन्हें हिंदू धर्मग्रंथों के बहुत सारे उद्धरण सुनाऊँगा। उनको लगेगा ही नहीं कि वह एक ऐसे हिंदुस्तान में हैं जहाँ कोई उनकी क़दर नहीं करता है। मैं उन्हें पूरा-पूरा सम्मान दूँगा। लेकिन क्या वे इस बात का जवाब देंगे कि उनकी सोहबत में दधीचि जैसे नौजवान कैसे आ गए? वे उस लड़के से भी यह ज़रूर पूछें कि 'तुमने मेरी मर्यादा का ख़याल क्यों नहीं रखा?'

सवाल अब यह है कि जब वैसे लड़के, इस तरह के लोग, प्रधानमंत्री की मर्यादा का ही ख़याल नहीं रखते हैं तो हम और आप क्या चीज़ हैं! सोचिए, सिरफिरों की जो फ़ौज वर्चुअल नहीं, वास्तविक दुनिया में हमारे बीच तैयार हो गई है, वह हमको-आपको कल अकेले में भी घेरकर मार सकती है और जहाँ पर हम-आप हज़ार की संख्या में हैं, वहाँ पर भी घेरकर मार सकती है। क्योंकि उनके दिमाग़ की वैसी ही प्रोग्रामिंग की जा रही है। यह एक पूरा डिज़ाइन है। मानिए चाहे न मानिए, मत देखिए, 10 साल बाद आपको यही दिखेगा कि जनता के जो सवाल हैं, जो उनकी बेचैनियाँ हैं, उनको कुचलने के लिए किस तरह से फ़र्ज़ी मसले निकाले जाते हैं और फ़र्ज़ी मुद्दों पर दिन-रात चर्चा होती है।

लगातार आम लोगों की आकांक्षाओं की हत्या हो रही है। उनको डराया जा रहा है, उनके बीच भय का एक माहौल पैदा किया जा रहा है। इस पैटर्न को समझिए। इसी की शिकार हुई हैं हमारी गौरी लंकेश, एक साहसिक पत्रकार!

जहाँ भीड़, वहीं हिटलर का जर्मनी

हमें प्रधानमंत्री नरेंद्र मोदी को शुक्रिया कहना चाहिए कि वो अपने इज़राइल दौरे में पहले ही दिन, कल 4 जुलाई, 2017 को, 'याद वाशेम होलोकॉस्ट मेमोरियल' गए। उन्होंने वहाँ न सिर्फ़ मारे गए यहूदियों के प्रति श्रद्धा-सुमन अर्पित किया, बल्कि उन्हें मारने वाले हत्यारे हिटलर को भी ख़ारिज़ किया।

राष्ट्र प्रमुखों की ऐसी यात्राएँ सिर्फ़ उनके लिए नहीं होती हैं, हमारे सीखने के लिए भी होती हैं। हम भी कुछ सीखें-समझें तो वाक़ई ये दुनिया मोहब्बत के रंग में रँगी एक नज़र आएगी। अगर कल वे वहाँ न गए होते तो आज इतना कुछ याद करने का मौक़ा नहीं बनता। मैं आधुनिक विश्व इतिहास के इस नृशंस प्रसंग से जुड़े अध्यायों को फिर से पढ़ने लगा। क्योंकि दुनिया और भारत के भविष्य के लिए यह एक सबक है, जिसे युवा होती पीढ़ी को चाव से पढ़वाया और बताया जाना चाहिए। क्योंकि जो समाज इतिहास के ज़रूरी सबक भूल जाता है, वह अपने भविष्य को ख़तरे में डालता है।

जर्मनी की तमाम रातों में 9 और 10 नवंबर, 1938 की रात ऐसी रही है जो आज तक नहीं बीती है। न वहाँ बीती है और न ही दुनिया में कहीं और। उस रात को 'क्रिस्टल नाइट' या 'नाइट ऑफ़ ब्रोकेन ग्लास' कहा जाता है। उस रात की आहट आज भी सुनाई दे जाती है। कभी-कभी सचमुच आ जाती है। हिटलर की जर्मनी में यहूदियों के क़त्लेआम का मंसूबा उसी रात जर्मनी भर में पूरी तैयारी के साथ ज़मीन पर उतरा था। उनका सब कुछ छीन लेने और जर्मनी से भगा देने के इरादे से, जिसके ख़िलाफ़ वर्षों से प्रोपेगैंडा चलाया जा रहा था।

1938 के पहले से ही योजनाबद्ध ढंग से यहूदी व्यवसायियों और व्यापारियों को जर्मनी छोड़ने पर मजबूर किया जा रहा था। यहूदी डॉक्टर और वकीलों का आर्थिक बहिष्कार किया जाने लगा। यहूदियों (Jews) से कहा गया कि वे पासपोर्ट पर 'J' लिखें। यहूदी मर्द अपने नाम के आगे इज़राइल और लड़कियाँ सैरा लिखें जिससे सबको पता चल जाए कि वे यहूदी हैं। जर्मनी के विश्वविद्यालयों के प्रोफ़ेसर भी नफ़रत फैलाने में सक्रिय भूमिका निभा रहे थे। वे क्लासरूम के अंदर यहूदियों को बुरे किरदार के रूप में पेश कर रहे थे और उनकी मनोनुकूल मनोवैज्ञानिक व्याख्याएँ कर रहे थे। ब्यूरोक्रेसी यहूदियों की पहचान तय करने और उनके बुनियादी अधिकारों को ख़त्म करने के तिकड़म में लगी हुई थी। पुलिस उन तमाम लोगों को गिरफ़्तार कर रही थी जो यहूदियों के पक्ष में बोल रहे थे। शहर के पार्कों में यहूदियों का जाना मना हो गया था। यहूदियों के पूजा घरों को तोड़ा जाने लगा। क़ब्रिस्तानों पर हमले होने लगे। यहूदी, जो मिली-जुली आबादी के साथ रहते थे, उन्हें वहाँ से उजाड़कर शहर के बाहर अलग बस्ती में बसाने की योजना बनाई गई। इसके लिए पैसा भी अमीर यहूदियों से देने को कहा गया। कोशिश यही थी कि हर

जगह यहूदी अलग से दिख जाएँ ताकि उन्हें मारने आ रही भीड़ को पहचानने में चूक न हो। आजकल लोग ख़्वाहमख़्वाह आधार नंबर से डर जाते हैं। जैसे इतिहास में पहले कभी कुछ हुआ ही नहीं। आधार कार्ड से पहले भी तो ये सब हो चुका है। उसके बिना भी तो हो सकता है। बीमा कंपनियों से कह दिया गया था कि यहूदियों के दुकानों, मकानों के नुकसान की भरपाई न करें। यहूदियों को हर तरह से अलग-थलग कर दिया गया।

1938 के पहले के कई वर्षों में हिंसा की छिटपुट और संगीन घटनाएँ हो रही थीं। इन घटनाओं की निंदा और समर्थन करने के बीच वे लोग मानसिक रूप से तैयार किए जा रहे थे जिन्हें प्रोपेगैंडा को साकार करने के लिए आगे चलकर हत्यारा बनना था। अभी तक ये लोग हिटलर की नाना प्रकार की सेनाओं और संगठनों में शामिल होकर 'हेल हिटलर!' बोलने में गर्व महसूस कर रहे थे। ये हिटलर के भक्त बन चुके थे। इनके दिमाग़ में हिटलर ने हिंसा का ज़हर घोल दिया था। हिटलर को अब खुलकर बोलने की ज़रूरत भी नहीं थी। वह चुप रहा। चुपचाप देखता रहा। लोग ही उसके लिए यहूदियों को मारने निकल पड़े। हिटलर की सनक लोगों की सनक बन चुकी थी। हिटलर की विचारधारा ने इन्हें ऑटो मोड पर ला दिया था, इशारा होते ही क़त्लेआम चालू! हिटलर का शातिर ख़ूनी प्रोपेगैंडा मैनेजर गोएबल्स यहूदियों के ख़िलाफ़ हो रही हिंसा की ख़बरें उस तक पहुँचा रहा था। उन ख़बरों को लेकर उसकी चुप्पी और कभी-कभी अभियान तेज़ करने का मौखिक आदेश सरकारी तंत्र को इशारा दे रहा था कि क़त्लेआम जारी रहने देना है। हिटलर की इस सेना का नाम SS—Schutzstaffel—था, जिसके नौजवानों को जर्मनी के लिए बहुत ऊँचा ख़्वाब दिखाया गया था—सुपर पॉवर जर्मनी का ख़्वाब!

जर्मनी के यूरोप का बादशाह बनने का ख़्वाब! सुपर पॉवर बनने का यह ख़्वाब दुनिया में फिर लौट आया है। अमरीका और फ्रांस के नेता अपने देश को फिर से सुपर पॉवर बनाने की बात करने लगे हैं।

"हमें इस बात को लेकर बिलकुल साफ़ रहना चाहिए कि अगले दस सालों में हम एक बेहद संवेदनशील टकराव का सामना करने वाले हैं। जिसके बारे में कभी सुना नहीं गया है। यह सिर्फ़ राष्ट्रों का संघर्ष नहीं है, बल्कि यह यहूदियों, फ्रीमैसोनरी, मार्क्सवादियों और चर्चों की विचारधारा का भी संघर्ष है। मैं मानता हूँ कि इन ताक़तों की आत्मा यहूदियों में है जो सारी नकारात्मकताओं की मूल हैं। वो मानते हैं कि अगर जर्मनी और इटली का सर्वनाश नहीं हुआ तो उनका सर्वनाश हो जाएगा। यह सवाल हमारे सामने वर्षों से है। हम यहूदियों को जर्मनी से बाहर निकाल देंगे। हम उनके साथ ऐसी क्रूरता बरतेंगे, जिसकी किसी ने कल्पना नहीं की होगी।"

यह भाषण आज भी दुनिया भर में अलग-अलग तरह से दिया जा रहा है, भारत से लेकर अमरीका तक में। SS के एक नेता हेनरिक हिम्मलर ने 9 से 19 नवंबर, 1938 के दौरान घटी घटनाओं से चंद दिन पहले ही संगठन के नेताओं के बीच यह भाषण दिया था ताकि वे यहूदियों के प्रति हिंसा के लिए तैयार हो जाएँ। तैयारी पूरी हो चुकी थी। विचारधारा ने अपनी बुनियाद रख दी थी। अब उसे मज़बूती देने के लिए बस ख़ून की ज़रूरत थी। हम इतिहास की क्रूरताओं को फासीवाद और सांप्रदायिकता जैसे शब्दों में समेट देते हैं, मगर इन संदूकों को खोलकर देखिए। आपके ऊपर कंकाल झपट पड़ेंगे। जो कल हुआ, वही आज नहीं हो रहा है। बहुत कुछ पहले से कहीं ज़्यादा बारीक़ और समृद्ध तरीक़े से किया जा रहा है। विचारधारा ने जर्मनी के एक हिस्से को तैयार कर दिया था।

7 नवंबर, 1938 की रात पेरिस में एक हत्या होती है, जिसके बहाने जर्मनी भर के यहूदियों के घर जला दिए जाते हैं। इस घटना से हिटलर और गोएबल्स के तैयार मानस-भक्तों को बहाना मिल जाता है, जैसे भारत में नवंबर 1984 में दिल्ली में बहाना मिला था, जैसे 2002 में गोधरा के बाद गुजरात में बहाना मिला था। 7 नवंबर को पेरिस में जर्मनी के थर्ड लिगेशन सेक्रेटरी अर्नस्ट वुमेन रॉथ की हत्या हो जाती है। हत्यारा पोलैंड मूल का यहूदी था। गोएबल्स के लिए तो मानो ऊपर वाले ने प्रार्थना क़बूल कर ली थी! उसने इस मौक़े को हाथ से जाने नहीं दिया। हत्यारे के बहाने पूरी घटना को यहूदियों के ख़िलाफ़ बदल दिया। यहूदियों की निशानदेही पहले से ही की जा चुकी थी। उन्हें खलनायक के रूप में पेश किया ही जा रहा था। चिंगारी सुलग रही थी। हवा का इंतज़ार था और वह पूरा हो गया। उसके अगले दिन जर्मनी में जो हुआ, उसके होने की आशंका दुनिया को आज तक सिहराती है।

पिछले सात-आठ सालों में हिटलर ने अपने समर्थकों की जो फ़ौज तैयार की थी, अब उससे काम लेने का वक़्त आ गया था। उस फ़ौज को खुला छोड़ दिया गया। पुलिस को कह दिया गया कि वह किनारे हो जाए; बल्कि जहाँ यहूदियों की दुकानों को जलाना था, वहाँ यहूदियों को सुरक्षा हिरासत में इसलिए लिया गया ताकि जलाने का काम ठीक से हो जाए। सारे काम को इस तरह अंजाम दिया गया ताकि सभी को लगे कि यह लोगों का स्वाभाविक ग़ुस्सा है। इसमें सरकार और पुलिस का कोई दोष नहीं है। जनाक्रोश के नाम पर जो ख़ूनी खेल खेला गया, उसका रंग आज तक इतिहास के माथे से नहीं उतरा है। यह वो दौर था जब यूरोप में आधुनिकता अपनी जवानी के ग़ुरूर में थी और लोकतंत्र की बारात निकल रही थी।

गोएबल्स ने अपनी डायरी में लिखा है, "मैं ओल्ड टाउन हॉल में पार्टी के कार्यक्रम में जाता हूँ। काफ़ी भीड़ है। मैं हिटलर को सारी बात समझाता हूँ। वो तय करते हैं कि यहूदियों के ख़िलाफ़ प्रदर्शन होने दो। पुलिस से पीछे हटने को कहो। यहूदियों को लोगों के ग़ुस्से का सामना करने दो। मैं तुरंत बाद पुलिस और पार्टी को आदेश देता हूँ। फिर मैं थोड़े समय के लिए पार्टी कार्यक्रम में बोलता हूँ। ख़ूब ताली बजती है। उसके तुरंत बाद फ़ोन की तरफ़ लपकता हूँ। अब लोग अपना काम करेंगे।"

आपको गोएबल्स की बातों की आहट भारत सहित दुनिया के तमाम अख़बारों में छप रहे कई राजनीतिक लेखों में सुनाई दे सकती है। उन लेखों में आपको भले गोएबल्स न दिखे, लेकिन आप अपना चेहरा तो देख सकते हैं। जर्मनी में लोग ख़ुद भीड़ बनकर गोएबल्स और हिटलर का काम करने लगे थे। जो नहीं कहा गया, वो भी किया गया और जो किया गया उसके बारे में कुछ नहीं कहा गया। एक चुप्पी थी जो आदेश के तौर पर पसरी हुई थी। इसके लिए प्रेस को मैनेज किया गया। पूरा बंदोबस्त हुआ कि हिटलर जहाँ भी जाए, प्रेस उससे यहूदियों के ख़िलाफ़ होने वाली हिंसा को लेकर सवाल न करे। हिटलर चुप रहना चाहता था ताकि दुनिया में उसकी छवि ख़राब न हो। चेक संकट से बचने के लिए उसने यहूदी वकीलों के बहिष्कार के विधेयक पर दस्तख़त तो कर दिया, मगर यह भी कहा कि इस वक़्त इसका ज़्यादा प्रचार न किया जाए। वैसे अब प्रोपेगैंडा की ज़रूरत रह नहीं गई थी। उसका काम हो चुका था। यहूदियों के ख़िलाफ़ हिंसा के दौर का तीसरा चरण होने वाला था।

1933 की शुरुआत में जर्मनी में 50,000 यहूदी बिज़नेसमैन थे।

जुलाई 1938 तक आते-आते सिर्फ़ 9000 ही बचे थे। 1938 के बसंत और सर्दी के बीच इन्हें एकदम से धकेलकर निकालने की योजना पर काम होने लगा। म्यूनिख शहर में फ़रवरी 1938 तक 1690 यहूदी बिज़नेसमैन थे, अब सिर्फ़ 660 ही बचे रह गए। यहूदियों के बनाए बैंकों पर क़ब्ज़ा हो गया।

9 नवंबर की रात म्यूनिख के सिनेगॉग को नाजी सेना ने जला दिया। कहा गया कि इसके कारण ट्रैफ़िक में रुकावट आ रही थी। आग बुझाने वाली पुलिस को आदेश दिया गया कि यहूदियों की जिस इमारत में आग लगी है, उस पर पानी की बौछारें नहीं डालनी हैं; बल्कि उसके पड़ोस की इमारत पर डालनी है ताकि किसी आर्यन मूल के जर्मन का घर न जले। आग किसी के घर में और बुझाने की कोशिश वहाँ जहाँ आग ही न लगी हो। यही तर्क अब दूसरे रूप में देखने को मिलता है। आप जुनैद की हत्या के विरोध में प्रदर्शन कीजिए तो पूछा जाएगा कि कश्मीरी पंडितों की हत्या के विरोध में प्रदर्शन कब करेंगे। जबकि जो पूछ रहे हैं, वही कश्मीरी पंडितों की राजनीति करते रहे हैं और अब सरकार में हैं। कभी उन्हें यह भी बताना चाहिए कि कश्मीरी पंडितों के लिए इतने दिनों में उन्होंने क्या किया है।

जर्मनी का पुलिस मुख्यालय इस नरसंहार की नोडल एजेंसी बन गया। दुकानें तोड़ी जाने लगीं। 9-10 नवंबर की रात यहूदियों के घर जलाये जाने लगे। SS के लोग दावानल की तरह फैल गए। बर्लिन में 15 सिनेगॉग जला दिए गए। हिटलर आदेश देता है कि 20 से 30,000 यहूदियों को तुरंत गिरफ़्तार किया जाए। जेल में जगह नहीं थी। इसलिए सिर्फ़ मर्द और अमीर यहूदियों को गिरफ़्तार किया गया। जब उस रात गोएबल्स होटल के अपने कमरे में गया तो यहूदी घरों की खिड़कियाँ टूटने की आवाज़ें आ रही थीं। उसने अपनी

डायरी में लिखा, 'शाबाश, शाबाश! जर्मन लोग अब भविष्य में याद रखेंगे कि जर्मन राजनयिक की हत्या का क्या मतलब होता है।' याद रखने की राजनीति आज भी दुनिया में हो रही है। बिलकुल आपकी आँखों के सामने। बहुत हद तक आपके समर्थन से ही!

नवंबर 1938 की उस रात सैकड़ों की संख्या में यहूदियों की हत्या कर दी गई। महिलाएँ और बच्चों को बुरी तरह ज़ख़्मी किया गया। 100 के क़रीब पूजास्थल बर्बाद कर दिए गए। 8000 दुकानें जला दी गईं। अनगिनत अपार्टमेंट को तहत-नहस कर दिया गया। बड़े शहरों के पेवमेंट पर शीशे के टुकड़े बिखरे हुए थे। दुकानों के सामान सड़कों पर बिखरे हुए थे। यहूदियों की स्मृतियों से जुड़ी हर चीज़ नष्ट कर दी गई थी। यहाँ तक कि उनकी निजी तस्वीरें भी। उस रात बहुत से यहूदी मर्दों और औरतों ने ख़ुदकुशी कर ली। बहुत से लोग घायल हुए जो बाद में दम तोड़ गए। पुलिस ने 30,000 मर्द यहूदियों को ज़बरन देश से बाहर निकाल दिया। सब कुछ लोग कर रहे थे। भीड़ कर रही थी। हिटलर भीड़ को निर्देश नहीं दे रहा था। जो भीड़ बनी थी, उसमें अनेक हिटलर थे। विचारधारा के इंजेक्शन के बाद उसे करना यही था कि अपने शत्रु को मारना था। जिसे हिटलर के साथी लगातार प्रोपेगैंडा के ज़रिये बता रहे थे कि हमारे शत्रु यहूदी हैं।

यहूदियों के ख़िलाफ़ हिटलर की जर्मनी में जो लगातार प्रोपेगैंडा चला, उसी के हिस्से ये कामयाबी आई। बड़े-बड़े इतिहासकारों ने लिखा है कि

प्रोपेगैंडा अपना काम कर गया। हर तरफ़ एक ही बात का प्रचार हो रहा था। दूसरी बात का वजूद नहीं था। लोग उस प्रोपेगैंडा के साँचे में ढलते चले गए। लोगों को भी पता नहीं चला कि वे एक राजनीतिक प्रोपेगैंडा के लिए हथियार में बदल दिए गए हैं। आज भी बदले जा रहे हैं। जर्मनी में पुलिस ने गोली नहीं चलाई, बल्कि लोग हत्यारे बन गए। जो इतिहास से सबक नहीं लेते हैं, वो आने वाले इतिहास के लिए हत्यारे बन जाते हैं। प्रोपेगैंडा का एक ही काम है, भीड़ का निर्माण करना, ताकि ख़ून वो करे, तो दाग़ भी उसी के दामन पर आए। सरकार और महान नेता निर्दोष नज़र आएँ। भारत में सब हत्या करने वाली भीड़ को ही दोष दे रहे हैं, उस भीड़ को तैयार करने वाले प्रोपेगैंडा में किसी को दोष नज़र नहीं आता है। कोई यह जाँच नहीं करता कि बिना किसी आदेश के जो भीड़ हिंसक बन जाती है, उसमें शामिल लोगों का दिमाग़ किस ज़हर से भरा हुआ है।

हिटलर जर्मन भीड़ पर फ़िदा हो चुका था। वह झूम रहा था। भीड़ उसके मुताबिक़ बन चुकी थी। यहूदी जैसे-तैसे जर्मनी छोड़कर भागने लगे। भीड़ से प्रोत्साहित होकर हिटलर ने एक नायाब क़ानून बनाया। यहूदियों को अपने नुकसान की भरपाई ख़ुद ही करनी होगी। जैसे वो अपनी दुकानों और घरों में ख़ुद आग लगाकर बैठे थे। जब भीड़ का साम्राज्य बन जाता है तब कुतर्क हमारे दिलो-दिमाग़ पर राज करने लगता है।

'The radicalization encountered no opposition of any weight'—मैं जिस किताब से आपके लिए इतिहास को क़िस्से के रूप में पेश कर रहा हूँ, उसकी यह पंक्ति देखकर चौंक गया। चौंक इसलिए गया कि लगा, भारत के अख़बारों में तो ऐसा कुछ पढ़ने को नहीं मिला है! हिटलर की मानस-सेना का किसी भी प्रकार का विरोध ही नहीं हुआ।

आम लोग अपनी शर्मिंदगी का इज़हार करते रहे कि उनके समाज में ये सब हुआ, मगर ख़ुद को लाचार कहते रहे। जो बोल सकते थे, वे चुप रहे। अपने पड़ोसी को प्यार करने की बात सिखाने वाले चर्चों के नेता भी चुप रहे। दुनिया के कई देशों ने यहूदियों को शरण देने से मना कर दिया।

इज़राइल की आज जैसी भी छवि है, लेकिन यहूदियों के साथ जो हुआ उसके लिए दुनिया आज भी अपराधी है। मगर उसी इज़राइल पर फ़िलिस्तीन क्रूरता बरतने और नरसंहार करने के आरोप लगाता है। क्या हिंसा का शिकार समाज अपने भोगे हुए की तरह या उससे भी ज़्यादा हिंसा करने की ख़्वाहिश रखता है? गांधी ने तभी अंहिसा पर इतना ज़ोर दिया। अहिंसा नफ़रतों के कुचक्र से मुक्ति का मार्ग है। हम कब तक फँसे रहेंगे?

इसीलिए कहता हूँ कि भीड़ मत बनिए। संस्थाओं को जवाबदेही निभाने दीजिए, जाँच करने दीजिए। जो दोषी है, उसकी जाँच होगी। सज़ा होगी। हालाँकि यह भी अंतिम रास्ता नहीं है। हिटलर की जर्मनी में पुलिस तो भीड़ की ही साथी बन गई थी। भारत में भी भीड़ लोगों की हत्या कर रही है। अभी इन घटनाओं को इक्का-दुक्का ही पेश किया जा रहा है। जर्मनी में भी पहले-दूसरे चरण में यही हुआ। जब तीसरा चरण आया तब उसका विकराल रूप नज़र आया। तब तक लोग छोटी-मोटी घटनाओं के प्रति सामान्य हो चुके थे। इसीलिए ऐसी किसी भीड़ को लेकर आशंकित

रहना चाहिए। सतर्क भी। भीड़ का अपना संविधान होता है। अपना देश होता है। वो अपना आदेश ख़ुद गढ़ती है। हत्या के लिए शिकार भी ख़ुद चुनती है। दुनिया में नेताओं की चुप्पी का अलग से इतिहास लिखा जाना चाहिए, ताकि पता चले कि कैसे उनकी चुप्पी हत्या के आदेश के रूप में काम करती है। मेरी राय में भीड़ बनने का मतलब है, कभी भी और कहीं भी हिटलर का जर्मनी बन जाना।

जनता होने का अधिकार

2014 से गोदी मीडिया ने आम दर्शकों के लिए एक सिलेबस लांच किया है, जिसे मैं नेशनल सिलेबस कहता हूँ जो अभी तक पूरा नहीं हुआ है। जबकि रोज़ शाम को उसका एक ही थीम है, भले चैप्टर अलग-अलग हैं। कभी खिचड़ी-बिरयानी, कभी ताजमहल-मंदिर, कभी नेहरू बनाम पटेल तो बोस बनाम नेहरू, कभी तीन तलाक़ तो जब-तब अकबर, औरंगज़ेब, शाहजहाँ, अशोक, टीपू सुल्तान, रानी पद्मावती और मालूम नहीं कब सबसे ऊँची मूर्ति! भाँति-भाँति के महापुरुष वग़ैरह तो इस लिस्ट में आते-जाते रहते हैं; जब सिलेबस में और कुछ नहीं होता है, तब ये लोग आ जाते हैं। चुनाव ख़त्म हो जाता है तो नेशनल सिलेबस का कोई दूसरा चैप्टर आ जाता है।

ऐसा लगता है कि पूरा देश इतिहास की किसी कक्षा में बैठा हुआ है और हम सब पहली बार इतिहास पढ़ रहे हैं। जो न्यूज़ एंकर और ट्रोल हैं, वही हमारे इतिहासकार हैं। नेशनल लेवल पर एक लेक्चर चल रहा है। जिसकी मूल भावना यह है कि किसी-न-किसी महापुरुष के प्रति उपेक्षा का भाव पकड़ लिया गया है। उनके साथ जो उपेक्षा होनी थी,

हो चुकी है। अब ये लोग उनकी अपेक्षा पूरी करेंगे और उसी बहाने ये लोग अपनी अपेक्षाएँ भी पूरी कर रहे हैं।

जैसे ही आप सोचते हैं कि यह क्या चल रहा है, वैसे ही व्हाट्सएप्प के ज़रिये चाणक्य का ज़िक्र आ जाता है—'जो राष्ट्र इतिहास नहीं जानता, उसका कोई भूगोल नहीं होता।' जैसे हम सब भूगोल में टॉप हो गए हैं, हिस्ट्री में बाक़ी हैं तो अब वह भी जान लें। चाणक्य के नाम से आजकल कुछ भी चल जाता है। इतिहास से लेकर सैन्य विज्ञान तक, राजनीति से लेकर राजकाज तक के मामले में उनके नाम से बहुत कुछ चल रहा है। चाणक्य जी हमारे नेशनल सिलेबस के अंतिम प्रोफ़ेसर हैं। अगर आपको कोई बात कहनी है और उसका कोई वजूद नहीं है तो चाणक्य के नाम से चला दीजिए। कोई समस्या नहीं है। लोग यक़ीन कर लेंगे कि चाणक्य ने ऐसी बात कही है। उसमें दो-तीन शब्द ख़ास तौर पर जोड़ दें। एक तो 'राष्ट्र' ज़रूर जोड़ें। हाँ, 'शौर्य' और 'बल' भी जोड़ दें। और फिर उस निराधार बात को शेयर करना शुरू कर दें।

सारी राजनीतिक बहस इस नेशनल सिलेबस के आसपास ही चल रही है। इसके ज़रिये दरअसल हो क्या रहा है? आप समझ रहे हैं कि आपको इतिहास से जोड़ा जा रहा है। लेकिन नहीं, बहुत चालाकी से आपको इतिहास से काटा जा रहा है। आपको इतिहासविहीन बनाया जा रहा है। आप समझ रहे हैं कि रोज़ हमारे बीच एक नया इतिहास लाकर, जो ग़लत इतिहास-लेखन हुआ था, उसे अब सही करने की कोशिश की जा रही है। दरअसल, इतिहास-लेखन की प्रक्रिया किसी एक रेखा की सीध में एकदम नहीं चलती। वह किसी एक बिंदु विशेष पर ख़त्म नहीं होती। वह लगातार चलती रहती है। एक किताब के समानांतर 10 किताबें आती रहती हैं। एक शोध को दूसरे शोध ख़ारिज़ करते रहते हैं। ऐसा कोई

मार्क्सवादी या वामपंथी इतिहास नहीं होता जो किसी पार्टी हेडक्वार्टर से जारी निर्देश के मुताबिक़ इकहरे ढंग से तैयार हुआ हो और मोटे-मोटे अक्षरों में निकला हो। लेकिन उसके बरक्स जो दक्षिणपंथी इतिहास होता है, वह एक जगह से निकला हुआ आपको दिखता है। अगर आप चाहें तो मेरे साथ लाइब्रेरी में चलकर देख लें। इसे साबित करने को कहिएगा तो मैं वह भी कर सकता हूँ।

यह जो इतिहास-लेखन का काम है, उसमें बहुत बदलाव आया है। राजा-रानी और महापुरुषों के जीवन से निकलकर अब यह काम आमजन की ज़िंदगी, उसके योगदानों की तलाश में प्रवेश कर चुका है। वहाँ ढूँढ़ा और देखा जा रहा है कि आप अपनी रोज़मर्रा की ज़िदगी में अपने समय को किस तरह से देख रहे हैं। उससे भी इतिहास की रचना को पूर्ण करने की कोशिश की जाने लगी है। ठीक उसी तरह, जैसे जहाँ तक और जिस हद तक लिखित या अन्य तरह के दस्तावेज़ों को आधार बनाया गया था, वैसे ही मौखिक इतिहास को भी उसके साथ जोड़कर देखने और तथ्यपरक मूल्यांकन की प्रक्रिया हाल के दशकों में शुरू हो चुकी थी।

लेकिन अब नेशनल सिलेबस के इस नए दौर में फिर से उस इतिहास-लेखन को राजा-रानी के इतिहास की तरफ़ ले जाया जा रहा है, नए-नए मिथ गढ़े जा रहे हैं, 'सच्चे हिन्दू' की दुहाई देकर हम सबमें एक बदले की भावना भरी जा रही है कि कल की ज़्यादती का बदला आज लेना है। जो आज हमारे बीच नहीं हैं, उनका भी बदला लेना है। जो आज हैं, लेकिन जिनका उस इतिहास से कोई लेना-देना नहीं है, जो जैसा हुआ, वैसा होने में जिनका कोई क़सूर नहीं है, उनसे भी उसका बदला लिया जाना है।

नए-नए तौर-तरीक़ों से नेशनल सिलेबस के तहत नौजवानों में नफ़रत

की आग भरी जा रही है। नौजवान चलते-फिरते मानव बम की तरह हो रहे हैं। सांप्रदायिकता एक इनसान को मानव बम में बदल देती है। इस बात को नोट कर लीजिए। यह किसी और को नहीं बदलती, आपके पड़ोसी के बच्चे को नहीं बदलती है। आपके घर के, अपने बच्चे को मानव बम में बदल देती है। वह इतनी नफ़रत से भरा घूम रहा होता है कि किसी मामूली झगड़े को, जिसमें दो लोग जो मुमकिन है कि दो धर्म के हों और उनके बीच किसी जायज़ मसले को लेकर झगड़ा हो रहा हो, उसे भी वह सिर्फ़ सांप्रदायिक निगाह से देखने लगता है। उसका ग़ुस्सा मानव बम की तरह फटता है और वह उस झगड़े में शामिल होता है, फिर हत्या में भी शामिल हो जाता है। वह बेवजह हत्यारा बन जाता है। सत्ता की मदद मिलने से वह भले न पकड़ा जाता हो, लेकिन हत्यारों की भीड़ में वह भी एक भागीदार तो होता ही है। कोई भीड़ है जो पहलू ख़ान को मारती है, जो मुहम्मद अख़लाक़ को मारती है, जुनैद ख़ान को मारती है या केरल में किसी और को मारती है। आपके घर का नौजवान उस भीड़ में बदल जाता है। यह समझते हुए कि उसे इस किए की सज़ा नहीं मिलेगी। क्योंकि इसके पीछे की ताक़तों की उसे पहचान है। उनकी पहुँच और शक्ति को वह जानता है। आज इस तरह के मानव बम ठीक हमारे बीच मौजूद हैं। हम अब कमज़ोर दिल वाले लोग नहीं हैं; अब 1200 सालों की ग़ुलामी, साठ सालों का 'सिक्यूलरिज़्म' और ख़राब प्रशासन हमारे पीछे हैं। अब हमने अपना ख़ुद का जिहादी जॉन तैयार कर लिया है, जो एक आदमी को मारकर जला देता है और इंटरनेट पर उसका वीडियो जारी करता है।

तो ये हैं हमारे समाज के भीतर के मानव बम! किसी भी प्रकार के समाज में, किसी भी प्रकार के राष्ट्र में इनकी तादाद अब बढ़ती जाएगी।

सत्ता का कुछ नहीं होने वाला। बस, एक नागरिक के रूप में आपकी जो हैसियत है, वह ज़रूर कमज़ोर होती जाएगी। आप याद कीजिए, जब टीवी पर आप देखते हैं कि भीड़ ने किसी को पकड़ कर मारा, मरने वाला चाहे किसी भी धर्म का हो, लेकिन जब भीड़ उस पर अपना दबदबा क़ायम कर लेती है, आप उन समाचारों को सुनते हुए, लगातार ऐसी घटनाओं के होने से, अपने घरों में डरते हैं या नहीं डरते हैं? अगर आप फेसबुक पर इसके विरोध में लिखने में संकोच करते हैं और किसी ख़ास वक़्त में घर से बाहर निकलने में हिचकिचाते हैं तो आप डरते हैं। यानी यह सब होने से आपकी नागरिक-शक्ति, आपकी हैसियत का क्षरण होता है, ह्रास होता है।

एक तरह से आप देखें तो यह जो नफ़रत हमारे दिमाग़ में भरी जा रही है, वह सिर्फ़ राज करने के लिए नहीं भरी जा रही है। दरअसल, वह इसलिए भरी जा रही है कि लोक के रूप में आपकी ताक़त, आपकी सत्ता हमेशा के लिए समाप्त हो जाए। आप अपने बच्चे-बच्चियों को इन टीवी चैनलों और सोशल मीडिया पर चल रहे इस 'नेशनल सिलेबस' से बचा लीजिए। मैं सचमुच कह रहा हूँ कि इस नेशनल सिलेबस से ख़ुद को भी बचा लीजिए। इसकी थीम बहुत घातक है और यह ख़त्म नहीं हो रही है। यह अंतहीन है, इसका पैटर्न भी एक ही तरह का है। कहीं भी चुनाव होते हैं, यह कहीं भी चला आता है। हम सबको आत्मविश्वास से भरा नागरिक होना चाहिए। इंसाफ़-नाइंसाफ़ की घटनाएँ जैसे वर्तमान में हैं, उसी तरह से हमारे इतिहास में हैं। हमें उन्हें स्वीकारने और बरतने आना चाहिए। हमें इतिहास का सामना करने आना चाहिए। नेशनल सिलेबस के मुताबिक़ बुनी गई इन बहसों के ज़रिये हम सब अति की छोर पर पहुँच रहे हैं और धीरे-धीरे हम सब अपना सांप्रदायीकरण कर रहे हैं।

हम एक-दूसरे के संप्रदाय के प्रति अपने-अपने अविश्वास की खाई को चौड़ी करते चले जा रहे हैं।

जर्मनी, जहाँ हिटलर जैसा दुनिया का सबसे बड़ा शैतान पैदा हुआ, वहाँ के स्कूलों में यह सिखाया जाता है कि अपने इतिहास के दाग़ को हम कैसे बरतें। न तो हम इतिहास के कुछ खास पन्नों को जलाकर उसे बरत सकते हैं, न हम उससे भाग कर, मुँह छिपाकर उसे बरत सकते हैं, यह सब वहाँ क्लास में सिखाया जाता है। मैंने जर्मनी के एक पत्रकार से पूछा था कि आप लोगों को क्या गिल्ट नहीं होता है? हमारे नेता बात-बात में सुबह-शाम किसी भी व्यक्ति को बहुत आराम से हिटलर कह देते हैं। क्या जर्मनी में भी लोग इस नाम का इसी तरह इस्तेमाल करते हैं? उन्होंने कहा कि 'किसी भी बहस में हम इसका इस्तेमाल बहुत सावधानी से करते हैं। जब कभी ऐसा करते हैं तब इसका मतलब होता है, आपने तर्क करने की सारी क्षमता खो दी है, तभी आप किसी को हिटलर कहते हैं।'

वह महिला पत्रकार अपने स्कूल के उन दिनों को याद करते हुए बताने लगीं कि जब हिटलर के कारनामों पर बनी फ़िल्म *सिंडलर्स लिस्ट* रिलीज़ हो रही थी तब स्कूल में उनकी टीचर ने सब विद्यार्थियों को बताया कि 'यह हमारे मुल्क के इतिहास का सबसे काला पन्ना है। यह हुआ। इसमें हमारा कोई क़सूर नहीं है। न तुम्हारे पिताजी का क़सूर है, और न मेरे पिताजी का क़सूर है। यह हमारी ज़िदगी का एक काला पन्ना है। हमें शर्मिंदा होना चाहिए, हम सब शर्मिंदा भी हैं। लेकिन उस फ़िल्म को देखते हुए हम अपराधबोध से नहीं गुज़रेंगे, बल्कि इस आत्मविश्वास से भरेंगे कि हम उस दौर में नहीं हैं। हम एक नए दौर में हैं जो उससे बहुत आगे निकल आया है।'

भारत में हमने अपने नागरिकों को इतिहास किस तरह से बरता जाए, यह नहीं सिखाया है। हमारे देश में, ख़ास तौर पर इन टीवी चैनलों के ज़रिये एक तरह से हमें अमानवीय और वहशी बनाने की एक 'परंपरा' को आगे बढ़ाया जा रहा है। इसी तरह के नैरेटिव रोज़ गढ़े जा रहे हैं। आप अभी अगर सावधान नहीं होना चाहते तो कोई बात नहीं। लेकिन किसी वक़्त में जब यह बात आपको याद आएगी, तब आप बहुत परेशान होंगे। अपने लिए नहीं, अपने बच्चों के लिए; क्योंकि आपमें से कोई भी नहीं चाहेगा कि आपका बच्चा तलवार लेकर किसी पड़ोसी को मार आए। भले ही उसकी पार्टी उसे किसी सज़ा से बचा लेगी, लेकिन आप रात को सो नहीं पाएँगे यह सोच-सोचकर कि आपका बच्चा ख़ूनी हो गया है।

नेशनल सिलेबस की यह जो हिंदू-मुस्लिम थीम दिन-रात मीडिया में चल रही है, इससे बड़ी संख्या में हिंदुओं के भीतर, और इसके भय में मुसलमानों के भीतर मानव बम बनाया जा रहा है। इससे हमारा समाज ख़राब हो जाएगा। जहाँ ज़्यादा लोग हैं, वहाँ इस तरह की सांप्रदायिकता ज़्यादा लोगों को मानव बम में बदल सकती है।

इतिहास के साथ हेरफेर करने के कई तरीक़े हैं। 2016 में जब पश्चिम बंगाल का विधानसभा चुनाव आया, हमने इस नेशनल सिलेबस की नई करामात को देखा। रातोंरात नेताजी सुभाषचंद्र बोस की फाइलें खुलने लगीं और लगा कि अब उनके साथ इंसाफ़ होने जा रहा है। उनके साथ नाइंसाफ़ी हुई है, यह बताते हुए कभी नेहरू के बरक्स उनको खड़ा किया

गया तो कभी किसी और के बरक्स खड़ा किया गया। नेताजी को देश का बच्चा-बच्चा जानता है। टेक्स्टबुक से लेकर लोगों की ज़ुबान तक पर देश की आज़ादी की लड़ाई में उनके योगदान के क़िस्से हैं। लेकिन उन्हें तब नए तरह से, अपने अनुकूल स्थापित करने के लिए बीजेपी के नेता ज़ोर-शोर से सामने आए, जब वहाँ चुनाव हार गए तो वे सभी नेताजी को भूल गए। अब कोई उन्हें 'इंसाफ़' दिलाने की चिंता नहीं कर रहा!

इतिहास का ऐसा ग़लत इस्तेमाल नहीं होना चाहिए। आप लाइब्रेरी में जाइए और पढ़िये कि नेहरू और बोस के बीच आपसी संबंध कैसे थे। उन संबंधों में कैसा उतार-चढ़ाव था, उस बारे में ज़रूर पढ़िए, लेकिन अगर आप टीवी चैनलों पर होने वाली बहसों को सुनकर इस बारे में अपनी कोई राय बनाएँगे तो गड्ढे में ही गिरेंगे। जिस एंकर को दिन में दो अख़बार पढ़ने का वक़्त नहीं होता, वह रोज़ रात को इतिहासकार बनकर आपकी बुद्धि भ्रष्ट कर रहा होता है।

यह बात केवल अभी के दौर की नहीं है, बात हमारी-आपकी पीढ़ियों की है। हम यहाँ तक तो निकल आए, लेकिन हमारे सामने जो गड्ढे बन रहे हैं, उनमें कौन-कौन गिरेगा, हम नहीं जानते। उनमें सिर्फ़ मैं नहीं गिरूँगा और सिर्फ़ आप नहीं गिरेंगे, हम अपने उन बच्चों को भी गिरते देखेंगे जिन्हें हम गोद में उठाकर उनके अच्छे भविष्य की कामना करते हैं।

आजकल की राजनीति में बहुत हीरो लोग आते रहते हैं, नए-नए कपड़े पहन कर। उन्हें लगता है कि वे अपने वर्तमान को लिख रहे हैं, इतिहास की तरह। मगर इतिहास उन जैसों का वर्तमान बहुत पहले ही लिख चुका होता है। मनोनुकूल छवि-निर्माण की सारी कोशिशों के बावजूद सबका सच सामने आएगा। बस, हमें अपनी आँखें और अपने कान खुले रखने हैं।

अगर आप इतिहास को बरतना जानेंगे तो आज के वर्तमान पर आपको कोई हैरानी नहीं होगी। कोई आपको मूर्ख नहीं बना सकेगा। 2017 के गुजरात विधानसभा चुनाव में सरदार पटेल का नाम उछालने की कोई ज़रूरत नहीं थी। उनके नाम का इस्तेमाल 2014 के लोकसभा चुनाव में हो चुका था। बावजूद इसके नाराज़ पटेलों को मनाने के लिए सरदार पटेल चर्चा छेड़ दी गई। पटेल समाज क्या यह नहीं समझता कि सरदार बहुत बड़े नेता हैं। वह किसी समुदाय विशेष के नहीं, देश के एक महान नेता हैं। उन्हें चुनावी राजनीति का मोहरा बनाना उनके विशाल क़द को 182 मीटर की मूर्ति में समेट देना है।

अगर आप नेहरू और सरदार के रिश्तों को पढ़ेंगे तो आपकी आँखें भर आएँगी। ऐसे दो दोस्त, दो हमसफ़र ज़िंदगी में मिल जाएँ तो आपकी ज़िंदगी धन्य हो जाए। अपनी ज़िंदगी में आप किसी के लिए नेहरू बन सकें और कोई आपके लिए सरदार बन सके तो सोचिए कि आपने ज़िंदगी में बहुत कमाया है। लेकिन आपने जिसे पहले सरदार कहा, उसे बाद में बोलने के लायक़ नहीं छोड़ा तो सोचिए आपने सब गँवा दिया है।

सरदार पटेल के लगभग 45 साल बाद हमने भारतीय राजनीति में एक और 'सरदार' को आते-जाते देखा। वे रथ पर सवार होकर भारत को बदलने निकले थे। वे भी 'लौह पुरुष' कहलाए। आजकल बोलते हुए नज़र ही नहीं आते। इतिहास में ऐसा भी होता है।

ख़ैर, नेहरू और पटेल के बीच जो परस्पर आदर-सम्मान का भाव था, जैसी उनकी दोस्ती थी, उसका पाठ तो राजनीति की टेक्स्ट बुक में पढ़ाया जाना चाहिए। कैसे नेहरू और पटेल एक-दूसरे से असहमत होते हुए भी एक-दूसरे का इतना सम्मान करते थे, नई पीढ़ी को यह पाठ पढ़ाया जाना चाहिए, न कि यह बताया जाना चाहिए कि दोनों ने एक-दूसरे

की ज़िंदगी बर्बाद की। दोनों ने एक-दूसरे की महत्त्वाकांक्षाओं पर पानी फेर दिया। नहीं, ऐसा नहीं था। असहमतियों के बीच सहमति का रास्ता बनाने का सबसे बड़ा राष्ट्रीय उदाहरण अगर हिंदुस्तान की राजनीति में है तो वह सरदार पटेल और नेहरू का है।

उस इतिहास को मिटाया जा रहा है। आप मिटा नहीं पाएँगे, क्योंकि जिसे आप मिटाने का प्रयास कर रहे हैं, उसे कोई जी के गया है। दिखावे के जीवन को मिटाया जा सकता है, जिया हुआ भला कहाँ मिटता है!

ये सारी घटनाएँ महज़ दो दलों के बीच घटित नहीं हो रही हैं, बल्कि ये सारी घटनाएँ आप पर क़ाबू पाने के लिए हो रही हैं। जब आप वर्तमान और इतिहास को भी उनकी ही निगाह से देखने लगेंगे तो आप, आप नहीं रह जाएँगे। इसलिए आपको एक ऐसे 'लोक' में बदला जा रहा है जिसे मामूली 'तंत्र' की मदद से, आधार नंबर भर से, आप पर नियंत्रण किया जा सकता है।

इतिहास पर अब धीरे-धीरे जाति संगठनों, धार्मिक संगठनों और राजनीतिक संगठनों का क़ब्ज़ा होता जा रहा है। दो-चार पोस्टर फाड़कर, इतिहास की किताब जलाकर, लेखक के ख़िलाफ़ एफआईआर कराकर आप इतिहास-पुरुष बन सकते हैं। दूसरों के मुहल्ले का रास्ता जाम कर भी आप इतिहास के पात्र बन सकते हैं। इतिहास के पात्र ही नहीं, इतिहासकार बनना भी आजकल इतना ही आसान है।

ऐसा कमाल आप भारत में कर सकते हैं, बाक़ी जगहों पर नहीं। बाक़ी जगहों पर इतिहासकार बनने के लिए विषय विशेष के एक हिस्से पर आपको रिसर्च करते हुए अपनी ज़िंदगी के पाँच से दस साल बिताने पड़ते हैं, तब जाकर कोई कहता है कि आप इतिहासकार कहलाने लायक़ हैं या नहीं हैं। लेकिन आजकल चौक-चौराहों पर भी अगर कोई ऊँची

आवाज़ में इतिहास को लेकर किसी तरह का झूठ ख़म ठोककर बोल देता है, वह भी इतिहासकार कहलाता है।

इतिहास पढ़ते समय अगर आपमें किसी अलाना-फलाना लेखक या वेदव्यास के चेहरे पर स्याही छिड़कने की भावना ज़ोर मार रही हो तो इसका मतलब है, आपके अंदर आज का इतिहासकार कुलबुला रहा है। आप ऐसा कीजिए कि टीवी स्टूडियो में पहुँच जाइए। यह इतिहासकार होने का स्वर्ण युग चल रहा है। बिना पढ़े-लिखे हिस्टोरियन होने का इससे अच्छा समय आपको फिर नहीं मिलेगा। इसलिए अगर आपमें ऐसी इच्छा जाग रही हो तो किताब छोड़िए, बाहर जाइए, सामने कोई भी पोस्टर है, उसे फाड़ दीजिए। आप इतिहासकार बन जाएँगे। कहिए कि इससे हमारी भावना आहत हुई है। मैं ऐसा कुछ भी नहीं बोल रहा, जिससे किसी एडवोकेट या अटॉर्नी जनरल को छुट्टी लेकर मेरे ख़िलाफ़ मुक़दमा दर्ज करना पड़े। उसे मेरे ख़िलाफ़ 'गैग ऑर्डर' लाने की ज़रूरत पड़े। इसलिए मैंने तय किया है कि उन लोगों के बारे में बात ही नहीं करूँगा जो एक साल में 16,000 गुना मुनाफ़ा कमा लेते हैं। पता चला, मेरा ही 16,000 गुना नुकसान हो गया। इसलिए भरसक इसी तरह से बोलने की तैयारी करता हूँ कि न उनकी मानहानि हो, न मेरी धनहानि हो।

इसके बाद भी अगर कोई स्वनामधन्य मेरे ख़िलाफ़ कोई मानहानि का मुक़दमा करना चाहे तो मेरी उनसे एक विनती है—मेरे ख़िलाफ़ 100 करोड़ रुपए की मानहानि प्लीज़ मत कीजिए। कीजिए, लेकिन सवा रुपये

की कीजिए। सवा रुपये के चढ़ावे से तो हमारे देवता भी प्रसन्न हो जाते हैं। मैं एक ऐसे भारत की कल्पना करता हूँ, जहाँ किसी का भी सम्मान सवा रुपये से अधिक का न हो। अमीर और ग़रीब के बीच का फ़र्क़ भले चाहे जितना हो जाए, दो रोटी से लेकर बीस केक का फ़र्क़ हो जाए, लेकिन सम्मान का फ़र्क़ सवा रुपये से अधिक का न रहे। ताकि सबकी मानहानि का मोल सवा रुपये का हो। इससे वकीलों को भी बहुत आराम हो जाएगा। क़ानून मंत्री को भी कुछ और काम करने का मौक़ा मिल जाएगा।

इसलिए मैंने लोकतंत्र और आज़ादी के हक़ में एक नारा लिखा है—

एक मान, एक हानि
एक राष्ट्र, एक मान
सवा रुपये का सबका सम्मान!

कितना बढ़िया नारा है! टेम्पो पर लाउडस्पीकर लेकर निकल जाइए। सबको सुनाइए।

दरअसल, यह जो मानहानि का क़ानून है, बहुत सामंती चीज़ है। ताक़तवर और अमीर लोग इसका मनमाना इस्तेमाल करते हैं। कभी किसी ग़रीब को आपने यह कहते सुना कि 'मेरी मानहानि हो गई है। आपने मुझे फ़सल का न्यूनतम समर्थन मूल्य नहीं दिया है। क़र्ज़ न चुका पाने की ग्लानि से आपने मुझे आत्महत्या करने की हालत में ला दिया है और अब रस्सी पर लटकने जा रहा हूँ। मेरी जो मानहानि हुई है, उसके लिए मैं आप पर अदालत में दावा ठोकूँगा।' इस देश में केवल पिछले दस-पन्द्रह सालों में ही जितने किसानों ने आत्महत्या की है, उनकी क़र्ज़ न चुका पाने की ग्लानि, परिवार न पाल पाने की ग्लानि किसी के ख़िलाफ़

मानहानि का मुक़दमा लड़ने तक उन्हें नहीं ले जा सकी! लेकिन कोई अमीर, कोई ताक़तवर, कोई वकील आपको डराने के लिए मानहानि के मुक़दमे का इस्तेमाल आए दिन कर लेता है। इस तरह से यह जो क़ानून है, वह लोकतंत्र में लोक की हैसियत को कमज़ोर करता है।

मानहानि का क़ानून डराने का क़ानून है। जो वर्चस्वशाली हैं, पहले तो वे हमें हमारे इतिहास-बोध से डरा रहे थे, अब मानहानि से डरा रहे हैं। इस डर का एक फ़ायदा यह होगा कि जिन कोनों में, जहाँ भी कुछ राज़ हो सकते हैं, जहाँ कुछ बातें छिपी हुई हो सकती हैं, वह अब कभी बाहर नहीं आ पाएँगी। इस डर की वजह से कि 100 करोड़ की मानहानि का मुक़दमा कौन झेलेगा? इसीलिए अगर रखना ही है तो क़ानून में सवा रुपये की मानहानि का प्रावधान रखिए।

पहले ही इस क़ानून के ज़रिये उद्योगपतियों ने मीडिया में अपने लिए काफ़ी छूट ले ली है। कोई उनके ख़िलाफ़ नहीं बोलता। आप उनको ईमेल करेंगे कि आपके ख़िलाफ़ ये-ये चार्ज हैं। वे कोई जवाब नहीं देते हैं और एक लंबा नोटिस भेज देते हैं।

वही सुविधा अब राजनीतिक दल भी अपने लिए रखना चाहते हैं। जो सत्ता में हैं, उनके मान-सम्मान को इतनी ठेस पहुँच रही है कि बात-बात में वे मानहानि का मुक़दमा कर रहे हैं और ख़ुद को लोकतंत्र का अगुआ भी बताते हैं। यह और कुछ नहीं, लोक को कमज़ोर करने का एक तरह का डिज़ाइन है; ताकि हम उसके हिसाब से ही रहें। और इसी हिसाब से मीडिया, उद्योगपति और राजनेता इन तीनों के बीच में बहुत ही मज़े का रिश्ता बनता जा रहा है। इनमें से कोई किसी को असुविधा में नहीं डालना चाहता।

हाल ही में, राजस्थान में एक क़ानून आते-आते रह गया—प्रस्तावित

आपराधिक क़ानून (राजस्थान संशोधन) अध्यादेश, 2017—यह विधेयक राज्य के सेवानिवृत्त एवं सेवारत न्यायाधीशों, मजिस्ट्रेटों और लोकसेवकों के ख़िलाफ़ सरकार की पूर्व अनुमति के बिना भ्रष्टाचार के किसी भी आरोप की रिपोर्टिंग पर रोक लगाने वाला था। यहाँ के सक्रिय नागरिकों और पत्रकारों को बधाई! अगर वो अब नहीं बोलते तो कभी नहीं बोल पाते। राजस्थान पत्रिका ने बहुत साहसिक क़दम उठाया कि जो बोलना ज़रूरी था, वह बात उसी वक़्त अख़बार के पहले पन्ने पर गुलाब कोठारी जी ने अपने संपादकीय में कह दी। उसके बाद फिर उन्होंने संपादकीय पेज पर जो ख़ाली स्पेस छोड़कर प्रतीकात्मक संदेश दिया है, वह भी बहुत महत्त्वपूर्ण है। वह संदेश हमें आपातकाल के पुराने दौर की याद दिलाता है। हमें उस दौर की आहट कहीं भी मिले तो क्यों सतर्क हो जाना चाहिए? इसलिए कि वह दौर अच्छा नहीं था, इसलिए कि उस दौर को हम फिर नहीं दोहराने देंगे। वह दौर अगर फिर से दोहराया गया या दोहराया जा रहा है तो आपके 'लोक' होने की जो ताक़त है, हैसियत है, वह इस बार मिट जाएगी।

अपने देश में ही नहीं, आप पूरी दुनिया के स्तर पर देखें कि लोक की ताक़त किस तरह से मिटती चली जा रही है। सैकड़ों के सैकड़ों जर्नलिस्ट जेल में जा रहे हैं। चीन और सऊदी अरब ही नहीं, जहाँ पत्रकारों पर जुल्म का एक लंबा इतिहास है; बल्कि रूस हो, टर्की हो, इज़राइल हो, इजिप्ट हो, फ़िलिपिन्स हो, अर्जेंटीना हो, यूक्रेन हो या मेक्सिको हो, चाहे अमेरिका हो—आप इस तरह से देखिए कि कैसे सूचना के संसार पर सत्ता अपना नियंत्रण क़ायम करते चली जा रही है। हमारे सामने राजस्थान का जो प्रस्तावित क़ानून था, अगर वह पास होता तो न तो हम बोल पाते, न लिख पाते। लिख नहीं पाएँगे तो जाहिर है, हम जी नहीं

पाएँगे। अगर राजस्थान का वह क़ानून पास हो जाता तो मीडिया बँधुआ मज़दूर बन जाता। वह वैसे ही गोदी मीडिया है। गोद में हँसता-खेलता बच्चा है। लेकिन सत्ता बहुत क्रूर होती है, वह उस गोद में बैठे बच्चे की गर्दन भी दबोच सकती है।

आप देख रहे हैं कि कैसे हमारा जो लोकतंत्र है, उसमें राजनीतिक व्यवस्था 'लोक' पर हावी हो रही है और हम लगातार कमज़ोर हो रहे हैं। इस कमज़ोर समय में एक नेता को अवतार की श्रेणी में खड़ा किया जा रहा है, जनता को अपराधी की श्रेणी में खड़ा किया जा रहा है। आप अगर सत्ता से सवाल पूछते हैं तो आपको देशद्रोही कहा जाता है। सोशल मीडिया पर आपके ख़िलाफ़ अभियान चलाया जाता है। घेर कर नारेबाजी की जाती है और इस प्रक्रिया में आप डरने लगते हैं। डरते-डरते आप अपने बच्चों को कहने लगते हैं कि फेसबुक पर बहुत लिख रहे हो, कम लिखा करो। बहुत सारे लोग बताते हैं कि 'मैं लिख रहा था, लेकिन मेरी माँ ने बहुत मना किया कि ज़माना बहुत ख़राब है। तुम मत लिखा करो। अब मैं नहीं लिखूँगा।' धीरे-धीरे आप उस स्पेस को छोड़ते चले जाते हैं। आप उस जगह को जितना छोड़ते हैं, आप अपने-आपको, जनता होने की अपनी हैसियत को कमज़ोर करते हैं। जब आप जनता ही नहीं रहेंगे तो आप इस तंत्र की व्यवस्था में इनसान नहीं रह पाएँगे।

आपके मनुष्य होने का सबसे बड़ा प्रमाण यही है कि आप अपने-आपको जनता बनाए रखें। वे डरा रहे हैं। लोकतंत्र में जनता का एक जनबोध होता है। वह होना बहुत ज़रूरी है। मतलब आप लोकतंत्र पर अपनी दावेदारी कीजिए। आप तंत्र से ऊपर हैं और जब आपका जनबोध भयबोध का शिकार हो जाता है, तब आप सेवक हो जाते हैं। लोकतंत्र में लोक पहले आता है, लोक मास्टर है तंत्र का। यह तंत्रलोक बनाना

चाहते हैं। जंतर-मंतर-झूठ वो जो बोलें, आप वही मानिये। वे वही बनाना चाहते हैं।

आपको वे रोज़ इन बहसों से डरा रहे हैं, लगातार ग़ुस्से वाली बहसों से डरा रहे हैं। टीवी देखिए तो लगेगा कि यह क्या हो रहा है? कोई हमला हो रहा है क्या आपस में? समाज के बीच में अविश्वास का प्रसार देखिए। एक तरफ़ से राष्ट्रवाद का सहारा लेकर, दूसरी तरफ़ से इतिहास का सहारा लेकर आपका अपराधीकरण किया जा रहा है। तरह-तरह से बताया जा रहा है कि आप अपराधी हैं और क़ानून का इस्तेमाल किया जा रहा है।

किसी को बोलने से रोकना एक क़िस्म का आतंकवाद है। वे डराते हैं। क्या हम नहीं समझते कि भय पैदा करना सबसे बड़ा अपराध है।

शुरू में लोगों को लगा कि हम सब एक तमाशा देख रहे हैं और जायज़ बहस देख रहे हैं। पर अब कई लोगों को यह बात समझ में आने लगी है। यह जो अविश्वास का माहौल बनाया जा रहा है, पूरी दुनिया में इसका एक पैटर्न है। आप देखेंगे कि संस्थाएँ जब कमज़ोर होती चली गईं, राजनेताओं के प्रति जनता का विश्वास कमज़ोर हुआ तो राजनेताओं ने एक तरकीब निकाली। वह तरकीब थी जनता के बीच अविश्वास के नए-नए मॉडल खड़े कर देने की। अव्वल तो राजनीति में सबको एक दल का समर्थक होना नहीं चाहिए। कई तरह के दल और कई तरह की विचारधाराएँ समाज में होनी चाहिएँ। इतना भरोसा होना चाहिए कि हम

इससे डील कर सकते हैं। सबके बीच में एक रिश्ता बना रहना चाहिए। अब वह अविश्वास क्या कर रहा है कि उसी रिश्ते को ख़तम कर रहा है। चूँकि एक नागरिक के रूप में आप कमज़ोर हुए हैं तो उस कमज़ोरी से बचने के लिए आप सत्ता की तरफ़ सहारा लेने जा रहे हैं। दरअसल, वहाँ भी जाकर आपको चैन नहीं है।

इन दिनों एक नया पैटर्न उभरा है। जनता ने अपने जनता होने के जनबोध का धीरे-धीरे एक नेता में विलय करा दिया है। अपनी पूरी शक्ति विसर्जित कर दी है। यह अच्छा नहीं हुआ है। आपने अपनी ज़िंदगी में एक, दो, दस या मालूम नहीं एक मतदाता के रूप में कितनों को वोट किया होगा। लेकिन जब कोई मतदाता अपना वजूद किसी नेता में विसर्जित कर देता है, तब वह जनता नहीं रह जाता, तब वह मतदाता भी नहीं रह जाता। वह आँधी के पीछे उड़ने वाली धूल बन जाता है।

जनता में जो शक्ति है, उस शक्ति को नहीं गँवाना है। इसलिए मैं कहता रहा हूँ कि आप किसी फ़िल्म स्टार के फ़ैन बन जाइए, किसी क्रिकेटर के फ़ैन बन जाइए, लेकिन राजनीति में किसी के फ़ैन मत बनिए। फ़ैन बनने-बनाने के ज़रिये यह जो राजनीति की संस्कृति बिगाड़ी जा रही है, उसमें अभी आपको मज़ा आ रहा होगा। लेकिन इसके ज़रिये आपकी हैसियत ख़तम की जा रही है।

किस तरह से? आप ध्यान दीजिए कि जब किसी नागरिक पर राष्ट्रद्रोही होने का आरोप लगता है और वह अदालत में जाता है, तब ऐसे मामले सामने आए हैं कि हमारे वकीलों को ही नेशनल सिलेबस वाले पैटर्न पर उकसा दिया जाता है। 2016 में जैसी घटना दिल्ली के पटियाला कोर्ट में घटी, क्या वह वहाँ घटनी चाहिए थी? इस देश की आज़ादी में वकीलों का बड़ा महत्वपूर्ण योगदान रहा है। आज भी उनका महत्त्व मानीखेज है।

वे हमारे समाज में ऐसे प्राणी हैं जो रोज़ संविधान की किताब के साथ उठते-बैठते और सोते-जागते हैं। वे संविधान के सबसे निकटतम संरक्षक हैं। भले उनका धंधा, उनके जीने की शैली, चाहे उनसे जो कुछ कराए; लेकिन वही अदालत में हमारे-आपके संवैधानिक अधिकारों की व्याख्या करते हैं, उसकी रक्षा करते हैं। इस राजनीति ने राष्ट्रवाद के लपेटे में उनका भी इस्तेमाल करना शुरू कर दिया है। यह बेहद दुखद स्थिति है कि हिंदुस्तान का कोई नागरिक किसी भी मुक़दमे के सिलसिले में जब अदालत में पहुँचता है तो वकील ही उसे मिलकर मारते हैं। यह नहीं होना चाहिए। न्याय की लड़ाई लड़ने वालों को संविधान पर भरोसा रखना चाहिए। राजनीति में अपना इस्तेमाल नहीं होने देना चाहिए, ताकि जनता को संविधान और अपनी नागरिकता की शक्ति पर भरोसा रहे।

जनता जब शक्तिविहीन होती है तो क्या होता है? वह कन्फ्यूज़ होती है कि सत्ता का किस हद तक विरोध करे कि विरोधी न लगे। यह पैटर्न बन गया है। किसी से बात कीजिए तो वह कहता है कि मैं विरोध में नहीं हूँ। अरे भाई, विरोधी हैं ही तो क्या हो गया? आप क्रोधी नहीं हैं, यह कहिए। आप विरोधी हैं, इसमें भला शर्म की क्या बात है? कहीं शास्त्रों में लिखा है कि विरोधी होना मना है। अगर आप कहते हैं कि आप विरोधी नहीं हैं तो आप ख़ुद लोकतंत्र के ख़िलाफ़ खड़े हैं। आप अगर किसी बात से अपनी असहमति जताना चाहते हैं तो कहिए कि मेरा इस बात से विरोध है और मैं इस बात का विरोधी हूँ। फेसबुक पर दस पोस्ट रोज़ लिखिए कि हाँ, मैं विरोधी हूँ। विरोधी होने में भला क्या ग़लत है? विरोधी होना अपराधी होना नहीं है, लेकिन आजकल बताया जा रहा है कि जो विरोधी हैं, वह अपराधी है।

लोकतंत्र में अगर आप अपने अधिकारों के प्रति सजग नहीं रहेंगे तो

बोर्नवीटा या च्यवनप्राश खाकर आप ताक़तवर नहीं हो सकते। तंत्र के सामने जो बाहुबली है और जो सबसे निर्बल है, दोनों बराबर रूप से कमज़ोर हो सकते हैं। आप पहलवान हैं तो भी तंत्र से थोड़े ही भिड़ जाएँगे। आप भ्रम में मत पड़िए। हो यह रहा है कि हम विरोध छोड़कर अनुरोध करने लग रहे हैं। अनुरोध और विरोध में बड़ा अंतर है। अनुरोध करने की प्रक्रिया कई बार ऐसी ही होती है जैसे देवता नाराज़ हैं तो कभी-न-कभी तो मान ही जाएँगे। इस पूजा से न माने तो अगली बार की पूजा से मान जाएँगे। ध्यान खींचने की यह प्रक्रिया भक्ति में होती है, किसी लोकतांत्रिक समाज में नहीं।

जब सूरत के व्यापारी 2017 में लगभग छह महीने तक नोटबंदी और GST के विरोध में प्रदर्शन कर रहे थे, उन्होंने बहुत आर्थिक नुकसान उठाया। मैं उनके विरोध को बहुत ध्यान से देख रहा था। यह बहुत दिलचस्प बात है कि जब भी, जहाँ भी वे विरोध कर रहे थे, उनकी संख्या साधारण नहीं होती थी। वे लोग काफ़ी बड़ी संख्या में जमा होते थे, लेकिन विरोध करने के बजाय सरकार से अनुरोध कर रहे थे। जब आप अनुरोध करते हैं, तब आप लोकतंत्र के लोक नहीं रह जाते। अपने जनता होने का अधिकार आप छोड़ देते हैं। सूरत के व्यापारी साईं भजन की तर्ज़ पर अपनी माँगों को भजन की तरह गाने लगे। कहीं नारा नहीं लगा। हाय-हाय, ज़िंदाबाद-मुर्दाबाद—यह सब तो हमारे लोकतंत्र के सामान्य नारे हैं। चलते-फिरते किसी भी नेता के ख़िलाफ़ लगा दिए जाते हैं। मगर वहाँ इस तरह के नारे अनुपस्थित थे, केवल संख्या थी। जब जनता, जनता नहीं रह जाती है तो सिर्फ़ एक संख्या रह जाती है।

इसलिए उन व्यापारियों के आंदोलन का कोई असर भी नहीं हुआ। वे अपने आंदोलन की हार पर सोचते रहे। उन्हें लगा कि उनके आंदोलन

की माँग को वित्त मंत्री ने नहीं सुना। दरअसल, वह उनके आंदोलन की नहीं, उनके जनता होने की हार थी।

कुछ समय पहले दिल्ली की एक महिला ने मुझे फ़ोन किया कि वह काफ़ी बेचैन हैं और वह चाहती हैं कि मैं प्रदूषण को लेकर उनसे कुछ चर्चा करूँ। उनके काम का ज़िक्र करूँ। वह नई-नई सक्रिय हुई थीं। मैं उनका हौसला नहीं तोड़ना चाहता था, पर मैंने उन्हें बताया कि जो सवाल आप उठा रही हैं, उस पर हम अपने शो में लगातार चर्चा करते रहे हैं। पर ठीक है, कोई नागरिक चाहे जिस वक़्त जागे, जिस वक़्त सक्रिय हो, उसका स्वागत किया जाना चाहिए। हो सकता है कि जो बात मैं आज कर रहा हूँ, उसका बोध पहले मुझे ही नहीं रहा हो। आज हालात ने मुझे और गंभीर तरीक़े से सोचने के लिए मजबूर किया तो मैं यह सब सोच रहा हूँ। बहरहाल, उन्हें लगा कि मैं निराश हूँ। मैं निराश नहीं था। वह कह रही थीं कि 'हम लोग इतना प्रोटेस्ट कर रहे हैं, मैं सिर्फ़ यह चाहती हूँ कि प्रधानमंत्री का ध्यान इस तरफ़ चला जाए।' उन्हें लग रहा था कि दस-पाँच टीवी चैनल उनके प्रयासों को दिखा दें। हालाँकि उनका ख़ूब कवरेज हो रहा था, लगातार हो रहा था। मैंने कहा कि मैडम, आप जागरूकता नहीं फैला रही हैं। आप अनुरोध कर रही हैं, अनुनय-विनय कर रही हैं। आप जनता होकर प्रधानमंत्री के पास जाइए, भक्त होकर मत जाइए। उसके लिए करोड़ों देवी-देवताओं की पर्याप्त व्यवस्था हिंदू धर्म में की गई है। उनमें से कोई भी निकटतम न मिले तो किसी पेड़ को ही पूज लीजिए, आपका काम हो जाएगा। इतना उदार धर्म आपको कहीं नहीं मिलेगा। हालाँकि उसके भीतर जो जाति-व्यवस्था है, उसकी बात अलग है।

तो हुआ यह कि मैंने उनको एक पत्र लिखा :

आप जो कर रही हैं, न कम कर रही हैं, न ग़लत कर रही हैं। अपनी हैसियत से ज़्यादा कर रही हैं। आप ही नहीं, अलग-अलग मसलों को लेकर बहुत से लोग ऐसे प्रयास कर रहे हैं। उनके भी सवाल वाजिब हैं और मरने-ज़ीने से जुड़े हुए हैं। मगर इन सबका कहीं भी कोई असर नहीं हो रहा है। नागरिक आंदोलनों की नाकामियों की लिस्ट लगातार लंबी होती चली जा रही है। उसमें दो-चार नाम और जुड़ भी जाएँ तो सिस्टम या मंत्रियों को या सरकार को कोई फ़र्क़ नहीं पड़ता है। दो-चार मामलों में वे ख़ुश होने के लिए बोल भी देते हैं कि हम ऐसा करेंगे, मगर असल में एक हद के बाद कुछ नहीं होता है। दिल्ली चार साल से इस मसले पर बहस कर रही है कि बच्चों से लेकर बूढ़ों तक के फेफड़े ख़राब हो रहे हैं। यह अपने-आप में एक ईश्यू है, इसे बनाने की ज़रूरत नहीं है।

मै'म, जो हो रहा है वह इसलिए हो रहा है कि 'जनता' होने की असल शक्ति आपसे ले ली गई है। फ़ैन बनकर या अंध समर्थक बनकर आपने या किसी ने भी मतदान के बाद अपनी निष्ठा किसी नेता में समाहित कर दी है। जिसने भी ऐसा किया है, वह अब जनता नहीं है। जब आप जनता की पहचान छोड़कर नेता का मुखौटा पहन लेती हैं, गाल पर टैटू बना लेती हैं, उसमें अपनी पहचान विसर्जित कर देती हैं, उसकी प्रतिछाया बन जाती हैं, तब आपकी नागरिकता की ताक़त चली जाती है। पिछले चार या पाँच सालों से दिल्ली की हवा ख़राब हो चुकी है। तब भी किसी नेता पर कोई असर नहीं हो रहा है। आपके भीतर चाहे जिस विचारधारा या नेता की छाया मौजूद है, जब तक ख़ुद को उससे अलग नहीं करेंगी, आप जनता नहीं बनेंगी। इसीलिए आपको या किसी को भी समझ में नहीं आ रहा है कि आप जो बोल रही हैं, उसका असर क्यों नहीं हो रहा है।

किसान गोली खा लेते हैं, फाँसी पर लटक जाते हैं, क्या आपको उससे फ़र्क़ पड़ता है? हर दिन, हर राज्य में किसान बर्बाद हो रहे हैं, क्या आपको कभी फ़र्क़ पड़ा? कॉलेज-के-कॉलेज शिक्षकों से ख़ाली हैं, क्या आपको कोई फ़र्क़ पड़ा? जब हम जनता होकर जनता का साथ नहीं देते हैं, उसकी तकलीफ़ से हमें फ़र्क़ नहीं पड़ता तो हमारे बोलने का असर किसी पर कैसे होगा? जिस तरह आप किसी और के वक़्त चुप थीं, उसी तरह कोई और आपके वक़्त चुप है। इसीलिए कहता हूँ कि आवाज़ उठाने का अभ्यास कीजिए। कोई दूसरा भी बोले तो उसके लिए बोलिए और उसके बोलने के अधिकार की रक्षा कीजिए। वह जनता बनता है आवाज़ उठाने से, और जब भी कोई व्यक्ति जनता बने, उसका हौसला बढ़ाइए। भले ही उसके प्रयास से आपकी असहमति हो, मगर इस हद तक तो उसका साथ दीजिए कि उसे बोलने दिया जाए, उसे सुना जाए। नहीं सुनना भी एक तरह से नहीं बोलने देना है।

इसीलिए आज हम सबकी लड़ाई अकेले की लड़ाई हो गई है। आप किसी भी लड़ाई को एक सीमा से ज़्यादा बड़ा नहीं कर सकती हैं। जनता ही जनता के साथ धोखा कर रही है। सत्ता तो अपनी प्रकृति में धोखेबाज रही ही है। हम सब जनता न होकर अब सत्ता का काम आसान कर रहे हैं। नया हो रहा है यह कि सत्ता आपको या किसी को भी हिंदू-मुस्लिम के फ्रेम में मढ़ दे रही है। पहलू ख़ान, अख़लाक़ या जुनैद जब मारे जा रहे थे, तब मुसलमान नहीं मारे जा रहे थे; तब नागरिक मारे जा रहे थे। जब केरल में आरएसएस के स्वयंसेवक मारे जाते हैं और बदले में सीपीएम के कार्यकर्ता मारे जाते हैं, तब कोई हिंदू या कम्यूनिस्ट नहीं मरता, जनता मरती है। इसलिए बोलिए। जनता का साथ दीजिए। राजनीति का कोई भी अतिवादी रूप अंत में जनता को कमज़ोर करता है। उसके लोकपन और जनबोध को छीन लेता है।

यही वजह है कि आपकी कोशिश भले ईमानदार है, मैं'म, मगर असरदार नहीं है।

हुआ वही, दिल्ली के मीडिया ने ज़ल्द ही वायु-प्रदूषण को छोड़कर रानी पद्मावती का मसला उठा लिया। उसे अपने फेफड़ों की चिंता नहीं, उसे अपनी सेहत की भी चिंता नहीं, तो सोचिए कि वह और किसकी कितनी चिंता करता होगा! आप तब भी टीवी देखते हैं। कमाल है!

हिंदू-मुस्लिम फ्रेम किसी भी मुद्दे का बेंचमार्क है। राष्ट्रवाद एक फ्रेमवर्क है। फिर किसी को देशद्रोही कहना फ्रेमवर्क है। अब आप इतनी आसानी से इस फ्रेमवर्क से नहीं निकल पाएंगे। आपके अंदर यह इतने गहरे पैठ गया है कि इससे निकलने के लिए आपको बहुत मेहनत करनी पड़ेगी। हम सोचते हैं कि लोकतंत्र में नागरिक होना कोई फ्री-फंड का खेल है। दरअसल, यह आईआईटी में दाख़िले के इम्तिहान से भी मुश्किल प्रयास है, परिश्रम है। इतनी आसानी से न तो आप नागरिक होते हैं, न ही फोकट में आप जनता होते हैं। आप सोचिए कि आपके नौजवानों को जिस तरह से बौद्धिक ग़ुलामी दी जा रही है और अगले बीस-पचीस सालों के लिए, शायद पचास सालों के लिए वे एक तंत्र का पुर्ज़ा बनने जा रहे हैं; आगे वे न तो लोक रहेंगे, न भारत में लोकतंत्र बचेगा।

डर क्यों लगता है? इस देश में डर इसलिए भी लगता है कि सबको, किसी को भी, झूठे मुक़दमों में फँसाना बहुत आसान है। जब आप सरकार

के ख़िलाफ़ बोलते हैं, तब आपके दिमाग़ में यह बात अनायास आती है कि सरकार किसी झूठे मुक़दमे में फँसा देगी और जेल में बंद कर देगी। जैसे ही यह बात आपके दिमाग़ में आती है, आपको यह ज़रूर सोचना चाहिए कि आपने सरकार चुना है या अपने लिए डर चुना है। इस बारे में आपको गंभीरता से विचार करना चाहिए। इस डेमोक्रसी के इंडेक्स में इसका भी एक पॉइंट बनना चाहिए कि किसी भी सरकार के कार्यकाल में कितने झूठे मुक़दमे हुए, कितने लोगों को फँसाया गया, कितने लोगों के ख़िलाफ़ पुलिस का और फिर अदालतों का ग़लत इस्तेमाल किया गया। राज्य-दर-राज्य चुनी हुई सरकारें जनता को निहत्था कर रही हैं। उसके ऊपर नियंत्रण बढ़ा रही हैं। जनता के एक तबके को डराने के लिए जनता के दूसरे तबके का इस्तेमाल किया जा रहा है; उसका नाम है—भीड़। यह भीड़ आज पुलिस से भी ताक़तवर हो गई है, बल्कि पुलिस भी अब इस भीड़ के अनुसार चल रही है। ऐसे में अब आप पुलिस पर भी भरोसा नहीं कर सकते। पुलिस वालों को भी अपने-आप पर अब भरोसा नहीं है कि उन्हें क्या करना है।

आज़ादी की लड़ाई में गांधीजी का सबसे बड़ा एक योगदान यह था कि निरीह-से-निरीह जनता के मन से भी उन्होंने अंग्रेज़ों की जेल का भय समाप्त कर दिया था। अंग्रेज़ों ने जेल का भय कायम करने के लिए अंडमान में सेल्यूलर जेल बनाया था, वहाँ भेजे जाने की सज़ा का मतलब कालेपानी की सज़ा! उसका जनता में बड़ा डर था। गांधीजी ने जेल के डर को इस कदर मिटा दिया कि लोग वहाँ भी चले गए। जो लोग माफ़ी माँगकर आ गए, मैं उनकी बात नहीं करता। लेकिन जो लोग वहाँ गए, पूरी सज़ा भुगती, मैं उनकी क्रांतिकारिता की सराहना करता हूँ। मैं यह नहीं कहता कि जिन्होंने माफ़ी माँग ली, उनके क्रांतिकारी होने या स्वतंत्रता

सेनानी होने के अधिकार को ख़ारिज किया जा सकता है। बिलकुल नहीं किया जा सकता है। लोग टूट सकते हैं, जेलों के सामने भय खा सकते हैं। बहुत सारे लोग आज भी जेलों के भय से, झूठे मुक़दमों में फँसाए जाने के भय से बोल नहीं रहे हैं। जो डर से बोल नहीं रहे हैं, वह कोई गद्दार नहीं हैं। दरअसल, वह समझ नहीं पा रहे हैं कि उनके साथ हो क्या रहा है। लेकिन, यह भी समझना होगा कि जो निडर होकर बोल रहे हैं, वे भी देशद्रोही नहीं हैं।

इसीलिए एंटीसेपेटरी बेल की व्यवस्था थी, अब क़ायदे से एंटीसेपेटरी जेल की भी व्यवस्था होनी चाहिए। तब हम ख़ुद अदालत को अर्ज़ी लिख दिया करेंगे कि जल्द ही गर्मी की छुट्टियाँ आ रही हैं। उस दौरान दो महीने मैं जेल में रहना चाहता हूँ, ताकि बाद में सरकार अगर मुझे किसी फ़र्ज़ी मुक़दमे में फँसा दे तो उसमें इसे एडजस्ट कर लिया जाए।

कब तक हम जेल के भय से नहीं बोलेंगे? अब ऐसा करते हैं कि एक कैम्पेन चलाते हैं—हम फलाँ तारीख़ को यों ही जेल जाना चाहते हैं। आप सब भी चलिए। अपना लंच बॉक्स पैक कीजिए। दो-चार सूखे पराँठे ले लीजिए जो दो-तीन दिनों तक चले। दो-तीन दिन जेल में रह के सब कोई लौट आइए, ताकि समाज के भीतर से झूठे मुक़दमों और जेल का भय ख़त्म हो जाए। यह भय किसी एक सरकार की देन नहीं है। किसी की भी सरकार आती है, वही फ़ॉर्मूला रहता है—'झूठे मुक़दमे में फँसाओ और जेल जाने का डर दिखाओ।' इसे हम सब कब तक बर्दाश्त करेंगे? यह एक हथियार बन गया है।

यदि हम अपने आपको गांधी का सच्चा सेवक कहते हैं, तो ज़रूरी है कि हम इस जेल जाने के डर से मुक्ति के लिए अग्रिम जेल व्यवस्था की माँग करें।

क्या मेरे ये सुझाव ज़्यादा रेडिकल हैं? क्या मैं कोई बेतुकी बात कह रहा हूँ? अगर आपको ऐसा लग रहा है तो मैं आपके सामने कुछ केस स्टडी रख रहा हूँ। थोड़ा बोरिंग लगेगा, लेकिन आप पढ़िए : ताकि आपको पता चले कि तंत्र के ज़रिये कैसे आपको कमज़ोर किया जाता है :

- अप्रैल 2012 में, पश्चिम बंगाल में एक प्रोफ़ेसर को गिरफ़्तार कर लिया गया क्योंकि उन्होंने वहाँ की मुख्यमंत्री ममता बनर्जी के ख़िलाफ़ एक कार्टून पोस्ट किया।
- मई 2012 में, एयर इंडिया के दो कर्मचारी इसलिए गिरफ्तार कर लिए गए क्योंकि उन्होंने तत्कालीन प्रधानमंत्री मनमोहन सिंह के ख़िलाफ़ आपत्तिजनक पोस्ट लिखे थे।
- अक्टूबर 2012 में, पुद्दुचेरी में एक व्यापारी रवि श्रीनिवासन को इसलिए गिरफ़्तार किया गया क्योंकि उन्होंने पी. चिदंबरम के बेटे के ख़िलाफ़ कोई आपत्तिजनक टिप्पणी कर दी थी।
- नवंबर 2012 में, शाहीन और रेणु नाम की दो लड़कियों को गिरफ़्तार किया गया, क्योंकि उन्होंने बाल ठाकरे के निधन पर मुंबई बन्द होने के तरीक़े पर फेसबुक पर सवाल उठाया था।
- मई 2014 में, गोवा के कोई देबू साहब हैं, उन्होंने मोदीजी के ख़िलाफ़ फेसबुक पर टिप्पणी की तो अरेस्ट हो गए। उन पर आरोप लगा कि 'सामाजिक और सांप्रदायिक सद्भावना' बिगाड़ रहे हैं। टीवी वाले रोज़ यही बिगाड़ रहे हैं, उनमें से तो कोई अरेस्ट नहीं हुआ है।
- मार्च 2015 में, 11वीं क्लास के किसी लड़के ने समाजवादी पार्टी के बड़े नेता आज़म ख़ान के ख़िलाफ़ टिप्पणी की तो उसको

अरेस्ट कर लिया गया। तब उत्तर प्रदेश में उन्हीं की पार्टी की सरकार थी।

- नवंबर 2016 में, मध्यप्रदेश में एक उन्नीस साल का आरटीआई कार्यकर्ता गिरफ़्तार हो गया क्योंकि उसने फेसबुक पर नोटबंदी के लिए प्रधानमंत्री और मुख्यमंत्री की आलोचना कर दी थी।
- मार्च 2017 में, योगी आदित्यनाथ के मुख्यमंत्री बनने के कुछ ही घंटों के अंदर 7 लोग गिरफ़्तार कर लिए गए, क्योंकि उन्होंने उनके बारे में 'आपत्तिजनक' पोस्ट लिखे थे।
- 3 मई 2017 को उत्तरी कर्नाटक में पुलिस ने दो युवाओं को गिरफ़्तार किया। इन्होंने प्रधानमंत्री नरेंद्र मोदी के ख़िलाफ़ कोई आपत्तिजनक टिप्पणी की थी। दोनों किसी व्हाट्सएप्प ग्रुप के एडमिन थे। एक तो इसमें ऑटो रिक्शा चलाने वाला था। उसने एक मॉफ्र्ड फ़ोटो शेयर कर दिया था। (इसके बाद बनारस के जिला प्रशासन ने आदेश दिया कि जो कोई झूठी बातें, अफ़वाहें पोस्ट करेगा, उसको अरेस्ट कर लिया जाएगा। भारत के प्रथम प्रधानमंत्री जवाहरलाल नेहरू के बारे में कितनी ही झूठी बातें चल रही हैं, आज तक कोई अरेस्ट नहीं हुआ। ज़्यादा दिन नहीं हुए, बीजेपी आईटी सेल के अमित मालवीय ने ट्वीट कर दिया कि नेहरू जी कुछ महिलाओं से गले मिल रहे हैं। महिलाओं से गले मिलना कब से बुरा हो गया? वैसे पता चला कि उनमें कोई नेहरू जी की बहन हैं, कोई उनकी भतीजी हैं, जिनसे वह गले मिल रहे थे।)
- 14 अक्टूबर 2017 को कानपुर में 22 व्यापारियों के ख़िलाफ़ मुक़दमा हुआ, एक की गिरफ़्तारी हुई। इन्होंने किया क्या था—

अपने प्रधानमंत्री की तस्वीर कोरिया के किंग जोंग के साथ लगा दी थी।

- 31 अक्टूबर 2017 को तमिल फ़िल्म स्टार विजय के फ़ैन को तमिलनाडु में गिरफ़्तार कर लिया गया, क्योंकि उन्होंने प्रधानमंत्री मोदी के ख़िलाफ़ वैसी टिप्पणी की थी जिसे हम-आप आपत्तिजनक कहते हैं। इसकी शिकायत बीजेपी के जिला आईटी सचिव ने की थी। वैसे इस लोकतंत्र में लोकजनक तो कुछ होता नहीं, सब आपत्तिजनक होता है।
- अक्टूबर 2017 में ही, यूपी के 18 साल के नौजवान जाकिर अली त्यागी को उनके एक फेसबुक पोस्ट के लिए गिरफ़्तार किया गया। उनको 42 दिनों तक जेल में रखा गया।
- नवंबर 2017 में, चेन्नई में एक कार्टूनिस्ट को गिरफ़्तार किया गया क्योंकि उसने अपने मुख्यमंत्री के ख़िलाफ़ कार्टून बनाया था।
- दिसंबर 2018 में, मणिपुर के पत्रकार किशोर चंद्र वांगखेम को राष्ट्रीय सुरक्षा अधिनियम (एनएसए) के तहत केंद्र और मणिपुर राज्य में भाजपा की सरकार की आलोचना के लिए जेल में बंद किया गया।
- जनवरी 2019 में, तमिल नेता सत्यराज बालू को फेसबुक पर नरेंद्र मोदी का मज़ाक उड़ाने के लिए गिरफ़्तार किया गया।
- मई 2019 में, बंगाल में भाजपा कार्यकर्ता प्रियंका शर्मा को ममता बनर्जी पर बने एक कैरिकेचर को पोस्ट करने के लिए गिरफ़्तार किया गया।

अब देखिए कि यह पैन इंडिया मामला होता जा रहा है। हम सोच रहे थे कि सिर्फ़ प्रधानमंत्री मोदी या मुख्यमंत्री योगी के ख़िलाफ़ टिप्पणी करने से ही गिरफ़्तारी हो जाती है। लेकिन यह एक पैटर्न है। जब एक जगह जनता कमज़ोर होती है, तब देश के हर कोने में जनता कमज़ोर हो जाती है। इसीलिए मैं कह रहा हूँ कि अपने लोक होने के लोकपन को बचा लीजिए, वरना ये जो नेता जो हैं आपको लड़कपन में ही बर्बाद कर देंगे।

यह तो जब मैंने 2014 से अब तक का गिना तो पाया कि कोई 42 से अधिक लोग प्रधानमंत्री या किसी मंत्री के ख़िलाफ़, किसी मुख्यमंत्री या किसी नेता के ख़िलाफ़ आपत्तिजनक टिप्पणी करने के आरोप में गिरफ़्तार हुए या मुक़दमे का शिकार हुए हैं। इनमें अल्पसंख्यक समाज के लोग ज़्यादा ज़रूर हैं, पर बहुसंख्यक भी हैं। इसमें सिख और ईसाई भी हैं। हर तरह के लोगों को गिरफ़्तार किया गया है। ये सभी जनता ही हैं। आपको यह बात समझनी होगी।

मैं एक बात बता रहा हूँ कि जनता, जनता क्यों नहीं है। दरअसल, आपके लोकतांत्रिक होने की प्रक्रिया को बहुत साहस की ज़रूरत होती है। ऐसे नहीं कि आप फ्री-फंड में लोकतांत्रिक हो जाते हैं, रोज़ प्रैक्टिस करना पड़ता है लोकतांत्रिक होने के लिए। एक दिन आप नेट प्रैक्टिस नहीं करेंगे तो आपका लोकतांत्रिक होने का प्रयास छूट जाएगा।

यह जो निजीकरण की रफ़्तार तेज़ हुई, कॉर्पोरेट कल्चर आया, आप देखेंगे कि किसी भी लोकतांत्रिक भागीदारी में इनकी उपस्थिति न के

बराबर है। कोई भी अपनी कंपनियों से निकल कर नहीं आता है। जो भी एक बार कॉर्पोरेट सेक्टर में गया, वह डेमोक्रेसी के सेट-अप से बाहर हो जाता है। वह एक ऐसी व्यवस्था को ज़ीने लगता है, जिस व्यवस्था में लोकतंत्र के प्रति उसके भीतर क़द्र कम हो जाती है। तब वह ट्वीट करते हुए यह ख़्वाब देखने लगता है कि इंडिया को सिर्फ़ मिलिट्री रूल ही बचा सकता है। उसे इसी तरह के फ़ालतू विचार और सपने आने लगते हैं जो एक तरह से विकार ही हैं।

हालाँकि निजीकरण को ऐसे पेश किया गया है कि यह लोकतंत्र की कई बीमारियों का इलाज है, मगर इसने लोकतंत्र की भावना को कमज़ोर किया है। कॉर्पोरेट वर्ल्ड ने किसी को इस तरह प्रोत्साहित नहीं किया कि ठीक है, आप एक कंपनी हैं, आप डेमोक्रेसी में पार्टीसिपेट कीजिए। ऐसा इसलिए नहीं किया कि यह नेताओं के साथ मिलकर एक नेक्सस बनाता है और दोनों मिलकर जनता के ख़िलाफ़ हो जाते हैं। यही इनके हित में है कि एक तरफ़ से सिस्टम जनता को कमज़ोर करे, कुछ जनता को कॉरपोरेट्स अपने यहाँ रखकर उन्हें डेमोक्रेसी से दूर करे। और फिर ये सब मिलकर जो चाहें, जहाँ चाहें, ज़मीन ले लें, जहाँ चाहें, पहाड़ ढहा दें। हालत यह है कि आपके शहर में ही किसान गड्ढा खोद कर उसमें हफ़्तों खड़े रहे कि हमारी ज़मीन का सही दाम मिल जाए, मगर उन्हें नहीं मिला।

जितना ज़्यादा निजीकरण बढ़ रहा है, उतना ज़्यादा डेमोक्रेटिक स्पेस कम होता जा रहा है। आप न सरकार के ख़िलाफ़ बोल सकते हैं, न कंपनी के ख़िलाफ़ बोल सकते हैं, न आप किसी धर्म गुरु के ख़िलाफ़ बोल सकते हैं। तो क्या बोलें? जब किसी के ख़िलाफ़ बोल ही नहीं सकते तो कोई क्या करे भाई! बोलने का कोई दिवस ही तय कर दो।

इतनी जयंतियाँ मन रही हैं, एक 'बोलना जयंती' भी तय हो जाए। सवाल बहुत हैं। जो हम देख रहे हैं और जो नहीं देख पा रहे हैं।

दिसम्बर 2017 में लोकसभा का जो शीतकालीन सत्र होना है, उसकी अभी तक घोषणा नहीं हुई है। क्योंकि गुजरात विधानसभा चुनाव में प्रधानमंत्री धुआँधार प्रचार अभियान में व्यस्त हैं। देश का मुद्दा गौड़ है, राज्य चुनाव का मुद्दा प्रधान है। क्या आपने मीडिया में कहीं कोई सवाल उठते देखा है कि लोकसभा का शीतकालीन सत्र होगा भी या नहीं होगा? होगा तो कब होगा?

क्या आपने ग़ौर किया है कि लगातार हर राज्य में पिछले 30 सालों में विधानसभा के सत्रों की संख्या कम होती जा रही है? इतने बरसों में विधानसभा के सत्रों की जो अहमियत सरकार चलाने में, लोकतांत्रिक होने में थी, वह गिरती चली गई है। आज कोई विधायक बनता है, मंत्री नहीं बन पाता तो उसको कोई नहीं जानता। विधायक अब हारते रहते हैं, जीतते रहते हैं, क्या-क्या करते हैं, मालूम नहीं। क्योंकि लोकतंत्र के अभ्यास का जो मज़बूत मंच है, विधानसभा, जहाँ कोई विधायक बनकर जाता था और नेता बन जाता था, उसकी अहमीयत कम कर दी गई है।

यह इसलिए हुआ है, क्योंकि हमने उन संस्थाओं की तरफ़ देखना बंद कर दिया था। देखना पड़ेगा, आपको ख़ुद को मजबूर करके उस तरफ़ ले जाना पड़ेगा। देखना पड़ेगा कि क्या बात है कि फलाँ मुख्यमंत्री फलाँ सरकार में विधानसभा का सत्र नहीं बुला रहा है। सत्र बुलाकर औपचारिकताएँ पूरी का ड्रामा क्यों किया जा रहा है? क्या आपको विधानसभा में यक़ीन नहीं रहा? क्या आपको संसद में यक़ीन नहीं रहा? मैं ऐसा नहीं मानता हूँ। अगर यक़ीन नहीं होता तो आपमें से 70 फ़ीसदी या 80 फ़ीसदी लोग वोट देने नहीं जाते। जा रहे हैं, मगर लौटकर आ

रहे हैं तो अपना सब कुछ उस नेता में विसर्जित कर दे रहे हैं, जिसे संवैधानिक संस्थाओं की परवाह नहीं है।

भरोसा करना अच्छी बात है, लेकिन भरोसे की बुनियाद तथ्यों पर आधारित होनी चाहिए, भावनाओं पर नहीं। इसलिए अपने आपको ज़्यादा सूचित कीजिए, अपडेट रखिए। वरना आईटी सेल के जो गुंडे हैं, वह आपको खा जाएँगे। इसलिए लोक को ख़तरा है।

2017 के जाते-जाते अमेरिका के थिंक टैंक माने जाने वाले पिउ रिसर्च सेंटर से एक सर्वे आया है। यह 2464 लोगों के बीच संपन्न हुआ है। मैं खुश हूँ कि यह संख्या 2500 नहीं है। जब इतने लोगों का कर ही लिया था तो तीस-पैंतीस और जोड़कर 2500 पूरा कर लेते, पर उनको लगा होगा या शायद ज्योतिषी ने कहा होगा कि 2464 रख लो तो इसमें काल गणना सही रहेगी। इनके मुताबिक 88 फ़ीसदी भारतीय प्रधानमंत्री के रूप में नरेंद्र मोदी को लोकप्रिय पाते हैं। यानी एक तरह से दस में से नौ भारतीय ऐसा मानते हैं। किसी भी सर्वे में वे लोकप्रिय नेता के रूप में सामने आते ही हैं। यहाँ तक तो इनकी बात बिलकुल ठीक है। पर बाक़ी सवालों के वे जो जवाब दे रहे हैं, वह बहुत चिंता की बात है।

वैसे तो मैं उस दसवें को लेकर भी चिंतित था कि जब नौ उस तरफ चले ही गए तो तुम अकेले क्यों एक तरफ़ खड़े रह गये। फिर मुझे लगा कि यह जो एक आदमी है, यही असली लोकतांत्रिक है। यह एक तरफ़ अकेले खड़ा होकर हिंदुस्तान के लोकतंत्र पर एहसान कर रहा है। वरना तो वह अकेले डर के मारे जिधर नौ उधर एक और सही सोचकर भाग खड़ा हो सकता था। पर वह अकेला बना रहता है। यह कमाल का आदमी है। जो लोकतंत्र में एक की क़ीमत जानता है। वह जो भी है, मैं उसको सलाम भेजता हूँ कि उसने लोकतंत्र का मान रखा।

लोकतंत्र में विपक्ष में एक का बने रहना भी अच्छी बात हो सकती है।

लेकिन आगे की जो बात है, वह जो 2464 लोगों के बीच हुई है, वे अपने ही बीच हुए सर्वे की इस अच्छी बात को ख़ारिज करते हैं। जो लोग इस सर्वे को ट्वीट कर रहे थे या इसका जश्न मना रहे थे, मुझे लगा, थोड़ा पढ़ भी लेते हैं। इनमें 50-55 फ़ीसदी लोग ऐसे हैं जो मानते हैं कि सैनिक शासन होना चाहिए। दस में से नौ मानते हैं कि लोकतंत्र की प्रक्रिया से चुनकर आए एक व्यक्ति में वे अपना विश्वास व्यक्त करते हैं और वह व्यक्ति अपने पूरे राजनीतिक जीवन में लोकतांत्रिक आकांक्षाओं का ही प्रतीक है। कभी वह मुख्यमंत्री से प्रधानमंत्री बनते हैं, इसमें तो कोई शक नहीं है, पर उन नौ लोगों में से पाँच लोग फिर सैनिक शासन में क्यों यक़ीन रखते हैं? क्या उन्हें उस व्यक्ति में पूरा विश्वास नहीं है, जिसे वे लोकप्रिय बता रहे हैं?

आप सोचिए, अगर उनसे एक ही सवाल पूछा गया हो कि क्या आप मिलिट्री रूल को बेहतर मानते हैं तो कह दिया होगा—हाँ। लेकिन अगर दूसरा सवाल उनसे मैं पूछता कि क्या आप चाहते हैं कि मिलिट्री रूल में अगर कोई दो बजे आए और आपको, आपके बाप को उठाकर थाने में, तहख़ाने में 10 साल के लिए बंद कर दे; जिसमें न वकील, न दलील, न मुक़दमा, न तारीख़, कुछ न हो—उस मिलिट्री रूल का समर्थन करेंगे? करता वो? नहीं करता। मिलिट्री रूल का सवाल उनसे भला क्यों पूछा गया था? इसका कारण बताता हूँ।

सैनिक शासन को पसंद करने वाले लोगों से सर्वे करने वाले ने नेता का नाम नहीं पूछा कि जो मिलिट्री रूल करेगा, वह कौन होगा? वरना ये ऐसे लोग हैं जो कह देते कि मैं अपना नेता जनरल वी.के. सिंह को बनाऊँगा जो फ़िलहाल राज्यमंत्री हैं और सैनिक हैं। मिलिट्री रूल में तो

मिलिट्री रूल में अनुशासित सेनाध्यक्ष ही शासक बनेगा न! और कौन बनेगा?

देखिए ज़रा, कितनी गड़बड़ियाँ हैं लोकतंत्र को लेकर, नेता को लेकर! सोचने में हम इतने कन्फ्यूज़ क्यों हैं? लोकतंत्र को लेकर जो अभ्यास मैच होते थे, हमारी संस्थाओं के दैनिक अभ्यास मैच, मीडिया में होने वाले दैनिक अभ्यास मैच—यह कन्फ्यूज़न उनकी देन है। यह आज का मामला नहीं है। अगर आप यह सोच रहे हैं कि यह सब सरकार के इस दौर में हुआ है तो ग़लती कर रहे हैं। समय को ठीक से समझ नहीं रहे हैं। यह पच्चीस-तीस सालों से लगातार होता चला आ रहा है, जिसमें संवैधानिक संस्थाओं को लगातार कुचला जा रहा है। आज शायद आपको यह इसलिए दिखने लगा है, क्योंकि ऐसे लोगों का प्रतिशत बढ़ा है जो इस भ्रम-निर्माण के खेल के प्रति सचेत हैं।

पिउ के सर्वे में 55 फ़ीसदी लोगों ने कहा कि उन्हें 'स्ट्रांग नेता' चाहिए। क्या करना है स्ट्रांग नेता का? क्या संविधान में बनाए गए क़ानून, दिए गए अधिकार किसी नेता या किसी मुख्यमंत्री के लिए इतने अपर्याप्त हैं कि वहाँ अब पहलवान चाहिए? क्या प्रधानमंत्री को कैबिनेट सेक्रेटरी से कुश्ती करने की ज़रूरत पड़ती है, कैबिनेट की मीटिंग में मारना-वारना पड़ता है? तब किसलिए चाहिए स्ट्रांग नेता? जनता की प्रबल भावना को री-प्रजेंट करने वाला नेता चाहिए, यह बात तो ठीक है। इस सवाल को लेकर आपसे भी पूछा जाए तो आप भी कहेंगे कि हाँ, इस मामले में स्ट्रांग नेता चाहिए। देश को चलाने वाला मज़बूत नेता चाहिए। लेकिन ये लोग तो इसी बात में कन्फ्यूज़ हैं कि इन्हें सैन्य-तंत्र वाला नेता चाहिए कि लोकतंत्र वाला नेता चाहिए।

मज़बूत नेता एक मिथक है जो खड़ा किया जा रहा है और उसके समानान्तर सैनिक शासन का मिथक भी ले रहा है। क्योंकि अभी तक जो

लोकतांत्रिक संस्थाएँ हैं, वह अपने बेहतर रूप में जनता की आकांक्षाओं को ठीक तरह से पूरी करने में असफल रही हैं। आप देखेंगे कि इनके ज़रिये जो सत्ता और संसाधन पर नियंत्रण रहा है, भारत ही नहीं दुनिया के किसी भी देश में, एक या दो प्रतिशत लोगों के पास ही बाक़ी के नब्बे से पंचानबे प्रतिशत आबादी के बराबर की संपत्ति जमा हो रखी है। ये वो ख़ुद ही बता रहे हैं। यह जानकारी किसी कम्युनिस्ट पार्टी की तरफ़ से नहीं आ रही है। खुद वो ही लोग अपना सर्वे करते हैं और सबको बताते हैं। वैसे अर्थशास्त्री जो पूँजीवादी व्यवस्था में यकीन करते हैं। यह 'ऑक्सफेम' की रिपोर्ट है कि एक या दो प्रतिशत लोगों के पास ही बाक़ी सबकी संपत्ति है।

तो अब नेताओं को डर यह है कि ये जो 90 प्रतिशत जनता है, जिसके पास ठीक से खाने के लिए भी नहीं है, अभी तो इसके कुछ प्रतिशत ही फाँसी पर लटक रहे हैं; लेकिन जब ये अपनी आत्महत्याओं से थक जाएँगे तो एक दिन बग़ावत कर देंगे। मरने की भी एक सीमा होती है, मारने की भी एक सीमा होती है; वरना मारने वाले तो दुनिया के इतिहास में कितने हुए! पलट कर देखिए। फिर भी इनसान ख़त्म नहीं हुए, मारने वाले ही ख़त्म हो गए। जो भी पावर में बैठता है, उसे यह डर सताता है। आप में से भी कोई सत्ता में बैठेगा तो आपको भी यह डर सताएगा। उनका डर वाजिब है, क्योंकि उनके पास अब कोई ऐसा फ़ॉर्मूला नहीं बचा है, प्रोपगैंडा और इवेंट के अलावा। यह आख़िरी दाँव है नेताओं के पास। इसीलिए ये वह ड्रामा भी कर रहे हैं और इसी बहाने इन सवालों के ज़रिये सैनिक शासन को प्रतिष्ठित करने की बात आगे बढ़ा रहे हैं। क्योंकि वह सबसे आसान तरीक़ा है लोक आकांक्षाओं को कुचलने का। जब आप लोक या जनता के रूप में नहीं रह जाएँगे तो

एक मामूली-सा बंदूक़धारी आपके दरवाज़े पर खड़ा हो जाएगा और आप कम-से-कम दस-बीस साल तो बोलना छोड़ ही देंगे। आपकी ज़ुबान ख़त्म हो जाएगी, भाषा ख़त्म हो जाएगी।

इसीलिए मैं कह रहा हूँ कि ये फ़ॉर्मूला सोच-समझकर मज़बूत बनाया जा रहा है। जबकि ये दोनों ही फ़ॉर्मूले—स्ट्रांग लीडर का और मिलिट्री लीडर का—इतिहास के पिटे हुए फ़ॉर्मूले हैं। आप हिस्ट्री नहीं भी पढ़ेंगे, तो भी यह बात समझ में आ जाएगी। हिस्ट्री पढ़ लेंगे तो और भी ठीक से समझ में आ जाएगी।

हम महात्मा गांधी, नेल्सन मंडेला, मार्टिन लूथर किंग, विनोबा भावे इन सबको क्या कहेंगे? मज़बूत नेता नहीं कहेंगे? दुबला-पतला, सिर्फ़ धोती पहनने वाला वह मोहनदास करमचन्द गांधी जो ब्रिटिश हुकूमत के ख़िलाफ़ लड़ता चला गया, वह क्या था, कमज़ोर नेता था या मज़बूत नेता था? मज़बूत नेता था न! ज़रूरी नहीं कि मज़बूत नेता हमेशा अच्छे कपड़े में दिखता हो, पूरे कपड़े में दिखता हो। कोई अधनंगा फ़क़ीर भी मज़बूत नेता हो सकता है। इस बारे में आपको कोई भ्रम नहीं होना चाहिए। वह बेहद मज़बूत नेता था जो अपने इरादे पर, सिर्फ़ लाठी लेकर चल पड़ा। तीस सालों में उसने सेल्यूलर जेल और कालापानी के ख़ौफ़ को आपके भीतर से ख़त्म कर दिया और ब्रिटिश हुकूमत के सामने खड़ा कर दिया। यह उसका ही हौसला था कि उस धारा से कोई भगत सिंह भी निकला, कोई चंद्रशेखर आज़ाद भी निकला, कोई बोस भी निकला। इसलिए यह ध्यान रखिए कि मज़बूत नेता हमेशा रंगीन बंडियों में लकदक करता हुआ कैमरों की चकाचौंध में ही नहीं आता है। एक हफ़्ता आप गॉड को लेकर झगड़ते हैं, अगले हफ़्ते गांधी के हत्यारे गोडसे के मंदिर बना देते हैं।

1940-45 के द्वितीय विश्वयुद्ध के दौरान ब्रिटेन के प्रधानमंत्री चर्चिल

बहुत लोकप्रिय थे। उनके बयान आज भी ख़ूब चलते हैं और छपता रहता है कि चर्चिल ने ये कहा था, वो कहा था। लोग उनकी बातों पर आँखें बंद कर यक़ीन करते थे। माना जाता था कि चर्चिल उस वक़्त दुनिया के सबसे बड़े नेता हैं और वो जो कहते हैं, दूर तक जाता है। लोग उसे सुनते हैं, मानते हैं। विश्व युद्ध के बाद जब चुनाव हुआ तो चर्चिल हार गए। मज़बूत नेता हारता भी है। ब्रिटेन की जनता ने उस चर्चिल को हरा दिया था और यह इतिहास का एक उदाहरण है।

इसलिए आपको समझना पड़ेगा कि अगर आप इस लोकतंत्र में अपने लोक होने के बोध को कमज़ोर कर रहे हैं तो आप भारत की आज़ादी की लड़ाई के साथ धोखा कर रहे हैं। अनगिनत लोगों ने अपने लोक होने के अधिकार को लड़कर हासिल किया। हम स्वतंत्रता सेनानियों को पेंशन देते हैं। क्या हमें पता है कि वे स्वतंत्रता सेनानी जब देश को आज़ाद करने के लिए वर्षों जेल में रहे—जिनका नाम भी हम नहीं जानते—तो उनके पीछे उनके बच्चे बर्बाद हो गए! उनके परिवारों की आर्थिक स्थिति उसी पेंशन पर निर्भर रही और वो लगातार कमज़ोर होते चले गए। उन्होंने अपनी कई पीढ़ियों की ज़िंदगी दाँव पर लगाकर देश के लिए लोक होने का, नागरिक होने का बोध हासिल किया। आप उस देश के लिए, कम से कम उन स्वतंत्रता सेनानियों की इज़्ज़त रखने के लिए अपने लोकपन को, अपने जनता होने के अधिकार को कमज़ोर मत कीजिए।

मज़बूत नेता का जो नैरेटिव गढ़ा गया है, वह एक टाइम-पास फ़ॉर्मूला है। नेता वही होता है जो सबको साथ लेकर चले, न कि सारे लोग उसके पीछे-पीछे चलें। इसलिए आप गांधी के आस-पास बहुत सारे नेताओं को देखते हैं। राजेन्द्र प्रसाद को भी देखते हैं, डॉ. अंबेडकर को भी देखते हैं, नेहरू को भी देखते हैं और सरदार पटेल को भी देखते हैं, और वैसे

बहुत सारे लोगों को आप देखते हैं। उसी से लोकतंत्र में लोक हावी रहता है, वरना एक नेता हावी होगा तो सिर्फ़ तंत्र ही तंत्र रह जाएगा। झूठ का मंत्र रह जाएगा। इसलिए आप लोक का निर्माण कीजिए। फिर से जनता होने का अधिकार हासिल कीजिए।

बाबाओं के बाज़ार में आप और हम

कई बार महिलाओं को, पीरियड की शुरुआत में ऐसी स्थिति बन जाती है कि पीरियड घर के पवित्र स्थान पर शुरू हो जाते हैं। अमूमन ऐसी जगह जहाँ जाने की मनाही है। जैसे रसोई में काम करते समय या पूजाघर में सफाई करते समय या ऐसे ही किसी अन्य पवित्र स्थल पर जहाँ इन दिनों महिलाओं को नहीं जाना चाहिए। रसोई के कामों में शुरू के दिनों में हाथ नहीं लगाया जाता है, लेकिन ये तो एक साइकिल है जो हर महीने होना है और ये आपके हाथ में भी नहीं होता है, इसलिए पूरे साल में आपके साथ ऐसी कोई घटना हुई है तो उसके पाप-बोध से बचने के लिए ये एक दिन होता है ऋषि पंचमी का...

यूट्यूब पर एक बाबा के वीडियो को कई बार आगे-पीछे कर जब आपके लिए इस टेक्स्ट को लिख रहा था तब हमारे समय की आधुनिकता के तमाम दावे मुझे घूर रहे थे। चोटी के पहले तीन हिंदी चैनलों में से एक पर आने वाले एक कार्यक्रम का यह वीडियो है। नाम लेना ज़रूरी नहीं, क्योंकि *एनडीटीवी इंडिया* को छोड़ हिंदी के सारे चैनल इस तरह के

कार्यक्रम दिखाते हैं। सभी भाषाओं के लगभग सारे अख़बार और वेबसाइट राशिफल से लेकर ऐसी तमाम बातें भी छापते रहते हैं। मेरा मक़सद सिर्फ़ इतना बताना है कि इस तरह के कार्यक्रमों में बोला क्या जाता है, बदलाव क्या आया है और इनसे हमें हमारे समाज की किन परेशानियों की झलक मिलती है।

बाबा ने पीरियड को लेकर जो शास्त्र-ज्ञान दिया है, उसे उन महिलाओं की नज़र से समझने का प्रयास कर रहा था जो पीरियड को लेकर तमाम मान्यताओं को तोड़ने का प्रयास करती हैं। हाल ही में *बीबीसी हिंदी* पर कई लेख छपे हैं, जिनमें महिलाओं ने पीरियड को लेकर अपने अनुभव साझा किए हैं। बहुत-सी महिलाओं को ये तो पता है कि पीरियड को लेकर कई तरह की वर्जनाएँ हैं, मगर मुमकिन है कि किसी को ऋषि पंचमी की पूजा से 'पाप-बोध' से मुक्ति का विधि-विधान न मालूम हो। टीवी चैनलों पर आने वाले ये रंगीन बाबा आधुनिक स्पेस में किस तरह से रूढ़ियों और परंपराओं की पुनर्खोज कर रहे हैं और फिर से उन्हें कायम कर रहे हैं, यह दिख रहा है। बाबा आधुनिकता को भी उतनी ही उदारता से जगह देते हैं, जितनी उदारता से परंपरा के नाम पर उसके भीतर की बकवास चीज़ों को। वे यहाँ किसी क्रांति के लिए नहीं बैठे हैं, बल्कि एक सेल्समैन की तरह एक सौ आठ मर्ज़ की एक दवा बेच रहे हैं।

शाम को हिंदी टीवी चैनलों का जो हुजूम 'सुरक्षा' के सवाल को लेकर महिलाओं को 'लिबरेट' कराने में लगा होता है, उन्हें शहर में स्पेस दिलाने में लगा होता है, वही हुजूम सुबह-सुबह 'परंपरा' के नाम पर उन्हीं महिलाओं को 'असुरक्षा' में गाड़ रहा होता है। यूट्यूब पर मौजूद इस वीडियो के आरंभ में सैनिटरी नैपकिन का भी विज्ञापन आता है। यह संयोग भी हो सकता है, क्योंकि कई वीडियो में बालों को सँवारने के

उत्पादों के भी विज्ञापन आते हैं। बाबा बता रहे हैं कि घर के किस कोने में पीरियड हो जाने से पाप हो जाता है और पाप हो जाए तो चिंता की बात नहीं। रिलैक्स रहें, ऋषि पंचमी पूजा है न!

टीवी कार्यक्रमों के समीक्षकों का सारा फ़ोकस शाम के प्राइम टाइम पर होता है। उन्हें पता नहीं है कि पिछले दो दशकों से हिंदी चैनलों पर सुबह का प्राइम टाइम ज्योतिष के इन्हीं एंकरों से गुलज़ार हो रहा है। भाँति-भाँति के वेश और मुद्रा धरकर ये आते हैं। मैं ज्योतिष के होने और न होने की बहस में नहीं जाना चाहता। यह बहस पुरानी हो चुकी है। मैं अपने सामाजिक परिवेश में एक-दो लोगों के अलावा किसी को नहीं जानता जो डॉक्टर की तरह ज्योतिष को कंसल्ट नहीं करते हैं। उनकी सारी दैनिक क्रिया ज्योतिष से संचालित होती है। आख़िर इतने बड़े समाज को प्रभावित करने वाले इन कार्यक्रमों की कोई समीक्षा क्यों नहीं पेश की जाती है?

हिंदी चैनलों के ज्योतिषियों के बाल उम्र के साथ उड़ गए हैं या गेट-अप की ख़ातिर उड़ा दिए गए हैं, इसे छोड़ दीजिए। कोई शक नहीं कि वे प्रभावी लगते हैं। कपड़े ज़रूर मिस्टर इंडिया के मोगैंबो के छोड़े हुए लगते हैं। कई ज्योतिषी बहुत ही अच्छा बोलते हैं। इस तरह कि उनके सामने नेशनल स्कूल ऑफ़ ड्रामा के कलाकार फेल हो जाएँ।

हिंदी बाबा की तुलना में अंग्रेज़ी बाबा का क्लास अलग है। वे दैनिक राशिफल की जगह परेशान उपभोक्ता को लाइफ़ मैनेजमेंट की बूटी बेचते

हैं। काश, किसी की कृपा से दिल्ली में ट्रैफ़िक जाम कम हो जाता तो मैं इसी एक बात से उनकी शरण में चला जाता! अंग्रेज़ी वाले बाबाओं का इंटरव्यू बहुत आदर से होता है। हिंदी वाले बाबाओं को अंग्रेज़ी वाले हिक़ारत से देखते हैं। ग़रीब जब अध्यात्म के नाम पर किसी की शरण में जाता है तो अंधविश्वास हो जाता है, अमीर जब अध्यात्म के नाम पर किसी की शरण में जाता है तो वह स्ट्रेस मैनेजमेंट का कोर्स हो जाता है। बड़े-बड़े ऑफ़िसों में अब स्ट्रेस मैनेजमेंट के ये पैकेज बेचे जाते हैं।

सिरसा के डेरा सच्चा सौदा वाले बाबा गुरमीत राम रहीम सिंह के जेल जाने के बाद कई जगह लिखा जा रहा है कि ग़रीब लोग इन बाबाओं के झाँसे में आ जाते हैं। यह बकवास है। अमीर तबका और मध्यवर्ग ने भी गुरमीत जैसे ही बाबा दिए हैं। अंतर यह है कि वे अंग्रेज़ी बोलते हैं और एलोवेरा का जूस बेचते हैं।

आजकल भारत के नेता और मंत्री लोग कई तरह की गुप्त पूजा कराते हैं, जिसका ख़र्च बीस-बीस लाख तक आता है। बग़ैर पैन और आधार नंबर के इस लेन-देन पर कोई नहीं बोलेगा। हमारा राजनीतिक वर्ग अंधविश्वास का सबसे बड़ा संरक्षक है। क्रिकेट और सिनेमा से लेकर सार्वजनिक जीवन का हर संभ्रांत प्रतीक अंधविश्वास का संरक्षक है। इसलिए सिरसा के डेरा समर्थकों को गँवारों की फ़ौज न कहें।

यह भी बकवास ही है कि न्यूज़ चैनल बाबाओं को पैदा करते हैं, बल्कि यह कहना सही होगा कि बाबाओं के अपने चैनल हैं। अलग से भी ऐसे कई चैनल हैं जिन पर कई बाबाओं का उदय होता रहता है। बाबाओं की अपनी वेबसाइट है। सोशल मीडिया की टीम है। हिंदी चैनल के इन ज्योतिष कार्यक्रमों के बीच भयंकर प्रतियोगिता है। हर कार्यक्रम एक ब्रांड है। अब तो ज्योतिष का चैनल भी है। जहाँ राशिफल की दुनिया की

नई-नई कैटेगरी की खोज कर ली गई है। काश, भाग्यफल बताने वाले कभी यही बता देते कि उनका शो अगले हफ़्ते नंबर वन होगा कि नहीं!

मैं ऋषि पंचमी वाले जिस यूट्यूब वीडियो कार्यक्रम की समीक्षा कर रहा हूँ, उसके कई शो की टैग लाइन होती है, 'सात जनम तक कैसे मिलेगा पैसा ही पैसा।' इस जनम में जहाँ करोड़ों भारतीय ग़रीबी रेखा से नीचे गुज़र-बसर कर रहे हैं और जो ग़रीबी रेखा से ऊपर हैं वो भी अपनी ज़िंदगी चलाने में ग़रीब की तरह ही जूझ रहे हैं, उनके लिए सात जनम तक पैसा मिलने का उपाय बता देना अपने आप में रॉकेट साइंस ही होगा। सोचिए, कौन इस लालच में नहीं पड़ेगा! सात जनम का पैसा मिल जाए तो जनधन खाता धन-धन हो जाए।

बाबा ने अपने एक शो में कहा कि सोलह दिनों तक और सोलह साल महालक्ष्मी का व्रत करने से सात जनम तक अखंड लक्ष्मी की प्राप्ति होती है। उन्होंने भी दुख के दिनों में यह व्रत किया था। मैं यह नहीं समझ सका कि उनके जीवन में अखंड लक्ष्मी यानी धन-दौलत का आगमन टीवी पर ज्योतिष का कार्यक्रम आने के बाद हुआ है या व्रत के कारण हुआ है। वे बताते हैं कि कई लोग मुझे किसी अमीर के बारे में कहते हैं कि वे ऐसा आचरण करते हैं, वैसा आचरण करते हैं, फिर भी अमीर हैं। यहाँ पर बाबा अमीरों को भ्रष्ट होने की छवि से बचाते हुए कहते हैं कि उन्होंने किसी जनम में महालक्ष्मी व्रत किया होगा, जिसके फलस्वरूप इस जनम में वे अमीर हुए हैं। बाबा को भी पता है कि इस देश का ज़्यादातर अमीर किस तरह अमीर होता है और वहाँ से धंधा मिलना सबका ही टारगेट होता है।

मुझे अच्छा लगा कि बाबा दैनिक ज्योतिष बताते समय सबसे पहले 'प्रपोज़' करने का समय बताते हैं। उन्हें पता है कि जिन परंपराओं और

संस्कृति में लोगों को फँसा रखा है, उनमें उन्हें प्यार करने की छूट मिलनी चाहिए। इसलिए उन्हीं परंपराओं के सहारे 'प्रपोज़' करने का समय भी बता देते हैं। कई वीडियो में देखा कि सुबह-सुबह पाँच बजे भी शुभ मुहूर्त हो जाता है। तो किसी से प्यार का इज़हार करना है तो अलार्म लगाकर सो जाएँ!

बाबा ने वैसे एक नया शब्द भी गढ़ा है—लवमेट! ये 'रोमियो' या 'लव जिहाद' से काफ़ी अलग और मॉडर्न है। अक्सर वे लवमेट का इस्तेमाल अकेले करते हैं। लवमेट से लगता है कि इसमें दो लोग तो होंगे ही, मगर वे एक राशि के एक ही लवमेट की बात करते हैं। ये नहीं कहते हैं कि सिंह राशि वाले लवमेट धनु राशि वाले लवमेट से मिलने यहाँ जाएँ, वहाँ जाएँ। बाबा बताते हैं कि लवमेट कब मंदिर जाएँ, कब ब्राह्मणों को भोजन कराएँ और बुज़ुर्गों की सेवा करें। हमारे समाज में प्रेमियों को संस्कृति के ख़िलाफ़ देखा जाता है। माँ-बाप की आज्ञा का पालन न करने वाले जोड़े के रूप में देखा जाता है। यहाँ बाबा उन्हें लवमेट के नाम से पुकारते हैं और प्यार करने के शुभ मुहूर्त के साथ-साथ माँ-बाप की सेवा करना भी बताते हैं। उन्होंने बताया कि वृष राशि के लवमेट किसी मंदिर के बाहर जलपान सेवा करें, कामना पूरी होगी।

मुझे लवमेट शब्द अच्छा लगा। कम-से-कम एंटी-रोमियो वाले को ये जोड़े बोल सकते हैं कि हम लवमेट हैं। बाबा ने टीवी पर बताया है तो यहाँ सेवा देने आए हैं। डंडा छोड़ो और ये लो आटे के हलवे का प्रसाद और चलते बनो। वैसे एक बात है। लवमेट अगर बुज़ुर्गों की सेवा में ही लग जाएँगे तो 'लव' कब करेंगे, 'मेट' कब करेंगे! एक शो में मीन राशि वाले लवमेट को उन्होंने बताया कि धार्मिक स्थान पर घूमने

जा सकते हैं। काश, मैं उनके कई शो देख पाता और जान पाता कि क्या बाबा लवमेट को सिनेमा हॉल, नेहरू पार्क या लोहिया या दीनदयाल पार्क या रेस्त्राँ जाने के लिए भी कहते हैं! एक शो में धनु राशि के लवमेट को बताया कि लवमेट आज स्नान के बाद भगवान शिव को धतूरे का भोग लगाएँ, रिश्तों में मधुरता आएगी। मुझे यक़ीन है कि वे लवमेट को शैंपू करने का भी दिन और समय बताते ही होंगे। एक दिन की भविष्यवाणी में बाबा ने सिंह राशि वालों को कहा कि आज अपने साथी के साथ रोमांटिक डिनर पर जा सकते हैं। यह सुनते ही मैं उछल पड़ा। देखा! टीवी वाले बाबा आधुनिकता के विरोधी हो ही नहीं सकते हैं। उन्हें पता है कि उनका कंज़्यूमर रोमांटिक डिनर पर जाएगा ही जाएगा, भले ही भारतीय संस्कृति में यह आम बात हो या न हो। परंपरा की दुहाई और आधुनिकता की लगाई-बुझाई बाबा साथ-साथ कर लेते हैं, क्योंकि वे हर जगह अपनी गुंजाइश बनाए रखना जानते हैं।

बाबा सिंह राशि वालों को यह भी बताते हैं कि वे रोग-प्रतिरोध की क्षमता में सुधार के लिए विटामिन लें। बजरंग बली की क़सम, ख़ुद अपने कानों से सुना और उँगलियों से टाइप कर रहा हूँ। हमारा ज्योतिष शास्त्र एंटीबायोटिक और विटामिन भी देने लगा है, यह बात मुझे नहीं पता थी। मेडिकल कॉलेज बंद करो। सीज़ेरियन कब कराना है, इसका शुभ समय वे अपने हर शो के आरंभ में ही दे देते हैं। लगता है कि सीज़ेरियन की टाइमिंग की बहुत बड़ी मार्केट है। हर किसी को अपने घर में महान बच्चा चाहिए, ताकि उसके साथ घर में ही जब चाहें सेल्फी खिंचा सकें। कौन जाए सेलिब्रेटी के लिए एयरपोर्ट और होटल! एक शो में उन्होंने कुंभ राशि के डॉक्टरों को कहा कि आज वे मुफ़्त में ग़रीबों का इलाज करें, इससे उनके प्रोफ़ेशन में लाभ होगा।

बाबा की भविष्यवाणी में ऑफ़िस की पॉलिटिक्स और प्रमोशन पर भी काफ़ी ज़ोर है। इससे पता चलता है कि आम भारतीय ऑफ़िस को कितने सीमित और फालतू संदर्भ में देखता है। प्रमोशन और मान-सम्मान नियमित कैटेगरी हैं। भारत एक प्रमोशन प्रधान देश है। भारतीय अपनी भारतीयता छोड़ सकता है, मगर प्रमोशन नहीं छोड़ सकता है। शिफ़्ट चेंज एक नया आइटम जुड़ गया है। बाबा तुला राशि वाले को बताते हैं कि आज आपकी शिफ़्ट चेंज हो सकती है, इससे परेशानी होगी। अरे भाई, थोक मात्रा में दफ़्तरों में लाखों लोगों की शिफ़्ट रोज़ चेंज होती है। इसमें भी लोगों ने ज्योतिष घुसा दिया है! दफ़्तर में पाखाना-पेशाब के लिए कब-कब जाना है, यह भी जल्दी ही बाबा लोग बताने लगेंगे। मिथुन राशि वाले को वे कहते हैं कि आज के दिन बिज़नेस का प्लान गुप्त रखें। धनु वाले आज के दिन बिज़नेस की साझीदारी रखें। अब मुझे समझ में यह नहीं आया कि क्या उस दिन धनु और मिथुन वाले बिज़नेस की साझीदारी कर सकते हैं, क्योंकि मिथुन वाले को तो बाबा ने बिज़नेस की प्लानिंग गुप्त रखने के टिप्स दिए हैं!

एक और जगह ज़रा कन्फ़्यूज़ हो गया, जब बाबा ने कहा कि 27 अगस्त की रात 2 बजकर 18 मिनट के 12 मिनट आगे और 12 मिनट बाद में कोई शुभ कार्य न करें। यह अशुभ समय है। काफ़ी देर तक सोचता रहा कि इस वक़्त कौन शुभ कार्य कर रहा होगा। कहीं बाबा ने इशारे में सेक्स...नहीं-नहीं, जो उन्होंने कहा ही नहीं, उसके बारे में क्यों सोचा जाए! पर वह कौन है जो इतनी रात को, वो भी 2 बजकर 18 मिनट के आस-पास कोई शुभ कार्य कर सकता है! वह शुभ कार्य आख़िर क्या हो सकता है, यह सब सोच ही रहा था कि बाबा कहने लगे कि आज के दिन दक्षिण-पूर्व दिशा में मुँह करके संशय-

मुक्ति का संकल्प लेना है। तय कर लेना है कि संशय यानी शक करना ही नहीं है। बस, इस संकल्प के करते ही मैं इस सवाल से मुक्त हो गया कि रात 2 बजकर 18 मिनट के आगे-पीछे का शुभ कार्य क्या हो सकता था।

उनके दैनिक ज्योतिष ज्ञान का सबसे महत्त्वपूर्ण कैटेगरी लगा, 'यायी जयद योग।' हम, आप, सब जानते हैं कि भारत में कितने मुक़दमे लंबित हैं। सबकी क़िस्मत गुरमीत सिंह जैसी नहीं होती कि पंद्रह साल बाद भी फ़ैसला आ गया। बहुत तो न्याय की लड़ाई लड़ने के लिए ही अन्याय के शिकार होते रहते हैं। असली अन्याय वो नहीं होता जिसके लिए वे मुक़दमा करते हैं, वह तो कब का पीछे छूट जाता है। मुक़दमा लड़ने और केस जीतने की प्रक्रिया से बड़ा भारत में कोई और अन्याय शायद ही है। मगर बाबा 'यायी जयद योग' के तहत बताते हैं कि कब याचिका दायर करनी है, कब वकील से मिलना है और कब पैरवी करनी है। अदालतों के चक्कर लगाने वाला शायद ही कोई व्यक्ति यह सुनकर नहीं रुकेगा कि बाबा कोर्ट जाने का समय बता रहे हैं। सब रुक जाएँगे। जब कोर्ट के लिए घंटों बस स्टॉप पर रुकना ही है तो चैनल के सामने रुक जाने में क्या प्रॉब्लम है। इंडिया है भाई, यहाँ जजों की संख्या बढ़ाने के लिए जजों के प्रधान को रोना पड़ता है। जब जज रो रहे हैं तो मुवक्किल कैसे नहीं रोएगा?

मौक़ा देख बाबा ने अपना मार्केट बढ़ा लिया है। मुझे लग रहा है कि ज्योतिष हर दिन भारत की अलग-अलग समस्याओं के क्षेत्र में अपना विस्तार कर रहा है। भारत के समस्याओं की एक और ख़ूबी है। शायद हुआ ये होगा कि किसी कालखंड में यहाँ की समस्याओं ने ही संजीवनी बूटी पी ली होगी। इसलिए वे अमर हो चुकी हैं। समाधान तो होना नहीं

है, चाहे मनमोहन सिंह आएँ या नरेंद्र मोदी आएँ। ज़ाहिर है, ज्योतिष ही बता सकता है कि समस्याओं से ध्यान कैसे हटाएँ। बाबा ने एक शो में बताया कि मुक़दमा करने के लिए 'यायी जयद योग' आज रात 8 बजकर दस मिनट से लेकर रात 12 बजकर 37 मिनट के बीच ही है। मैं तो चकरा गया कि इस वक़्त तो कोर्ट बंद रहता है! बाबा ने शंका-समाधान अगली पंक्ति में ही कर दिया और कहा कि मुझे पता है कि कोर्ट बंद रहता है, मगर इस वक़्त आप वकील के पास जा सकते हैं। उनसे चर्चा कर सकते हैं। बताइए, किसी दिन 'यायी जयद योग' अगर रात 12 बजे से लेकर सुबह 5 बजे तक का निकल गया तो अगले दिन वकील साहब तो कोर्ट में ही सोते नज़र आएँगे न!

ज्योतिष कार्यक्रमों का विस्तार देखकर अचंभित हूँ। जिस तरह सुबह-सुबह स्त्री प्रधान मौसम समाचारों में अलग-अलग शहरों के मौसम बताए जाते हैं, उसी तरह हर दिन दिल्ली, मुंबई, भोपाल, लखनऊ, कोलकाता, चंडीगढ़ और अहमदाबाद में राहु काल का समय बताया जाता है। पटना और जयपुर क्यों छोड़ा भाई? राशियों के अनुसार आज का दिन कैसा रहेगा, इसके लिए कई कैटेगरी हैं—शानदार रहेगा, बेहतरीन रहेगा, शुरुआत अच्छी रहेगी, सामान्य रहेगा, फ़ेवरेबल रहेगा, सुनहरे पल लेकर आएगा, नई सौग़ात लेकर आएगा, ख़ास रहने वाला है।

भारत एक ज्योतिष प्रधान देश है। यह एक हक़ीक़त है। जो नहीं मानते वो भी हक़ीक़त हैं, मगर इतने कम हैं कि सब एक-दूसरे को जानते होंगे। न्यूज़ चैनलों के बाबाओं का अध्ययन कीजिए। गुरमीत सिंह सिरसा में ही राम रहीम नहीं बनते हैं, वो कहीं भी बन जाते हैं। कभी भी बन जाते हैं। बस एक कालचक्र शो लेकर आने की ज़रूरत है। किसी को बाल बढ़ाने के तेल बना लेने की ज़रूरत है, किसी को सफलता बेचने

की किताब हिट करा लेने की ज़रूरत है। हमारे समय में भाँति-भाँति के गुरमीत राम रहीम भाँति-भाँति के पैकेज में मिल जाएँगे। दिल पर मत लीजिए। यही हिंदुस्तान है। यही हम और आप हैं। बाबा भी वही हैं जो हम और आप हैं।

हम सबके जीवन में प्रेम

1.

प्रेम की कोई जगह

हर कोई इश्क़ में नहीं होता है और न हर किसी में इश्क़ करने का साहस होता है। हमारे देश में ज़्यादातर लोग कल्पनाओं में इश्क़ करते हैं। मुझे बाक़ी मुल्कों का पता नहीं, लेकिन भारत में इश्क़ करना अनगिनत सामाजिक-धार्मिक धारणाओं से जंग लड़ना होता है। मोहब्बत हमारे घरों के भीतर प्रतिबंधित विषय है। कितने माँ-बाप अपने बच्चों से पूछते होंगे कि तुम्हारे जीवन में कोई है? तुम्हें कोई अच्छा लगता है या तुम किसी को चाहती हो? बहुत कम। इतनी कम सामाजिक स्वीकार्यता के बीच किसी से इश्क़ करना, सिर्फ़ 'आई लव यू' कहना नहीं होता है।

हम सबके जीवन में प्रेम की कल्पना फ़िल्मों से आती है। फ़िल्में हमारी दीवानगी की शिल्पकार हैं। फ़िल्मकारों, गीतकारों और संगीतकारों की कई पीढ़ियों ने हमें प्रेम सिखाने के लिए अपनी अनगिनत कल्पनाओं को फूँक दिया। किसी को पहली बार देखने के फ़न से लेकर, उससे

टकरा जाने का हुनर तक हमें फ़िल्मों ने दिया है। इस प्रक्रिया में फ़िल्मों ने हमें लफ़ंगा भी बनाया और अच्छा प्रेमी भी।

एक दूजे के लिए (1981) एक पॉवरफुल फ़िल्म थी। पहली बार हिंदी सिनेमा में भाषा की दीवार लाँघकर प्रेमी उस महान भारत की कल्पना को साकार करने में अपनी जान देते हैं, जिसका ढोंग भारत दिन-रात करता है और ढिंढोरा भी पीटता है। रति अग्निहोत्री और कमल हसन की वो जोड़ी आज भी रुलाती है। इस फ़िल्म ने पहली बार हमारे भीतर की तथाकथित अखिल भारतीयता को चुनौती दी थी। 'मेरे जीवन साथी/प्यार किए जा...'—हिंदी फ़िल्मों के नाम से गाने बना देना सिर्फ़ हुनर नहीं था, बल्कि एक रास्ता था कि अगर कोई हिंदी वाली किसी तमिल वाले को चाहे तो मुमकिन है। वह उसके लिए हिंदी फ़िल्मों के नाम से प्रेम की एक ज़बान गढ़ सकता है। और वो उसे चाहते हुए तमिलनाडु के ज़िलों और शहरों के नाम से बुला सकती है, बात कर सकती है और उसके साथ गा सकती है।

लेकिन फ़िल्मों ने हमें बहुत अच्छा प्रेमी नहीं बनाया। मुंबई से आने वाली तमाम प्रेम कहानियाँ बहुत-से-बहुत अमीरी-ग़रीबी की दीवार से ही टकराती रह गईं। 'चाँदी की दीवार न तोड़ी, प्यार भरा दिल तोड़ दिया/इक धनवान की बेटी ने निर्धन का दामन छोड़ दिया' (*विश्वास,* 1969)। उफ़! अमीर लड़कियाँ हमेशा बेवफ़ा और दिल तोड़ने वाली होती हैं। वैसे कई फ़िल्मों में अमीर लड़कियों ने ग़रीब लड़कों के लिए घर-बार छोड़ा भी, लेकिन फ़िल्मों से यही नैरेटिव बना कि अमीरी-ग़रीबी इश्क़ की दुनिया की जात है। जिसके बीच प्रेम नहीं हो सकता। सब अपनी-अपनी जाति की हदों में रहें और हो सके तो वहीं प्यार की संभावना तलाशें।

हिंदी सिनेमा के पर्दे पर अनगिनत प्रेमी जोड़े आए। पर्दे पर वो सिर्फ़ दो ख़ूबसूरत शरीर होते हैं। उनकी न तो कोई जाति होती है और न धर्म। हमारे फ़िल्मकारों की कल्पनाओं का प्यार वाक़ई कल्पना से ज़्यादा कुछ नहीं था। कभी गीतकारों ने अपनी क़लम से ऐसे गीत नहीं लिखे, जिनमें कोई लड़का किसी लड़की की सामाजिक पहचान से भिड़ जाता हो। सारे हीरो अपर कास्ट वाले हुए। कपूर, माथुर और सक्सेना से आगे नहीं जा सके। नायिकाएँ लिली, मिली और सिली होती रहीं। ऐसा लगा कि नायिका सीधे आसमान से आती है। 'किसी शायर की ग़ज़ल, ड्रीम गर्ल/किसी झील का कमल, ड्रीम गर्ल' (*ड्रीम गर्ल,* 1977)

ज़ाहिर है, हिंदी सिनेमा की अनगिनत कहानियों ने इश्क़ को हैसियत के सवाल से जोड़ दिया, जबकि इश्क़ में आप स्टेटस-कोइस्ट हो ही नहीं सकते। सबसे पहले तो आपको जाति की दीवार लाँघनी पड़ती है। हिंदू-मुस्लिम एकता का प्रवचन देने वाली हिंदी फ़िल्मों ने जानबूझकर हिंदू-मुस्लिम इश्क़ को नज़रअंदाज़ किया। मुझे याद नहीं, कब किस फ़िल्म में कोई हिंदू लड़की किसी मुस्लिम लड़के का हाथ पकड़कर कहती है कि मैं तुमसे प्यार करती हूँ। किसी दलित लड़की के लिए कोई हीरो अपने कपूर ख़ानदान को लात नहीं मारता। ओह, मैं भी फ़िल्मों से समाज-सुधार की उम्मीद करने लगा! कम ऑन, रवीश।

दरअसल जाति और मज़हब की दीवार तोड़कर प्रेम करने की कल्पना हमारी राजनीति में भी नहीं है। कुछ नेता हैं जो मुस्लिम हैं, मगर उनकी पत्नी हिंदू हैं। कुछ हिंदू नेता हैं, जिनकी पत्नी मुस्लिम हैं। बाक़ायदा प्रेम विवाह किया, मगर वे भी अपने इश्क़ को पब्लिक में डिस्प्ले नहीं करते। बचते हैं कि कहीं मतदाता नाराज़ न हो जाए। लेकिन क्या समाज भी ऐसा है? बिलकुल है, मगर उसी के भीतर इश्क़ की ज़्यादा

क्रांतिकारी संभावनाएँ पैदा होती रहती हैं। लोग जाति और धर्म की दीवार तोड़ देते हैं।

आपने ध्यान दिया कि मैंने कितनी बार 'दीवार' शब्द का इस्तेमाल किया। दरअसल, यही ट्रेजेडी है। इश्क़ बिना दीवार के कर नहीं सकते। बिना महबूब/महबूबा के कर सकते हैं, लेकिन बिना दीवार के नहीं! तमाम तरह के झमेलों से गुज़रना होता है प्यार में। आप पुरुष हों या स्त्री, बाग़ी और बावले हो जाते हैं। इतना टेंशन कि हिंदी फ़िल्मों की तरह जल्दी किसी कल्पना में डिजॉल्व हो जाने का जी चाहता है, जहाँ अचानक पतलून और जूता सफ़ेद हो जाता है। महबूबा लंबी सफ़ेद गाउन में स्लो मोशन में लहराती चली आती है। दोनों गाना गाने से पहले लिपट जाते हैं। 'मय से मीना से न साक़ी से...ना पैमाने से/दिल बहलता है मेरा आपके आ जाने से' (*ख़ुदगर्ज़,* 1987) फ़िल्म के इस गाने से पता चला कि माशूक़ा मनोरंजन का रिप्लेसमेंट हो सकती है। टीवी पर अच्छा गाना नहीं आ रहा हो, पिता से झगड़ा हो गया हो तो सारे टेंशन स्थगित कर कोई गाना गाया जाए। गुलज़ार या आनंद बख़्शी से लिखवाया जाए। Escape is the only space for love in India—भारत में प्यार के लिए पलायन ही एकमात्र स्पेस है।

हमारे शहरों में प्रेम की कोई जगह नहीं है। पार्क का मतलब हमने इतना ही जाना कि गेंदे और बोगनवेलिया के फूल खिलेंगे। कुछ रिटायर्ड लोग दौड़ते मिलेंगे। दो-चार प्रेमी होंगे, जिन्हें लोग घूर रहे होंगे। कहीं बैठने की कोई मुकम्मल जगह नहीं है। इश्क़ के लिए जगह भी चाहिए। इस स्पेस के बिना हमारे शहर के प्रेमी सुपर मॉल के खंभों के पीछे घंटों खड़े थक जाते हैं। कार की विंडो स्क्रीन पर पर्दा लगाए अपराधी की तरह दुस्साहस करते रहते हैं। सिनेमा हॉल के डार्क सीन में एक-दूसरे

का हाथ पकड़ते हैं और उजाले का सीन आते ही हाथ छोड़ देते हैं। प्रेम करने वालों ने अपनी ये व्यथा किसी को सुनाई नहीं। फेसबुक पर भी नहीं लिखा। 'मिलो न तुम तो हम घबराएँ, मिलो तो आँख चुराएँ, हमें क्या हो गया है' (*हीर राँझा*, 1970) इस गाने को सुनते हुए क्या आपको नहीं लगता कि वह पूछे—पहले ये तो बताओ कि कहाँ मिलें?

लेकिन, हैट्स ऑफ़ टू ऑल लवर्स ऑफ़ इंडिया। मिलने की जगह नहीं, फिर भी आप मिलने की गुंजाइश ढूँढ़ लेते हैं। ऑटो का पर्दा गिरा देते हैं। पूरी पॉकेट मनी ऑटो के किराए में लुटा देते हैं। ख़ाली हॉल के चक्कर में बेकार फ़िल्मों का कलेक्शन बढ़ा आते हैं। आते-जाते लोगों की निगाहों के निशाने में रहने के बावजूद एक-दूसरे के कंधे से सिर नहीं हटाते। प्रेम के दो पल के लिए रोज़ हज़ार पलों की यह लड़ाई आपको प्रेमी से ज़्यादा एक्टिविस्ट बना देती है। जिसने भी प्यार किया है वह कम या ज़्यादा इन हादसों से गुज़रा ही है। मैं नेता होता तो हर शहर में एक 'लव पार्क' बना देता और अगला चुनाव ख़ुशी-ख़ुशी हार जाता। ज़ाहिर है, समाज को मेरी यह बात पसंद नहीं आती।

'इश्क़ कोई रोग नहीं' टाइप के सिंड्रोम से निकलिए। इश्क़ के लिए स्पेस कहाँ है, डिमांड कीजिए। पैंतीस साल के साठ प्रतिशत नौजवानो, तुम सिर्फ़ मशीनों के कल-पुर्ज़े बनाने और दुकान खोलने नहीं आए हो। तुम्हारी जवानी तुमसे पूछेगी, बताओ, कितना इश्क़ किया, कितना काम किया? काम से ही इश्क़ किया तो फिर जीवन क्या जिया? किसी की आँखों में देर तक देखते रहने का जुनून ही नहीं हुआ तो आपने देखा ही क्या? दहेज के सामान के साथ तौलकर महबूबा नहीं आती है। दहेज की इकोनॉमी पर सोसाइटी अपना कंट्रोल खोना नहीं चाहती, इसलिए वह लव मैरेज को आसानी से स्पेस नहीं देती। लड़की पहली कमोडिटी है

जो लड़के के वैल्यू से तय होती है। पैसे के साथ दुल्हन! जबकि दुल्हन ही दहेज है! डूब मरो मेरे देश के युवाओ!

इश्क़ हमें इंसान बनाता है। ज़िम्मेदार बनाता है और पहले से थोड़ा-थोड़ा अच्छा बनाता है। सारे प्रेमी आदर्श नहीं होते और अच्छे भी नहीं होते, मगर जो प्रेम में होता है वह एक बेहतर दुनिया की कल्पना ज़रूर करता है। इश्क़ में होना आपको शहर के अलग-अलग कोनों में ले जाता है। आप किसी जगह हाथ पकड़कर चलते हैं तो किसी जगह साथ-साथ, मगर दूर-दूर चलते हैं! प्रेमी शहर को अपने जैसा बनाना चाहते हैं। उनकी यादों का शहर ग़ालिब की शायरी से अलग होता है। वो शहर को जानते भी हैं और जीते भी हैं। उन्हीं के भीतर धड़कती है मौसम की आहट। जो प्रेम में नहीं है वह अपने शहर में नहीं है।

'जिस तन को छुआ तूने, उस तन को छुपाऊँ/जिस मन को लागे नयना, वो किसको दिखाऊँ' (*रुदाली,* 1993)। आह! हम इश्क़ के अहसास को ज़ाहिर भी नहीं कर सकते । मीरां, तुम तो इसी देश की हो न!

इश्क़ हमें थोड़ा कमज़ोर, थोड़ा संकोची बनाता है। एक बेहतर इंसान में ये कमज़ोरियाँ न हों तो वह शैतान बन जाता है। चाहना सिर्फ़ 'आई लव यू' बोलना नहीं है। चाहना किसी को जानना है और किसी के लिए ख़ुद अपने को भी जानना है। फ़रवरी का महीना है। किसी माशूक़ को ढूँढ़ने में ही मत गँवा दीजिएगा। खोजिएगा ख़ुद को भी। अपने शहर को भी। उन कल्पनाओं को भी, जिन्हें आप किसी के लिए साकार करना चाहते थे।

हमें अपने शहर को इको-फ्रेंडली के साथ इश्क़-फ्रेंडली बनाना है। एक स्पेस बनानी है, जहाँ हम सुकून के पल गुज़ार सकें। जहाँ किसी को देखते ही पुलिस की लाठी ठक-ठक न करे और किसी से बात शुरू

करते ही बीच में बादाम वाला न आ जाए। ठीक है कि प्रेम के लिए स्पेस की कमी कल्पनाओं में नहीं है, फ़िल्मों में नहीं है। फिर शहरों में क्यों है? यह तो ठीक बात नहीं है।

2.

मायूस मुल्क में मोहब्बत के हत्यारे

झाड़ियों में घुसकर चूमते प्रेमियों को पकड़ने वाले समाज में अंकित सक्सेना की मौत अंतिम नहीं है।*

अंकित सक्सेना! चुपचाप उसकी ख़ुशहाल तस्वीरों को देखता रहा। एक ऐसी ज़िंदगी ख़त्म कर दी गई, जिसके पास जीवन के कितने रंग थे। वह मुल्क कितना मायूस होगा, जहाँ प्रेम करने पर तलवारों और चाकुओं से प्रेमी को काट दिया जाता है।

इस मायूसी में किसी के लिखे का वही इंतज़ार कर रहे हैं, जो पहले से ही ख़ून के प्यासे हो चुके हैं। अलार्म लेकर बैठे रहे कि कब लिख रहा हूँ, अब लिख रहा हूँ या नहीं लिख रहा हूँ। गिद्धों के समाज में कुछ लिखना अब हाज़िरी लगाने जैसा होता जा रहा है।

काश, हम अंकित के प्यार को जवान होते देख पाते। मरने से पहले भी दोनों मौत की आशंका में ही प्यार कर रहे थे। अंकित की

---

*दिल्ली के रघुबीर नगर में 23 वर्ष के नौजवान अंकित सक्सेना को मार दिया गया था। उसके 4 दिन बाद 5 फ़रवरी, 2018 को यह लेख अपने ब्लॉग पर लिखा।

माशूका ने तो अपने ही माँ-बाप को घर में बंद कर दिया। हमेशा के लिए भाग निकलने का फ़ैसला जो कर लिया। भारत में बग़ावत के बग़ैर मोहब्बत कहाँ होती है! आज भी लड़कियाँ अपने प्यार के लिए भाग रही हैं। उनके पीछे-पीछे जाति और धर्म की तलवार लिए उनके माँ-बाप भाग रहे हैं।

उस प्रेमिका पर क्या बीत रही होगी, जिसने अपने अंकित को पाने के लिए अपने घर को हमेशा के लिए छोड़ दिया। उस मेट्रो की तरफ़ भाग निकली, जिसके आने से आधुनिक भारत की आहट सुनाई देती है। दूसरे छोर पर अंकित की माँ की चीख़ती तस्वीरें रुला रही हैं। दोनों तरफ़ स्त्रियाँ हैं जो तड़प रही हैं। बेटा और प्रेमी मार दिया गया है।

अंकित भी भागकर उसी मेट्रो स्टेशन के पास जा रहा था, जहाँ पर वह इंतज़ार कर रही थी। काश, वह वहाँ पहुँच जाता। उस रोज़ दोनों किसी बस में सवार हो जाते। ग़ुम हो जाते कहीं, नफ़रतों से भरे इस संसार में अपनी तमाम पहचानों को छोड़कर। मगर कमबख़्त उसकी कार प्रेमिका की माँ की स्कूटी से ही टकरा मारी। अख़बारों में लिखा है कि माँ ने जानबूझकर टक्कर मार दी। अंकित घिर गया। उसका गला काट दिया गया।

अंकित सक्सेना हिंदू था। उसकी प्रेमिका मुसलमान है। प्रेमिका की माँ मुसलमान है। प्रेमिका का भाई मुसलमान है। प्रेमिका का बाप मुसलमान है। प्रेमिका का चाचा मुसलमान है। मुझे किसी का धर्म लिखने में परहेज़ नहीं है। मैं न भी लिखूँ तो भी नफ़रत के नशे में ट्रोल समाज को कोई फ़र्क़ नहीं पड़ता है। उसे सिर्फ़ हिंदू दिखेगा, मुसलमान दिखेगा।

अगर यही कहानी उलटी होती! प्रेमिका हिंदू होती, प्रेमी मुसलमान होता और दोनों के माँ-बाप राज़ी भी होते तब भी अंकित की हत्या पर

सियासी रस लेने वाला तबका घर के बाहर हंगामा कर रहा होता। अभी तो ऐसे ट्रोल कर रहा है जैसे दोनों की शादी के लिए ये बैंड-बारात लेकर जाने वाले थे। ऐसी शादियों के ख़िलाफ़ समाज में ज़हर घोलने वाले लोग कौन हैं?

2016 के दिसंबर महीने में ग़ाज़ियाबाद में हिंदू लड़की के पिता ने कितनी हिम्मत दिखाई। जब वो लोग ऐन शादी के दिन घर के बाहर बवाल करने आ गए, जिन्हें न हिंदू लड़की ने कभी देखा, न कभी मुस्लिम लड़के ने; तो भी एक पार्टी का ज़िला अध्यक्ष भीड़ लेकर उनके दरवाज़े पर पहुँच गया। हंगामा करने लगा। बावजूद इसके उस साहसी पिता ने अपनी बेटी की शादी की और उसी शहर में रहते हुए की। नेता कामयाब नहीं हुआ। बाद में उसे उसकी पार्टी ने भी ज़िला अध्यक्ष पद से हटा दिया।

कौन किससे प्रेम करेगा, इसके ख़िलाफ़ सियासी शर्तें कौन बना रहा है? उन शर्तों का समाज के भीतर कैसा असर हो रहा है? किसे ज़हर से भरा जा रहा है? कौन हत्या करने की योजना बना रहा है? आप ख़ुद सोच सकते हैं। नहीं सोच सकते हैं तो कोई बात नहीं। इतना आसान भी नहीं है। आपके भीतर भी हिंसा की वो परतें तो हैं, जहाँ तक पहुँचकर आप रुक जाते हैं।

इस माहौल ने सबको कमज़ोर कर दिया है। बहुत कम हैं जो ग़ाज़ियाबाद के उस पिता की तरह अपनी कमज़ोरी से लड़ पाते हैं। कोई ख़याला के मुस्लिम माँ-बाप की तरह हार जाता है और हत्यारा बन जाता है। काश, अंकित की प्रेमिका के माता-पिता और भाई कम से कम अपनी बेटी और बहन को जागीर न समझते। न अपनी, न किसी मज़हब की। नफ़रत ने इतनी दीवारें खड़ी कर दी हैं, हमारे भीतर हिंसा की इतनी परतें बिठा दी हैं कि हम उनसे लड़ते-लड़ते या तो जीत जाते

हैं या फिर हारकर हत्यारे बन जाते हैं।

कोयंबटूर की कौशल्या और शंकर तो हिंदू ही थे। फिर शंकर को क्यों सरेआम धारदार हथियार से मारा गया? क्यों कौशल्या के माता-पिता ने उसके प्रेमी शंकर की हत्या की साज़िश रची। क्योंकि शंकर दलित था। कौशल्या ऊँची जाति की थी। दोनों ने प्यार किया। शादी कर ली। ख़रीदारी कर लौट रहे थे, कौशल्या के माँ-बाप ने गुंडे भेजकर शंकर को मरवा दिया। यह घटना 2016 की है। इसका वीडियो ख़तरनाक है।

कौशल्या पहले दिन से ही कहती रही कि उसके माँ-बाप ही शंकर के हत्यारे हैं। एक साल तक इस केस की छानबीन चली और अंत में सज़ा भी हो गई। ऑनर किलिंग के मामले में इतनी तेज़ी से अंज़ाम तक पहुँचने वाला यह एक दुर्लभ फ़ैसला ही होगा। आप इस केस की डिटेल इंटरनेट से खोजकर ग़ौर से पढ़िएगा। बहुत कुछ सीखेंगे। ईश्वर अंकित की प्रेमिका को साहस दे कि वह भी कौशल्या की तरह गवाही दे। उन्हें सज़ा की अंतिम मंज़िल तक पहुँचाए। उसने बयान तो दिया है कि उसके माँ-बाप ने अंकित को मारा है।

आप जितनी बार चाहें, नाम के आगे 'हिंदू' लगा लें, 'मुस्लिम' लगा लें, उससे समाज के भीतर मौजूद हिंसा की सचाई मिट नहीं जाएगी। सांप्रदायिक फ़ायदा लेने निकले लोग कुछ दिन पहले मोहम्मद अफ़राज़ुल को काटकर और जलाकर मार देने वाले शंभु रैगर के लिए चंदा जमा कर रहे थे। ये वही लोग हैं जिन्हें हर वक़्त समाज को जलाने के लिए जलावन की लकड़ी चाहिए।

ऑनर किलिंग का कॉकटेल नफ़रत की बोतल में बनता है, जिसमें कभी धर्म का रंग लाल होता है तो कभी जाति का, कभी बाप का तो कभी भाई का। ऑनर किलिंग सिर्फ़ प्रेम करने पर नहीं होती। बेटियाँ

जब अपनी माँ की कोख में भ्रूण मात्र होती हैं, तब भी वे परिवार और प्रतिष्ठा के नाम पर ही मारी जाती हैं। यह किस धर्म, किस समाज की सचाई है? यह किस देश का नारा है, 'बेटी बचाओ, बेटी पढ़ाओ।' हमें किनसे बचाना है अपनी बेटियों को? हर बेटी के पीछे कई हत्यारे खड़े हैं। पहले हत्यारे तो उसके माँ और बाप हैं।

धर्म और जाति ने हम सबको हमेशा के लिए डरा दिया है। हम प्रेम के मामूली क्षणों में गीत तो गाते हैं परिंदों की तरह उड़ जाने के, मगर पाँव जाति और धर्म के पिंजड़े में फड़फड़ा रहे होते हैं। भारत के प्रेमियों के हिस्से में प्रेम कम, नफ़रत ही अधिक आती है। उन्हें सलाम कि इसके बाद भी वे प्रेम कर गुज़रते हैं।

जिस समाज में प्रेम के ख़िलाफ़ इतने सारे तर्क हों, उस समाज को अंकित की हत्या पर कोई शोक नहीं है; वह उस त्रासदी में भी फ़ायदे की तलाश में है। अंकित के पिता ने कितनी बड़ी बात कह दी—उनके बेटे की मौत के बाद इलाके में तनाव न हो। उन्हें अपने बेटे के लिए न्याय चाहिए, लेकिन वे इस मामले को कोई धार्मिक रंग नहीं देना चाहते।

कोई शांत नहीं हुआ है, कोई तनाव कम नहीं हुआ है। 'लव जिहाद' और 'एंटी रोमियो' दस्ते बनाकर निकले लोगों ने बेटियों को क़ैद कर दिया है। उनके लिए हर हत्या आगे की हत्याओं का ख़ुराक है। जो हत्यारे हैं, वही इस हत्या को लेकर मुझे ट्रोल कर रहे हैं कि कब लिखोगे। वही, जिन्हें न किसी की ज़िंदगी की परवाह है, न प्रेम की।

मैं बस उनसे यह कहना चाहता हूँ कि ज़रा अपने भीतर झाँक लो कि तुम क्या कर रहे हो। तुम वही तो नहीं हो जो पार्कों से प्रेमियों को उठाकर पिटवाते हो? क्या तब तुम मोहब्बत की हत्या नहीं करते? क्या

तुम रोज़ पार्कों में जाकर ऑनर किलिंग नहीं करते? तुम प्रेम की परवाह कब करते हो?

मेरे नाम के आगे मुल्ला या मौलाना लिखकर तुम क्या कर रहे हो? तुम्हारी नफ़रत की राजनीति और घर-घर में मौजूद प्रेम को मार देने तक की सोच ख़तरनाक साबित हो रही है। सब पर सनक सवार होती जा रही है। थोड़ा आज़ाद कर दो इस मुल्क को। इसके नौजवान सपनों को। जो नौजवान प्रेम नहीं करता, अपनी पसंद से शादी नहीं करता, वह हमेशा-हमेशा के लिए बुज़दिल हो जाता है। डरपोक हो जाता है। हम ऐसे करोड़ों असफल और डरपोक प्रेमियों के समाज में रहते-रहते हत्यारे हो चुके हैं। पहले हम अपनी मोहब्बत की हत्या करते हैं, फिर किसी और की।

निजता का अधिकार
संविधान की किताब में एक सुंदर-सी कविता

22 अगस्त, 2017 का दिन याद कीजिए। तीन तलाक़ की वैधता को समाप्त करने संबंधी सुप्रीम कोर्ट के फ़ैसले का श्रेय लेने के लिए सरकारी हलक़ों में होड़ मची हुई थी। ठीक इसके विपरीत, दो दिन बाद जब नौ न्यायाधीशों की संविधान पीठ ने एक इससे भी बड़ा ऐतिहासिक फ़ैसला सुनाते हुए निजता को मौलिक अधिकार बताया तब उसे अपनाने की ऐसी होड़ कहीं नहीं दिखी। सरकार दुविधा के लट्टू में लिपटी हुई सच्चाई के चारों ओर चक्कर लगा रही है।

2014 के बाद से, जब से एनडीए की सरकार सत्ता में आई है, तभी से उसके अटॉर्नी जनरल कह रहे थे कि निजता का अधिकार मौलिक अधिकार नहीं है। हालाँकि, 24 अगस्त के अदालती फ़ैसले की हार को जीत के रूप में पेश करने की कोशिश करते हुए एक प्रेस कॉन्फ्रेंस में, केंद्रीय क़ानून मंत्री रविशंकर प्रसाद ने कहा, 'सरकार इस निर्णय का स्वागत करती है। सरकार यह मानती है, विशेष रूप से आधार बिल के संबंध में, कि निजता का अधिकार, मौलिक अधिकार होना चाहिए।

दरअसल, जो बात सरकार ने संसद में आधार बिल के संबंध में कही थी, सर्वोच्च न्यायालय का फ़ैसला उसी बात की पुष्टि करता है।' क़ानून मंत्री अदालत के भीतर सरकार की तरफ़ से पेश की गई दलील पर चुप्पी साधकर, 16 मार्च, 2016 को राज्यसभा में आधार बिल पर हुई बहस के दौरान केंद्रीय वित्त मंत्री अरुण जेटली के दिए गए एक बयान का हवाला दे रहे थे। क्योंकि राज्य सभा में दिया गया जेटली का बयान संविधान पीठ के फ़ैसले से मेल खाता है, लेकिन तब यही बयान फिर अदालत में अटॉर्नी जनरल ने क्यों नहीं रखा? क्यों सरकार के वकील ने लगातार तर्क दिया कि निजता का अधिकार मौलिक अधिकार नहीं है। यह एक सामान्य क़ानून का मामला है। क़ायदे से रविशंकर प्रसाद को तो यह बताना चाहिए था कि इस ऐतिहासिक फ़ैसले में उनके अटॉर्नी जनरल की किस दलील को सुप्रीम कोर्ट ने स्वीकार किया है।

रविशंकर प्रसाद की प्रेस कॉन्फ्रेंस से लग रहा था कि सरकार को 24 अगस्त, 2017 की ऐतिहासिकता भारी पड़ गई है। फ़ैसला निजता पर आया था, मगर रविशंकर प्रसाद अपना आधार कार्ड दिखा रहे थे जिस पर पाँच जजों की बेंच अलग से फ़ैसला करेगी। किसी पत्रकार को पूछना चाहिए था कि के.के. वेणुगोपाल से पहले मुकुल रोहतगी ने अटॉर्नी जनरल की हैसियत से आधार से संबंधित एक मामले में इसी सुप्रीम कोर्ट में क्यों कहा कि निजता एक 'बोगस' बात है। नागरिक का उसके शरीर पर संपूर्ण अधिकार नहीं है। संविधान पीठ के सामने सरकार के पास अपनी राय बदलने का दूसरा मौक़ा था, मगर राय नहीं बदली गई। फिर राज्य सभा में दिए गए अरुण जेटली के बयान की आड़ में सुप्रीम कोर्ट में कही गई बातों को क्यों छुपाया जा रहा है? जो फ़ैसला भारत की जनता के लिए ऐतिहासिक है, क्या वह सरकार के लिए ऐतिहासिक नहीं है?

एक पत्रकार ने क़ानून मंत्री से पूछा भी कि आपने अपने हिसाब से बातों को घुमा-फिरा कर पेश किया है तो उनके चेहरे पर तनाव पसर गया। एक महिला पत्रकार ने पूछा कि सरकार एक बिल लेकर आई है कि समलैंगिक जोड़े सरोगेसी के ज़रिये बच्चा पैदा नहीं कर सकते हैं, जबकि आज के फ़ैसले में सेक्सुअल संबंध और चुनाव को मौलिक अधिकार माना गया है। इसके जवाब में बड़े आराम से क़ानून मंत्री ने कह दिया कि यह आज का विषय नहीं है। जबकि वित्त मंत्री जेटली इससे कहीं ज़्यादा विनम्रता से बातों को अपने पक्ष में व्याख्यायित करने का प्रयास कर रहे थे। असल बात तो यह थी कि वे दोनों ही जनता को मूर्ख बनाने और सरकार की झेंप बचाने का प्रयास कर रहे थे। सुप्रीम कोर्ट का यह फ़ैसला हर जागरूक और चिंतनशील नागरिक को कई-कई बार पढ़ना चाहिए।

भारत की सर्वोच्च अदालत का यह फ़ैसला पूरी दुनिया के लिए मिसाल बनने जा रहा है। यह फ़ैसला भारत को नई पहचान देगा। संविधान पीठ के सामने अटॉर्नी जनरल के.के. वेणुगोपाल ने कहा कि प्राइवेसी की बात खाते-पीते घरों के लोगों की बात है। यह बात बहुसंख्यक जनता की आकांक्षाओं और ज़रूरतों से बहुत अलग है। राज्य कल्याणकारी योजनाओं के तहत ग़रीब लोगों को जो सुविधाएँ देता है, उसके लिए निजता का अधिकार छोड़ा जा सकता है। जीने का अधिकार सर्वोपरि है, निजता का अधिकार नहीं। सरकार और उसके समर्थक यही कहते रहे कि यह अमीरों का कोई चकल्लस है। अंग्रेज़ी में पासटाइम है। अदालत ने साफ़-साफ़ कह दिया कि इस दलील में दम नहीं है। यह दलील संविधान की समझ के साथ धोखाधड़ी है। हमारा संविधान हरेक व्यक्ति को प्रमुखता देता है। यह कहना कि ग़रीब को सिर्फ़ आर्थिक तरक़्क़ी चाहिए, नागरिक और

राजनीतिक अधिकार नहीं चाहिए, ग़लत है।

सवाल है कि जनता के द्वारा चुनी गई भारत की यह सरकार सुप्रीम कोर्ट में किस मंशा से कह रही थी कि ग़रीब के लिए नागरिक और राजनीतिक अधिकार ज़रूरी नहीं है। सरकार किसी ग़रीब को सब्सिडी के नाम पर ख़ैरात नहीं देती है। सभी नागरिक या जनता सरकार की जवाबदेही हैं, इसलिए सब्सिडी देती है। इसके बदले में सरकार ग़रीब जनता से उसके अन्य अधिकार छीन नहीं सकती है। वह भूखी रहे या उसका पेट भोजन से भरा रहे, हर हाल में वह जनता सरकार के ख़िलाफ़ राय बना सकती है, उसके ख़िलाफ़ गोलबंद हो सकती है, मानवाधिकार के हनन के ख़िलाफ़ सड़क पर उतर सकती है। सुप्रीम कोर्ट के नौ जजों की संविधान पीठ ने इस बात को इतनी स्पष्टता से कहा है कि उसे न सुनने की ज़िद करने वालों को भी सुनाई दे जाए।

निजता के अधिकार का यह फ़ैसला एक नागरिक को उसके तमाम अधिकारों के प्रति सचेत करता है। यह वह अधिकार है जो लोकतंत्र को जीवंत बनाए रखने के लिए बेहद ज़रूरी हैं। सुप्रीम कोर्ट ने कहा है कि सरकार के कार्यों की समीक्षा, उस पर सवाल करना, उससे असहमत होना, इन अधिकारों को भी संरक्षण प्राप्त है। संविधान पीठ ने कहा कि यह सब करने से लोकतंत्र में एक नागरिक सक्षम बनता है और वह अपना राजनीतिक चुनाव बेहतर तरीक़े से कर पाता है। संविधान पीठ ने प्रोफ़ेसर अमर्त्य सेन के एक शोध का सहारा लेते हुए कहा कि सरकार जब निरंकुश हो जाती है तब अकाल या भुखमरी की स्थिति में भी लापरवाह हो जाती है। ब्रिटिश काल में बंगाल में जब अकाल पड़ा था, तब उस घटना की रिपोर्टिंग नहीं हुई। सरकार पर जवाबदेही का भार ही नहीं पड़ा, जिसके कारण लाखों लोग मर गए।

इसलिए निजता के अधिकार का यह फ़ैसला हर नागरिक को सक्षम करने का फ़ैसला है। 2014 से यह हवा बनी कि सरकार की आलोचना नहीं कर सकते हैं, असहमत हैं तो नेता या सरकार के विरोधी हैं, देश के विरोधी हैं, विकास के विरोधी हैं। सुप्रीम कोर्ट की संविधान पीठ ने कहा है कि ऐसा बिलकुल कीजिए और ऐसा करते हुए ही आप भारत के लोकतंत्र को मज़बूत करेंगे। मेरी राय में इस 24 अगस्त के फ़ैसले ने निजता को तो परिभाषित किया ही है, नागरिक को भी बताया है कि उसका लोकतांत्रिक दायित्व क्या है और किस तरह से संविधान उसका बचाव करता है।

निजता का अधिकार मौलिक अधिकार है—यह फ़ैसला देते हुए सुप्रीम कोर्ट ने सरकार की दलील ही ख़ारिज नहीं की है, बल्कि अपने तमाम फ़ैसलों की विसंगतियों और दाग़ को भी मिटा दिया है। नौ जजों की पीठ ने आम सहमति से निजता की जो यह व्याख्या की है, वह क़ानून की उबाऊ किताब में एक सुंदर-सी कविता के समान है।

संविधान के अनुच्छेद 19 के तहत आपको बोलने, कहीं भी शांतिपूर्ण तरीक़े से जमा होने, आने-जाने और बसने की आज़ादी है। अनुच्छेद 21 के तहत प्राण और दैहिक स्वतंत्रता का संरक्षण नागरिक को हासिल है। एक तय प्रक्रिया के तहत ही किसी व्यक्ति की जान ली जा सकती है, अन्यथा नहीं। संविधान पीठ ने कहा कि ठीक है कि इनमें निजता का अधिकार नहीं लिखा है, मगर यह कहना सही नहीं है कि इनमें निजता का अधिकार शामिल नहीं है। इन सब अधिकारों से निजता के अधिकार की ही ख़ुशबू आती है। प्राइवेसी किसी व्यक्ति की निजता का संवैधानिक मूल है। इसके बग़ैर कोई व्यक्ति गरिमा के साथ नहीं जी सकता है। किसी व्यक्ति में सम्मान, समानता और स्वतंत्रता की चाह हो,

ये सब भारतीय संविधान के आधारभूत स्तंभ हैं। जीवन और स्वतंत्रता संविधान की देन नहीं हैं, बल्कि उसके पहले से हैं। संविधान सिर्फ़ उनकी रक्षा भर करता है।

सुप्रीम कोर्ट ने निजता यानी प्राइवेसी को पूरी तरह से सूचीबद्ध तो नहीं किया है, मगर साफ़-साफ़ कहा है कि आप किससे अंतरंग होंगे, किससे यौन संबंध बनाएँगे, किससे शादी करेंगे और बच्चा पैदा करेंगे, आपका घर-परिवार किस तरह का होगा—ये सब प्राइवेसी के मामले हैं। निजता का अधिकार यह मान्यता देता है कि कोई व्यक्ति अपने जीवन के अनिवार्य पहलुओं पर नियंत्रण रखे। निजता हमारी संस्कृति की विविधता और बहुलता को भी संरक्षण देती है। यह नोट करना भी ज़रूरी है कि कोई व्यक्ति पब्लिक स्पेस में है, इस वजह से उसकी निजता ख़त्म नहीं हो सकती है।

सबको पता है कि हमारी-आपकी ज़िंदगी में कॉर्पोरेट सेक्टर का भी अबाध हस्तक्षेप बढ़ता जा रहा है। संविधान पीठ ने इस पहलू पर भी विस्तार से विचार करते हुए तानाशाही और सनकी बादशाहों की दुनिया को समझने वाली सबसे बेहतर किताब *1984* का हवाला दिया है, जिसे जार्ज ऑरवेल ने लिखा था। इस उपन्यास का ज़िक्र निजता के अधिकार का विरोध करने वालों या फिर इसकी माँग का मज़ाक़ उड़ाने वालों पर करारा तमाचा है। संविधान पीठ ने कहा कि *1984* भले ही काल्पनिक स्टेट था, मगर आज यह हक़ीक़त भी हो सकता है। आज टेक्नोलॉज़ी का जिस तरह से विकास हुआ है, उससे न सिर्फ़ राज्य, बल्कि बड़े कॉर्पोरेट और प्राइवेट संस्थाओं को भी 'बिग ब्रदर' बनने की क्षमता मिलती है। संविधान पीठ एक जगह कहती है कि किसी व्यक्ति के बारे में जानकारी जुटाना उस पर काबू पाने की शक्ति प्राप्त करना है। इस तरह की जानकारियों

को जुटाने की संभावना आज कहीं ज़्यादा है, जिनका इस्तेमाल असहमति का गला घोटने में किया जा सकता है। इसलिए ऐसी सूचनाएँ कहाँ जमा होंगी, उनकी शर्तें क्या होंगी, जवाबदेही क्या होगी, इन सब बातों को लेकर रेगुलेशन बनाने की सख़्त ज़रूरत है।

समलैंगिक जमात अपने अधिकारों के लिए संघर्षरत है। इस फ़ैसले ने उनके संघर्ष को ताक़त दी है। आए दिन इस बात को लेकर भी चार लोग हंगामा करने लगते हैं कि एक धर्म की लड़की दूसरे धर्म के लड़के से शादी कर रही है। उम्मीद है, इस तरह के फ़ुज़ूल की बातों पर भी विराम लगेगा। खाने-पीने से लेकर पहनने तक की विविधता को भी सुप्रीम कोर्ट ने निजता के अधिकार के तहत रेखांकित किया है। यह ध्यान रखना चाहिए कि कोई भी अधिकार निर्बाध नहीं है। वाजिब अंकुश होता है, लेकिन सामान्य तौर पर कोई आपकी ज़िंदगी में दख़ल नहीं देगा; क्योंकि निजता का अधिकार मौलिक अधिकार है।

देश के एक बहुत अच्छे क़ानून-विशेषज्ञ फ़ैज़ान मुस्तफ़ा ने कहा है कि मौलिक अधिकार का मतलब है, जनता का सरकार पर अंकुश; न कि सरकार का जनता पर अंकुश। आज का फ़ैसला भारत की जनता की जीत है। इस फ़ैसले ने वाक़ई सर्वोच्च न्यायालय को अंतिम जन का न्यायालय बना दिया है।

हमारे संस्थानों ने हमें बहुत बार धोखा दिया है। और अब, इक्कीसवीं सदी में, लोकतंत्र पर लगातार प्रहार कर उसके महत्त्व को धीरे-धीरे इस तरह कम किया जा रहा है कि यह एक सामान्य प्रक्रिया लगने लगी है। ऐसी दुनिया, जिसे व्यक्तिगत स्वतंत्रता के अधिकार को बतौर एक मिसाल पनपने देना था, उसने आज हमसे एक नागरिक होने की स्वतंत्रता भी लूट ली है। ऐसे में अपने संविधान की ओर लौटकर ही हम

अपनी खोई हुई गरिमा और स्वतंत्रता को पा सकते हैं। वही सुप्रीम कोर्ट, जिसने कभी निजता के अधिकार के मामले में हमें निराश किया था, हमें यह भी बताता है कि हमारे संविधान-निर्माताओं द्वारा तैयार सिस्टम के 'चेक और बैलेंस' की प्रणाली अभी भी बहुत मज़बूत है। यही हमारी उम्मीद है।

डरपोक क़िस्म की नागरिकता गढ़ता मुख्यधारा मीडिया*

हाल के वर्षों में मुख्यधारा मीडिया ने नई मर्यादाएँ स्थापित की हैं। इस नई मर्यादा में उसने न सिर्फ़ अपने लिए नई नैतिकता की खोज की है, बल्कि उसे प्रतिष्ठित भी किया है। जितनी भी तरह की अमर्यादाएँ थीं, वे सब की सब मर्यादा में तब्दील हो गई हैं। वही अब मीडिया की नैतिकता है। अभद्रता मीडिया की नई भद्रता है।

भारत के लोकतंत्र की जो लोक-व्यवस्था है, पब्लिक ऑर्डर है, उसे मीडिया की बनाई नई अभद्रताओं ने ध्वस्त कर दिया है। इन अभद्रताओं को करोड़ों घरों में प्रतिष्ठित किया गया है। लुम्पेन या लंपट होना अब ग़लत नहीं है। न चौराहे पर ग़लत है और न टीवी के स्टूडियो में। भारत की अब तक की सांस्कृतिक यात्रा में लंपटों का ऐसा ज़माना शायद ही कभी आया हो! हर बहस चौराहे पर है और चौराहे की बहसें घरों में हैं। एक नहीं, कई सौ चैनलों ने यह काम किया है। इसलिए आपसे गुज़ारिश

*24 फरवरी, 2019 को नई दिल्ली में आयोजित द वायर डायलॉग्स में दिए गए भाषण का संपादित पाठ।

है कि आप सिर्फ़ एक एंकर या एक चैनल को इसका श्रेय नहीं दें। सभी ने पतन को परचम बनाया है। जो पतित था, उसे गौरवान्वित किया है। आख़िरकार इन्होंने साबित कर दिया है कि मर्यादा एक ढोंग है, दोहरापन है। अमर्यादा ही असलियत है, ईमानदारी है।

मुख्यधारा मीडिया और पॉलिटिक्स का संपूर्ण विलय हो गया है। मीडिया ने अपने समर्थन में भारी मात्रा में पाठक और दर्शक गढ़ लिये हैं। इस प्रक्रिया में पाठक-दर्शक और किसी विचारधारा विशेष की राजनीति के समर्थकों, सत्तारूढ़ राजनीतिक दल के कार्यकर्ताओं के बीच के फ़र्क़ को धुँधला कर दिया गया है। इसे अनदेखा नहीं करना चाहिए। ये बीमार लोग नहीं हैं। ये सूचनाविहीन लोग हैं। बहुत होशियारी से सूचनाविहीनों की एक बड़ी जमात पैदा की गई है, जिसे सिर्फ़ ग्रहण करने का अभ्यास कराया गया है। इनके पास अब सूचनाएँ नहीं हैं, धारणाएँ हैं। 2000 रुपए के नोट में चिप होने की घटना सामान्य नहीं थी। पकौड़ा तलने को रोज़गार से जोड़ने की घटना सामान्य नहीं थी। यह एक क़िस्म का जल-परीक्षण था, वॉटर टेस्टिंग की गई थी कि हमने सूचनाविहीन दर्शकों की जो जमात तैयार की है, क्या वो अब हर तरह के झूठ को स्वीकार करने लायक़ बन चुकी है। सूचना-प्राप्ति के माध्यम का विस्तार हुआ है। अब कई तरह के माध्यम हैं। मगर सूचनाओं का विस्तार नहीं हुआ है। उन सभी पर एक ही तरह की सूचनाएँ हैं। एक ही तरह के मुद्दे हैं। मुद्दों और सूचनाओं की विविधता का ख़त्म हो जाना ही सूचनाविहीनता है।

2014 के आसपास से ज़्यादातर न्यूज़ चैनलों पर जो 'नेशनल सिलेबस' वाला प्रोजेक्ट चल रहा है, उसके लॉन्च होने के समय से ही स्पष्ट था कि आपको दर्शक नहीं होने देना है। आपके भीतर के दर्शक को मारना है, तभी लोकतंत्र को बिना मारे उसे हथियाने की प्रक्रिया पूरी हो पाएगी।

यह और बात है कि इस प्रक्रिया में सड़कों पर ख़ून बह गया। भीड़ ने सुबोध कुमार सिंह से लेकर मोहम्मद अख़लाक़ तक को मार दिया। मीडिया और आईटी सेल के नेशनल सिलेबस का असर हुआ तो है। मैं इस प्रोजेक्ट को कामयाब मानता हूँ। हालाँकि यह हमारे लोकतंत्र की हार है, फिर भी राष्ट्रवादी मीडिया पाठ्यक्रम का यह प्रोजेक्ट सफल रहा है।

नेशनल सिलेबस का कोर चैप्टर है, जनता को हिंदू और मुसलमान में बाँटते रहना। हर दूसरा मुद्दा इसी मक़सद के साथ आता है। राष्ट्रवाद का सहारा लेकर उसे आगे बढ़ाया जाता है। इस तरह मीडिया के ज़रिये नागरिकों के विभाजन की प्रक्रिया चलाई गई है। मीडिया हमारी नागरिकता का यह विभाजन बहुत चालाकी से नहीं, बल्कि मूर्खता के दम पर कर रहा है। जिन्हें आप कुतर्क कहते थे, वे ही अब तर्क हैं। नागरिकता के इस विभाजन के लिए दो चीज़ें बहुत ज़रूरी थीं। नागरिकता सूचना और सवाल से बनती है। इन दोनों पर हमला किया गया। दर्शकों के बड़े जमात को सूचनाविहीन बनाया गया।

हम सब पहले से ही कई तरह की ग़लत-सही धारणाओं को ख़ुद में पाले रखते हैं, जिन्हें हम रोज़ सही सूचना के तौर पर इस्तेमाल करते हैं। मीडिया ने हमारी इसी लापरवाही को सही सूचना और सही सवाल में बदल दिया है। कई सौ चैनलों ने मिलकर उन धारणाओं से एक हिंदू कुंठा का निर्माण किया है। यह कुंठा पहले से भी थी, मगर राष्ट्रीय स्तर पर स्थापित नहीं थी। मीडिया में स्थापित नहीं थी। अब स्थापित हो चुकी है। आज का मीडिया भारत का मीडिया नहीं है। यह हिंदू मीडिया है। हिंदू धर्म का मीडिया नहीं है, हिंदुत्व का मीडिया है। आज के भारत में आप कह सकते हैं कि हिंदुत्व का अपना मीडिया है, बल्कि 90 फीसदी मीडिया उसी का है।

नेशनल सिलेबस के मुताबिक़ चल रहे इस मुख्यधारा मीडिया ने सूचनाओं की विविधता समाप्त की है। नागरिकता की पुरानी समझ को हटाकर नई समझ क़ायम की है। पुरानी समझ को नए हिंदू बोध से विस्थापित किया है। पहले का नागरिक भी हिंदू था, मगर वह सवाल करता था। पत्रकारिता में साहस को पसंद करता था। नए हिंदू बोध से लैस नागरिकता में सवाल करने या साहस करने की अनुमति नहीं है। तब आप बाग़ी हो जाएँगे और 'एंटी हिंदू' हो जाएँगे। हिंदू धर्म का कोई भी ईमानदार अध्येता, विचारक अगर इन चैनलों के हिसाब से अपने धर्म की राजनीतिक प्रतिष्ठा को देखेगा तो उसे दिख जाएगा कि धर्म के नाम पर किस तरह का अधर्म हो रहा है। आज के मीडिया की सारी मर्यादाएँ उन हिंदू मर्यादाओं के ख़िलाफ़ हैं, जिनकी श्रेष्ठता का दावा किया जाता है और जिन पर गौरव किया जाता है। गीता में भले लिखा है कि क्रोध से विवेक नष्ट हो जाता है, इसके बाद भी गीता का नाम लेते हुए एंकर रोज़ चीख़-चिल्ला रहा होता है।

हिंदू कुंठा के आधार पर हिंदू एकता की बात करने वाला यह मुख्यधारा मीडिया एक डरपोक क़िस्म की नागरिकता गढ़ रहा है। धर्मभीरु नागरिकता गढ़ रहा है। एक अच्छा नागरिक वही है जो अपने धर्म को लेकर असुरक्षित महसूस न करे और सरकार से कोई भी सवाल पूछने में असुरक्षित महसूस न करे। आज का मीडिया ऐसे नागरिकों के ख़िलाफ़ है। वह नागरिकों को बाँटकर, उनमें से सवाल करने वाले नागरिकों को काट-छाँट कर अलग-थलग कर देना चाहता है।

'भक्त' बनाने के नाम पर मीडिया भक्तिकाल के सबसे प्रखर प्रतीक कबीर होने की किसी भी संभावना को दफ़न कर देना चाहता है, जबकि हर नागरिक को कबीर होना चाहिए। हम सबको कबीर होना चाहिए।

जो अपने समय की सामाजिक और राजनीतिक सत्ता से निर्भीकता से सवाल पूछता है, किसी भी तरह की जकड़ी हुई व्यवस्था पर सवाल उठाता है, वही कबीर है। कबीर होना ही श्रेष्ठ भक्ति है। रविदास ने अगर 'मन चंगा तो कठौती में गंगा' न कहा होता तो कर्मकांडी भक्ति के बरक्स सच्ची भक्ति की हमारी समझ नहीं बनती। कुम्भनदास ने अगर अकबर का न्योता ठुकराकर, उनके दरबार में जाने से इनकार न किया होता, 'संतन को कहाँ सीकरी सो काम' न कहा होता तो आजकल की हालत देखकर हम यही समझते, संत तो सत्ता के बगलगीर होते ही होते हैं। भक्ति किसी राजनीतिक सत्ता की हो या सामाजिक सत्ता की, भली नहीं होती। हमारे भक्त कवियों ने हमें यही समझ दी है। भक्तिकाल के साहित्य की यह सर्वोत्तम देन है। मीडिया नए क़िस्म के भक्त बनाकर भक्तिकाल की उस महान परंपरा को मिटा देना चाहता है जो मूल रूप से भारतीय परंपरा है। आज का मीडिया भारतीय परंपराओं के साथ नहीं, उनके ख़िलाफ़ है। वह एक ऐसे क़िस्म का भक्त समाज बनाना चाहता है, कुछ हद तक बना चुका है, जो सूचनाविहीन है। जो सूचनाविहीन होता है, वह प्रेमविहीन भी होता है। डरपोकों की जमात ही अपने डर को बचाने के लिए हमला करती है।

अब हमारी लोकव्यवस्था की बेस लाइन यही है। आधार बदल चुका है। संदर्भ बिंदु बदल चुका है। किसी भी सभ्यता में कई संदर्भ बिंदु यानी रेफरेंस प्वाइंट होते हैं। उनकी विविधता को समाप्त किया जा चुका है। अब रेफरेंस प्वाइंट वही है जो आज का 'नेशनल सिलेबस' है। देखने की बात यह है कि एक हिंदू-हृदय-सम्राट के शासनकाल में हिंदू कुंठा स्थापित की गई है। मीडिया ने इस हिंदू कुंठा को वैध बनाया है। आप सवाल न करें, क्योंकि आपके सामने एक धारणा स्थापित की गई है

कि जो दूसरा आएगा वह मुसलमानपरस्त होगा। आप सवाल करेंगे तो वे कहेंगे कि आप कांग्रेस के एजेंट हैं, फिर कहेंगे आप नक्सल हैं, फिर कहेंगे आप अर्बन नक्सल हैं, फिर कहेंगे कि आप हिंदू एकता के विरोधी हैं, फिर कहेंगे कि आप हिंदू विरोधी हैं, फिर कहेंगे कि आप मुसलमानों को सपोर्ट करते हैं, फिर कहेंगे कि आप मोदी का विरोध करते हैं। दरसअल, उनके बचाव का यह जो अंतिम बिंदु है कि आप मोदी का विरोध क्यों करते हैं, यही लोकतंत्र में लोकव्यवस्था की समाप्ति का आरंभिक बिंदु भी है।

जब भी सवालों का दौर आता है, व्हाट्सएप्प यूनिवर्सिटी में यह रेडीमेड जवाब फैलाया जाने लगता है कि 'अभी नौकरी की बात कर रहे हैं, जैसे मोदी चले जाएँगे तो नौकरी मिल जाएगी। मोदी हैं तो मुसलमान शांत हैं।' इस प्रक्रिया में एक पूरे समुदाय को अपराधी की तरह पेश कर दिया गया है। उन्हें क़ानून-व्यवस्था के विरोधी की तरह पेश किया गया है। अंग्रेज़ों ने कुछ घुमंतू जनजातियों को 'अपराधी' घोषित कर दिया था। उन्हें उस तमगे से आज तक मुक्ति नहीं मिली। भारत के मीडिया ने भारत के मुसलमानों का अपराधीकरण किया है। उन्हें क्रिमिनल कास्ट में बदला है। तभी कश्मीर में कुछ होता है तो बिहार में भी कश्मीरी पीटे जाते हैं। एक हफ़्ते तक उन्हें जगह-जगह पीटे जाने की कई घटनाएँ जब घटित हो जाती हैं, उसके बाद प्रधानमंत्री एक अच्छा-सा बयान देते हैं।

हमारी एक दोस्त से एक चैनल ने कहा कि 'आप बहस में आ जाएँ।' बहस किन मुद्दों पर है, इस बारे में जब उन्होंने चैनल से कई सवाल पूछे तो अंत में बोला गया कि 'आप मुसलमान हैं। मुसलमान क्या सोच रहे हैं, यही पक्ष रख दीजिएगा।' क्या मुसलमान कुछ अलग

सोच रहे हैं? आख़िर हम किस स्तर पर आ गए हैं? क्या अब्दुल हमीद ने कुछ अलग सोचा होगा?

नागरिकता का यह विभाजन एकतरफ़ा नहीं है। मीडिया की बहसों में हिंदू टॉपिक के अलावा मुस्लिम टॉपिक को भी स्थापित किया गया। बहसों के कार्यक्रम में हिंदू और मुसलमान पक्ष बनाया गया। इन बहसों के ज़रिये मुसलमानों के नागरिकता-बोध पर हमला किया गया। हर दिन उन्हें अपनी नागरिकता और मज़हब की सफ़ाई देनी पड़ रही है। मीडिया के ज़रिये जिस पब्लिक स्पेस को गढ़ा गया है, उससे मुसलमानों को विस्थापित कर दिया गया है। भय और कुंठा के कारण मुसलमान भी इस पब्लिक और पॉलिटिकल स्पेस से पीछे हटने लगे हैं। इस तरह से हिंदू कुंठा के साथ-साथ मुस्लिम कुंठा को भी स्थापित किया गया है। आप कुंठा की जगह भय भी पढ़ सकते हैं। नागरिकता के विभाजन की यह प्रक्रिया बहुत तेज़ है। अगर इस प्रक्रिया को सूचना और समझ के आधार पर नहीं रोका गया तो बहुत देर हो जाएगी।

नेताओं के भाषण, एंकरों के तेवर, स्क्रीन पर लिखे नारों और व्हाट्सएप्प में लिखी जाने वाली भाषा पर आप गौर करें तो आपको एक कांप्लेक्स नज़र आएगा। जो व्यक्ति इस कांप्लेक्स का नागरिक हो गया है, उसके लिए बाहर जाने के दरवाज़े या तो बंद हैं या बहुत कम हैं। इस कांप्लेक्स के हिसाब से पुलवामा अटैक के बाद 'नहीं बोलने वाले' सचिन तेंदुलकर भी देशद्रोही हो सकते हैं और लेफ्टीनेंट जनरल अता हुसैन भी। जबकि तथ्य तो यह है कि तेंदुलकर ने उस आतंकी घटना की निंदा की थी। हाल के दौर में किसी सूचना के बाधित होने या ग़लत सूचना और अफ़वाह के समाचार में बदल जाने की यह कोई इकलौती घटना नहीं है। दरअसल, आज के मीडिया ने साबित कर दिया है कि

मूर्खता और लंपटता का भी बिज़नेस हो सकता है। इसका भी एक रेवेन्यू मॉडल हो सकता है।

एक पार्टी की विचारधारा का चादर हर चैनल और हर एंकर ने ओढ़ लिया है। एक ज़माना था, जब अंग्रेज़ी और हिंदी मीडिया में फ़र्क़ होता था। अब अंग्रेज़ी के चैनल और हिंदी के चैनल में कोई फ़र्क़ नहीं है। जो भी फ़र्क़ था वह अब मिट चुका है। क्राफ्ट का, ड्राफ़्ट का, यहाँ तक कि क्लास का भी फ़र्क़ मिट गया है। हाँ, एक फ़र्क़ है। यह जो एकीकरण हुआ है टीवी माध्यम में, उसका लीडर अंग्रेज़ी वाला ही है। यह और बात है कि इन सबका सुप्रीम लीडर एक हिंदी वाला है। नीचे से लेकर ऊपर तक कंटेंट एक है। फार्मेट एक है। नाम अलग-अलग हैं। कहीं 'काँपता पाकिस्तान' है तो कहीं 'कँपाता हिंदुस्तान' है। कहीं 'झुकता पाकिस्तान' है तो कहीं 'झुकाता हिंदुस्तान' है। यही होना था। क्योंकि इसी दिशा में सारी चीज़ें बढ़ रही थीं और बढ़ती जा रही हैं।

हिंदी चैनलों का बुनियादी ढाँचा ध्वस्त हो गया है। उनके संकट की पहचान आसान नहीं है, क्योंकि उनका संकट भी उनका अपना नहीं है। जब कंटेंट ही अपना नहीं है तो संकट कैसे अपना होगा? कटेंट अपना होता तो चैनलों में अंतर होता। पहले चैनलों में सूचना से कंटेंट बनता था, अब प्रोपगैंडा या विचारधारा कह लीजिए, उससे बनता है। आप किसी भी चैनल को देख लीजिए, आपको वही प्रोपगैंडा दिख जाएगा जिसे मैं नेशनल सिलेबस कहता हूँ। एक ही जगह से यह सिलेबस तैयार होता है और फिर वहाँ से इसकी आउटसोर्सिंग की जाती है। जिसके लिए अब चैनल वेंडर में बदल गए हैं। इनके कंटेंट और फ़ॉर्मेट को देखकर आप आसानी से समझ सकते हैं कि भारत के अर्जित लोकतंत्र को लोकतंत्र के ही एक माध्यम से ख़त्म किया जा रहा है।

भारत का मुख्यधारा मीडिया सरकार के लिए सी.बी.आई. की तरह हो गया है। विपक्ष या असहमति की किसी आवाज़ को सी.बी.आई. के छापे से फ़िक्स नहीं कर सकते तो उसका फ़ोटो छपवाकर उसे फ़िक्स कर दो। न्यूज़ चैनलों के पास एक हथियार है। एंकर आएगा, आपका फ़ोटो लगाएगा और कहेगा कि 'आप चुप क्यों हैं? आप एंटी नेशनल हैं।' किसी भी रात किसी भी चैनल से आपके नाम का ऐलान हो सकता है कि आप एंटी नेशनल हैं। भारत के इतिहास में नेशनलिज़्म अंग्रेज़ों के ख़िलाफ़ आया, पहली बार इसका इस्तेमाल भारत के लोगों के ही ख़िलाफ़ हो रहा है।

दरअसल, सूचनाविहीन बना देने की इस पूरी प्रक्रिया में हमारे-आपके भीतर के नागरिक की हत्या हो रही है। जबकि हम और आप अपनी नागरिकता और राष्ट्रीयता संविधान से हासिल करते हैं, किसी एंकर या न्यूज़ चैनल से नहीं।

ऐसा नहीं है कि इस प्रक्रिया को चुनौती नहीं मिल रही है। मिल रही है। आम लोग यूट्यूब चैनलों के ज़रिये सरकार से सवाल कर रहे हैं। एक नए तरह का मीडिया जन्म ले रहा है, खड़ा हो रहा है; जैसे कि वायर है, स्क्रोल है, कैरवान है। अख़बारों में अभी भी टेलिग्राफ़ है। न्यूज़ चैनलों की दुनिया में अभी भी हम लोग टिके हुए हैं। मीडिया को मीडिया समझने वालों की संख्या इधर कुछ बढ़ रही है। उम्मीद है उन महिला पत्रकारों से, जो लड़ गई हैं इस सिस्टम से। मगर उस स्केल के सामने ये सारे प्रयास अभी बहुत छोटे हैं। मुझे यक़ीन है कि ये छोटी-छोटी रेखाएँ एक दिन लंबी और बड़ी होती जाएँगी।

आज का मुख्यधारा मीडिया लोकतंत्र का फोर्थ इस्टेट नहीं है, बल्कि वह एक पॉलिटिकल पार्टी का फर्स्ट इस्टेट है। शुक्रिया बीजेपी, शुक्रिया

मोदी जी, भारत को ऐसा डरपोक मीडिया देने के लिए। वाक़ई मैं भी आपसे वह सवाल पूछना चाहता हूँ जो आपके मनपसंद फ़िल्मी सितारे ने आपसे चुनावी इंटरव्यू के दौरान पूछा था, आपमें ऐसी फ़क़ीरी कहाँ से आती है? इस दीन-दुनिया से बेपरवाह कोई फ़क़ीर ही ऐसे मीडिया को मान्यता दे सकता है।

मैं अक्सर सोचता हूँ कि अपनी भक्ति में दिन-रात चल रहे इन टीवी चैनलों पर ख़ुद को देखते हुए प्रधानमंत्री जी क्या सोचते होंगे? ख़ैर, वे तो फ़क़ीर हैं। फ़क़ीर का इन सवालों से क्या लेना-देना!

2019 में *1984* पढ़ते हुए

नाज़ी दौर के इतिहास को पलटिए तो आपको एक शब्द मिलेगा cleansing, जिसे यहूदियों के सफ़ाये के संदर्भ में इस्तेमाल किया जाता था। यह शब्द सफ़ाये और सफ़ाई दोनों अर्थों में इस्तेमाल हुआ। उनकी बस्तियों की cleansing से लेकर नस्ल की cleansing तक का संदर्भ आपको जगह-जगह मिलेगा। आबादी के किसी हिस्से को योजनाबद्ध ढंग से मिटा देने को cleansing कहते हैं।

नाज़ी शासन में cleansing शब्द का जिन संदर्भों में इस्तेमाल किया गया और जिस तरह यह शुद्धीकरण अभियान लागू किया गया—इन सबसे वाक़िफ़ होने के बाद आप जार्ज ऑरवेल के उपन्यास *1984* का कोई भी पन्ना पढ़ लें। इसमें एक Thought Police नाम की चीज़ मिलेगी, जिसे आप 'विचार पुलिस' कह सकते हैं। ऑरवेल अपने उपन्यास में इस नाम से एक ऐसी संस्था की कल्पना कर रहे हैं जो हर नागरिक के मन में उभर रहे विचार को जान लेती है, उस पर नज़र रखती है। कोई भी नागरिक पार्टी के ख़िलाफ़ सोच नहीं सकता है, लिख नहीं सकता है, बोल नहीं सकता है। जगह-जगह माइक्रोफ़ोन लगे हैं। विशाल टेलीस्क्रीन

लगे हैं। इन स्क्रीन के पीछे से कोई आपको देख रहा है। कोई आपको सुन रहा है। विचार पुलिस नहीं चाहती कि एक नागरिक या इंसान के तौर पर आपके भीतर किसी प्रकार की कोई भी भावना ज़िंदा रहे। भले ही वह भावना उन्मुक्त ख़ुशी की क्यों न हो। तमाम नागरिकों की भावनाओं पर भी पार्टी का ही नियंत्रण है।

ऑरवेल का यह उपन्यास *1949* में छपा था। इन दिनों अमरीका में यह नए सिरे से पढ़ा जाने लगा है। आख़िर उस शख़्स ने सत्तर साल पहले कैसे हमारे वक़्त को इस तरह साफ़-साफ़ देख लिया था और हमारे लिए लिख भी दिया था? दुनिया तब भी बेख़बर रही, आज भी बेख़बर है! ज़रा ग़ौर फ़रमाइए, पुलवामा हमले के अगले दिन यानी 15 फरवरी, 2019 को भारत में 9 नौजवान मिलकर फेसबुक पर Clean The Nation (CTN) नाम से एक ग्रुप बनाते हैं। अगले दो दिनों में वे पुलवामा हमले पर सवाल उठाने वालों की पहचान करते हैं। उनके ख़िलाफ़ पुलिस में शिकायत करते हैं। वे सभी शिनाख़्त हुए लोग ट्रोल होते हैं। पुलिस उन्हें देशद्रोह और अन्य मामलों का अभियुक्त मानकर गिरफ़्तार करती है। वे सभी लोग अपनी नौकरियों और विश्वविद्यालयों से निलंबित होते हैं। इस बीच CTN नाम के इस फेसबुक ग्रुप के 4500 सदस्य बन जाते हैं। फेसबुक और ट्विटर ने इनके एकाउंट/हैंडल को कैंसल कर दिया, फिर भी फेसबुक पर इनका छद्म ग्रुप चलता रहा। जिसके 42 संस्थापक सदस्य थे। ज़्यादातर की उम्र 20 साल के आसपास है। ये लोग नोएडा और दिल्ली में आईटी प्रोफ़ेशनल के रूप में काम भी करते हैं। इनका मिशन है—'देशद्रोहियों का सफ़ाया।'

CTN प्रोजेक्ट एक वीडियो ज़ारी होने के साथ शुरू होता है, जिसमें 'भारतीय सेना' लिखा हुआ टी-शर्ट पहने हुए इसके कोर मेम्बर मधुर सिंह

कहते हैं कि 'उन लोगों का पता लगाओ जो भारतीय सेना पर हँस रहे हैं। उनके मालिकों से संपर्क करो। जहाँ पढ़ रहे हैं उस यूनिवर्सिटी से संपर्क करो। उन्हें सबक सिखा दो। नौकरी से निकलवा दो। यूनिवर्सिटी से निलंबित करवा दो।'

इंडियन एक्सप्रेस की करिश्मा मेहरोत्रा ने मधुर सिंह और CTN के और भी कोर सदस्यों से बातचीत की है। उन्हें इस समूह ने बताया है कि उनकी टीम फेसबुक के ज़रिये भारत-द्रोहियों के बारे में सूचनाएँ जुटाती है, क्योंकि वहाँ सबसे अधिक व्यक्तिगत ब्योरे मिल जाते हैं। उन्होंने दावा किया कि तक़रीबन पैंतालीस मामलों में भारत विरोधी लोगों के ख़िलाफ़ कार्रवाई करवाई गई है : गुवाहाटी के एक कॉलेज का सहायक प्रोफ़ेसर निलंबित हो चुका है; राजस्थान विश्वविद्यालय ने चार कश्मीरी छात्राओं को निलंबित कर दिया है; एक ट्विट के कारण जयपुर में एक गिरफ़्तारी हुई है; ग्रेटर नोएडा के एक इंजीनियरिंग कॉलेज ने कश्मीरी छात्र को निलंबित कर दिया है; बिहार के कटिहार में एक छात्र फेसबुक पोस्ट के कारण गिरफ़्तार हुआ है। कई संस्थाओं ने CTN को अपने द्वारा की गई कार्रवाई का ब्योरा पत्र भी भेजा है।

उसके बाद 29 जून, 2019 को, CTN को सोशल मीडिया पत्रकारिता के लिए एक अवार्ड दिया जाता है, जिसका नाम है—सोशल मीडिया पत्रकारिता नारद सम्मान। यह अवार्ड देने वाली संस्था का नाम है—इंद्रप्रस्थ विश्व संवाद केंद्र (IVSK)। यह आयोजन होता है दिल्ली के इंडिया इंटरनेशनल सेंटर में और मंच पर विराजमान हैं—राष्ट्रीय स्वयंसेवक संघ के मनमोहन वैद्य और केंद्रीय मंत्री स्मृति ईरानी।

इंडियन एक्सप्रेस ने अवार्ड देने वाली संस्था IVSK के सचिव वागीश इस्सर से बात की है। उनका कहना है कि 'इस समूह को अवार्ड इसलिए

दिया गया, क्योंकि हमने देखा कि ये अपने देश को बहुत प्यार करते हैं। बहुत लोग देश को प्यार करते हैं, लेकिन कुछ लोग ज़्यादा सक्रियता से प्यार करते हैं।'

गुवाहाटी के एक कॉलेज से निलंबित की गईं सहायक प्रोफ़ेसर ने *इंडियन एक्सप्रेस* से कहा है कि मीडिया उनका पीछा करने लगा। घर छोड़कर भागना पड़ा। महीने भर बाद लौटीं, लेकिन उनके निलंबन पर अभी तक फ़ैसला नहीं हुआ है। वापस नहीं लिया गया है। जयपुर में चार कश्मीरी लड़कियों के ख़िलाफ़ मुक़दमा दर्ज किया गया। उनके व्हाट्सएप्प मैसेज का मतलब यह निकाला गया कि इन लोगों ने पुलवामा हमले पर ख़ुशी ज़ाहिर की है। उन्हें कॉलेज और हॉस्टल से निलंबित कर दिया गया। स्थानीय लोग भी इनके ख़िलाफ़ प्रदर्शन करने आ गए। एफआईआर दर्ज हुई, मगर कोई गिरफ़्तार नहीं हुआ। इंडियन एक्सप्रेस ने थाने के एसएचओ से बात की है। उन्होंने बताया है कि लड़कियों के ख़िलाफ़ कोई मामला नहीं बनता है।

इन बातों के मद्देनज़र स्थानीय स्तर पर मोहल्लों में, दफ़्तरों में ज़रूर बहस हुई होगी। लोगों को फ़र्ज़ी सूचनाओं के आधार पर 'राष्ट्रवादी' बनाया गया होगा। मीडिया भी इस गरमागरम बहस में कूदने से पीछे क्यों रहता! अब यह मामला समाप्त हो चुका है। न समाज को अफ़सोस है और न मीडिया को। जगह-जगह इसी पैटर्न पर बहस के मुद्दे पैदा किए जाते हैं। लोगों के बीच से 'राष्ट्रविरोधी' की पहचान की जाती है। कोई नया मामला बनाया जाता है और दूसरे ज़रूरी मुद्दों से लोगों को भटका दिया जाता है। हर दिन लोग इसी तरह से ड्रिल कर रहे हैं। वे जार्ज ऑरवेल के 1984 के नागरिक बन गए हैं। वे अब एक ऑरवेलियन जहान में रह रहे हैं। उनकी अपनी कोई सोच नहीं बची है, कोई समझ नहीं बची

है। वे अब अपनी हँसी भी नहीं हँस सकते हैं। जब सत्ता में बैठा नेता कहेगा और जितना वह हँसेगा, तब उतना ही सबको हँसना होगा।

CTN गैंग जैसी कई 'पुलिस' आपके आसपास है। नहीं भी है तो उसके आ जाने का डर लगा रहता है। इसलिए आप खुलकर लिखने से डरते हैं। खुलकर बोलने से बचते हैं। ट्रोल के हमले से घबराते हैं, क्योंकि आप पर CTN जैसे समूहों की नज़र है। BIG BROTHER IS WATCHING YOU। अब CTN जैसे समूह बिग ब्रदर के सीसीटीवी कैमरे हैं।

स्वागत है, यही आज का भारत है। यही नया रिपब्लिक है। अब आप एक नागरिक नहीं हैं; एक पार्टी बन चुके हैं। जो नहीं बने हैं, उन्हें इसकी क़ीमत चुकानी है, और आपको उस बात से कोई मतलब नहीं है।

मैं फिर से उस 'cleansing' शब्द की याद दिला रहा हूँ, जिससे इस लेख की शुरुआत की थी। नाज़ियों का सफ़ाया अभियान यहूदियों से शुरू हुआ था। फिर आबादी के दूसरे तबकों को भी उस सूची में जोड़ दिया गया। एक लंबी सूची तैयार हो गई, होती गई। इना आर. फ्रीडमैन अपने एक लेख 'The Other Victims of the Nazis' में हमें आगाह करती हैं कि साठ लाख यहूदियों के साथ ही नाज़ी शासन ने पचास लाख अन्य लोगों को भी मार डाला था। ये वो लोग थे जो नस्ली तौर पर अशुद्ध, अस्वस्थ, अनुत्पादक या अनैतिक क़रार दिए गए थे। इनमें जिप्सी, अश्वेत, यहोवा के साक्षी, शारीरिक-मानसिक रूप से विकलांग, कम्यूनिस्ट, सोशल डेमोक्रेट और नाज़ियों के अन्य राजनीतिक विरोधी, उनसे असहमत क्लर्जी, समलैंगिक, ट्रांसजेंडर, युद्धबंदी, मिरगी के मरीज़, शराबी, स्लाव लोग, चित्रकार, लेखक, संगीतकार और अन्य कलाकार जो हिटलर के विचारों और कार्यों से असहमत थे, सब शामिल थे।

फ्रीडमैन ने लिखा है, "'जनता और राज्य से तनाव दूर करने संबंधी क़ानून' उपशीर्षक वाले विधेयक ने नाज़ियों को उन तमाम नागरिक और मानव अधिकारों की पूरी तरह अनदेखी करने की छूट दे दी, जो पहले जर्मन संविधान से सुनिश्चित किए गए थे। इसी क्रम में मानवाधिकारों के उल्लंघन को वैधता प्रदान करने के लिए नाज़ियों ने एक प्रेस और रेडियो प्रोपगैंडा शुरू किया, जिसमें अपने भावी शिकार लोगों को चूहा, परजीवी और मनुष्यों से कमतर और हेय बताया।"

इसके बाद फ्रीडमैन तत्कालीन वस्तुस्थिति को लेकर एक ऐसी टिप्पणी करती हैं, जिससे इतिहास हमारे अपने दरवाज़े पर आ खड़ा होता है। वह इस बात की तरफ़ ध्यान दिलाती हैं कि हिटलर और नाज़ियों का शुद्ध 'श्रेष्ठ नस्ल' में भरोसा रखना कोई ख़ास बात नहीं थी। ख़ास बात तो यह थी कि 'अवांछित समूहों' की पहचान करने की प्रक्रिया में जर्मन समाज के विभिन्न तबक़ों में से वैज्ञानिक, डॉक्टर, नृतत्त्वशास्त्री, इंजीनियर, छात्र आदि भी जोश-ओ-ख़रोश से शामिल थे। वे अपने देश से 'राष्ट्रद्रोहियों' का सफ़ाया कर रहे थे।

ऑरवेल के उपन्यास *1984* को पढ़ते हुए फ्रीडमैन के लेख पर एक नज़र डालना मत भूलिएगा। वह लेख ऑनलाइन उपलब्ध है।* उसे पढ़ते हुए आप महसूस करेंगे कि इतिहास के पुराने माल को नया बताकर बेचा जा रहा है।

---

*http://www.socialstudies.org/sites/default/files/publications/se/5906/590606.html

पंद्रह अगस्त को एक आइसक्रीम ज़रूर खाएँ

पंद्रह अगस्त आते ही कई लोग आज़ादी के हासिल पर सवाल करने लगते हैं। उन्हें एक क़िस्म का पंद्रह अगस्तीय वैराग्य होने लगता है कि हमने तो कुछ किया ही नहीं। कुछ करने का सवाल और सफ़र तो अनंत है। क्या वाक़ई हमने कुछ नहीं किया? यह सवाल हम किसी राजनीतिक दल के हिसाब से पूछते हैं या राष्ट्रीय होकर पूछते हैं?

सत्तर साल की आज़ादी के इस सफ़र में भारत ने काफ़ी दूरी तय की है। आप दुनिया के किसी कोने में हों, आप इस मुल्क पर गर्व कर सकते हैं। इसे आपने ही गर्व करने लायक़ बनाया है और आप ही बनाते रहेंगे। कमियाँ तो रहेंगी, मगर दूर करने का ख़्वाब ही तो भारत के लोगों को भारतीय बनाता रहेगा। 'कुछ नहीं हुआ' की जगह बस 'क्या कुछ हो सकता है'—यह पूछना शुरू कर दीजिए। 'बहुत कुछ' करने की जगह 'थोड़ा बहुत' ही करना शुरू कर दीजिए।

लेकिन इस सवाल का जवाब आपको सिर्फ़ करने के इरादे में नहीं मिलेगा। आप कौन-सा रास्ता तय करते हैं, उससे भी मिलेगा। क्या हम उन आर्थिक-राजनीतिक व्यवस्थाओं पर विचार करने का परिश्रम कर

पाते हैं जो सबकी भलाई करने का दावा करती रही हैं। मुझे नहीं मालूम कि दूसरा सिस्टम क्या हो सकता है, क्योंकि जो दूसरा बताया गया वह कामयाब नहीं हुआ; और लोगों ने उसमें वैसी आस्था व्यक्त नहीं की जैसी बार-बार या समय-समय पर असफल होते इस आर्थिक व्यवस्था के प्रति करते हैं।

आर्थिक असमानता तो विकास के जनक कहे जाने वाले मुल्कों में भी दूर नहीं हो सकी। जीवन का तनाव तो तमाम तकनीकी सुविधाओं के जुटान के बाद भी कम नहीं हो सका। लिहाज़ा हम सब मिलकर एक ऐसे सिस्टम की हिमायत करने का आसान रास्ता चुन लेते हैं जो कुछ लोगों को फ़ायदा पहुँचाते रहता है। जिन कुछ लोगों में हम भी शामिल होते हैं या शामिल हो जाने की क़ाबिलियत माँजते रहते हैं।

कई बार हम अध्यात्म और आर्थिक उपलब्धि को आपस में मिला देते हैं, जबकि दोनों के रास्ते अलग हैं। आप उपभोक्ता हुए बिना अर्थव्यवस्था की तरक़्क़ी में भागीदार नहीं हो सकते और उपभोक्ता होकर आध्यात्मिक नहीं हो सकते हैं। दोनों में संतुलन ज़रूर हासिल कर सकते हैं।

भारत की आज़ादी की लड़ाई दुनिया का एक बेहतरीन दस्तावेज़ है। 90 साल से भी ज़्यादा समय तक हम आज़ादी के ख़्वाब को हासिल करने के लिए लड़ते रहे। यह वो लड़ाई थी, जब सभी जाति-धर्मों के लोग अपने ख़िलाफ़ लड़ते हुए भी देश के लिए लड़ रहे थे। आज़ाद होने के रास्ते को लेकर बहस करते रहे तो आज़ाद भारत में बराबरी और

सम्मान के साथ सबको जीने का मौक़ा मिले, इसके लिए भी लड़ते रहे। ये सब वो सवाल थे जो अंग्रेज़ों से नहीं, बल्कि हिंदुस्तानियों से ताल्लुक़ रखते थे। हमने सहनशीलता और मोहब्बत को कई आधारों में से एक महत्त्वपूर्ण आधार माना था।

हम यह समझ रहे थे कि आज़ाद भारत में ऊँच-नीच के लिए कोई जगह नहीं होगी। हमारा इस बात पर ज़ोर था कि मज़हब के नाम पर नफ़रत की कोई जगह नहीं होगी। जब हिंदुस्तान बीसवीं सदी के राष्ट्रवादी संदर्भ में अपना भौगोलिक-राजनीतिक वजूद प्राप्त कर रहा था, तब उसने किसी भी सवाल को नहीं छोड़ा।

दंगे ब्रिटिश राज की देन हैं। आज़ादी की लड़ाई के दौरान भी दंगों का सिलसिला इस देश में नहीं थमा। अगर आप लाउडस्पीकर या धार्मिक जुलूसों के प्रकरणों को देखेंगे तो भयानक क़िस्म की निरंतरता दिखेगी। लाउडस्पीकर को लेकर न जाने तब कितने दंगे हुआ करते थे, अब तो आए दिन छिटपुट टकराव की घटना सामने आ जाती है। कभी मस्जिद की अजान तो कभी मंदिर की आरती और दोनों समुदायों की तरफ़ से निकलने वाले धार्मिक जुलूस! नफ़रत फैलाने वालों की दलीलें आज तक नहीं बदली हैं। शायद इसी सनक के प्रतिकार में भगत सिंह ने ख़ुद को नास्तिक घोषित कर दिया तो कानपुर में हुए दंगों को रोकने के क्रम में पत्रकार-संपादक गणेश शंकर विद्यार्थी शहीद हो गए। आज फिर से वैसे लोगों की संख्या बढ़ गई है जो कारणों और असमानताओं को उजागर कर नफ़रत फैलाते हैं। वे तुरंत का तुरंत हिसाब लेना चाहते हैं। दोनों तरफ़ से किसी भी घटना को पूरे-के-पूरे समुदाय पर थोप दिया जाता है और फिर नफ़रत की राजनीति उस एक समुदाय को चिह्नित करने लगती है। हिसाब या संतुलन को आधार बनाकर सुनियोजित ढंग

से नफ़रत फैलाया जा रहा है।

2014 में उत्तर प्रदेश के मेरठ ज़िले के खरखौदा क़स्बे में एक मदरसे में हिंदी पढ़ाने वाली एक महिला ने कथित धर्मांतरण, गैंगरेप और बंधक बनाने का आरोप लगाया। उसे लेकर सोशल मीडिया पर अतिरिक्त आक्रामक सक्रियता दिखाई गई। उसके बहाने से पहले के ऐसे तमाम प्रकरणों को, जिनमें कोई अल्पसंख्यक शिकार हुआ हो, उन सबको उचित ठहराने का प्रयास हुआ। मेरठ की घटना का बदला लेने का बहाना भी बनाया गया।

ऐसी आपराधिक घटनाओं का समर्थन कौन कर सकता है? कोई नहीं करेगा। जो नफ़रत फैलाता है, वही किसी आपराधिक घटना को किसी मज़हब विशेष की आड़ में उचित बताता है; और किसी अन्य आपराधिक घटना को उसी मज़हब के नाम पर ज़हरीला भी बनाता है।

मेरठ प्रकरण विवादित हो चुका है। पुलिस की जाँच में पीड़िता के दावों पर प्रश्नचिह्न लगे हैं। जाँच का कोई नतीजा नहीं आया है, मगर प्रश्नचिह्नों के उभरते ही नफ़रती दस्ता फ़रार-सा हो गया है। वह अब लौटकर माफ़ी नहीं माँग रहा कि हमने एक घटना का लाभ मज़हबी नफ़रत फैलाने में लिया।

मुझे आज भी ऐसे फ़ोन आते हैं कि आप इस मुद्दे को क्यों नहीं उठाते। इनमें से ज़्यादातर फ़ोन कॉल वैसे ही लोगों के क्यों होते हैं जो किसी भी घटना में धार्मिक पक्ष तलाश कर उन्माद फैलाना चाहते हैं। कोई यह नहीं कहता कि आप ऐसे मुद्दों को छोड़ ही दें, वर्ना समाज में नफ़रत की भावना और फैलेगी जो कि देश के लिए अच्छा नहीं है। ये ख़ास क़िस्म के लोग किसी अन्य जीवनदायी सवालों पर बहस करने के लिए मुझे फ़ोन कॉल क्यों नहीं करते! ये अभद्र भाषा में विरोध जताने

से लेकर जान से मारने की धमकी तक देते हैं और फिर अगले ही पल ख़ुद को धार्मिक रूप से उदार भी बताते हैं। जो उदार है, वह नफ़रत की बात कैसे कर सकता है?

यह आपको तय करना है कि किन्हीं वास्तविक या अवास्तविक कारणों के बहाने आप नफ़रत को मिटाना चाहते हैं या फैलाना चाहते हैं। जो नफ़रत में यक़ीन करता है, उसे तो किसी ठोस कारण की कोई ज़रूरत है भी नहीं। वह हर हाल में किसी समुदाय विशेष से नफ़रत ही करेगा। ज़रूरी यह है कि हम ऐसी सोच रखने वालों को समाज में हाशिये पर धकेलें।

अगर आप किसी से मोहब्बत नहीं करते हैं तो क्या करते हैं? क्या कभी भी, किसी भी दलील से आप नफ़रत को जायज़ ठहरा सकते हैं? इस देश में न्यायिक इंसाफ़ न मिलने की अनेक दास्तानें हैं। क्या उनका बहाना बनाकर समाज में ज़हर घोल दिया जाना चाहिए? मीडिया ने किसी घटना विशेष को कवर किया या नहीं किया, यह सवाल तो पूछा ही जाना चाहिए; मगर क्या वह सवाल इस मक़सद से पूछा जाना चाहिए कि समाज में नफ़रत को भड़काया जा सके?

अगर आप में करुणा नहीं है तो आप नहीं समझ सकेंगे हिंदू होने को, बौद्ध होने को या मुसलमान होने को। करुणा के बिना कोई धार्मिक नहीं हो सकता। जिसमें करुणा नहीं होती, वह धार्मिक होने के नाम पर वहशी हो जाता है। उसके लिए धर्म वर्चस्व कायम करने का ज़रिया बन जाता है। दरअसल, धर्म अंततः आपको सहनशील होना सिखाता है।

जब मुझसे पूछा जाता है कि पंद्रह अगस्त क्यों मनाएँ, कुछ ऐसा हुआ तो नहीं है; तब मैं यही जवाब देता हूँ कि अगर आपने अपने भीतर किसी भी प्रकार की नफ़रत पर काबू पाया है, सहनशीलता बढ़ाई है तो आप पंद्रह अगस्त मनाने के पूर्ण हक़दार हैं। अगर आपको किसी दूसरे धर्म या समुदाय से नफ़रत नहीं होती तो आप पंद्रह अगस्त मना सकते हैं। अगर आपने नफ़रत के ख़िलाफ़ आवाज़ उठाई है या उससे अपने भीतर लड़ाई की है तो यह समझिए कि भगत सिंह आपके लिए शहीद हुए, खुदीराम बोस आपके लिए फाँसी पर चढ़े, महात्मा गांधी ने आपके लिए सीने पर गोली खाई। आपको पंद्रह अगस्त ज़रूर मनाना चाहिए।

यह नहीं हो सकता कि आप किसी समुदाय से नफ़रत करें और भगत सिंह की टोपी पहनकर देशभक्त होने का ऐलान कर दें। अगर आपने ऐसा नहीं किया है तो आपने उस भारत के सपनों को ज़िंदा रखा है जिसे साकार करने के लिए 1857 से लेकर 1947 तक लाखों लोगों ने शहादत दी। इसलिए ये पंद्रह अगस्त आपका है।

माना कि अभी बहुत कमियाँ हैं। अभी बहुत कुछ करना है। उन कमियों के प्रति आप सचेत हैं और प्रयासरत हैं तो एक दिन विश्राम कर पंद्रह अगस्त मना सकते हैं। एक आइसक्रीम खा सकते हैं, एक गुलाबजामुन खा सकते हैं, दो जलेबियाँ खा सकते हैं और कुछ मिठाई खरीदकर किसी ग़रीब को भी खिला सकते हैं; क्योंकि आपमें यह जो ख़ूबियाँ आई हैं वो उस भारत के सपने के कारण संभव हुई हैं, जिसे हमसे पहले की अनेक पीढ़ियों ने एक ख़ूबसूरत स्वेटर की तरह बुना है। जिसकी हल्की-सी गर्मी भी हमारा दिल बड़ा कर देती है, आज़ादी के जश्न का हौसला देती है।

नागरिक पत्रकारिता की ताक़त*

दुनिया भर में, सूरज की आग में तपते लोकतंत्र को चाँद की ठंडक तो चाहिए। यह ठंडक आएगी कहाँ से? सूचनाओं की वास्तविकता से, प्रामाणिकता से, पवित्रता से और साहस से, न कि नेताओं की ऊँची आवाज़ से। सूचना जितनी पवित्र होगी, प्रामाणिक होगी, नागरिकों के बीच भरोसा उतना ही गहरा होगा। देश सही सूचनाओं से बनता है। फ़ेक न्यूज़, प्रोपगैंडा और झूठे इतिहास से हमेशा भीड़ बनती है।

यह समय नागरिक होने के इम्तिहान का है। नागरिकता को फिर से समझने का है और उसके लिए लड़ने का है। यह जानते हुए कि इस समय नागरिकता पर चौतरफ़ा हमले हो रहे हैं और सत्ता की निगरानी बढ़ती जा रही है, एक व्यक्ति और एक समूह के तौर पर जो इस हमले से ख़ुद को बचा लेगा और इस लड़ाई में माँज लेगा, वही नागरिक भविष्य के बेहतर समाज और सरकार की बुनियाद रखेगा। दुनिया ऐसे नागरिकों की ज़िद से भरी हुई है। नफ़रत के माहौल और सूचनाओं के सूखे में कोई है जो इस रेगिस्तान में कैक्टस के फूल की तरह खिला

*6 सितंबर, 2019 को मनीला में रैमॉन मैगसेसे सेंटर में दिए गए भाषण का संपादित पाठ।

हुआ है। रेत में खड़ा पेड़ कभी यह नहीं सोचता कि उसके यहाँ होने का मतलब क्या है। वह दूसरों के लिए खड़ा होता है, ताकि पता चले कि रेत में भी हरियाली होती है। जहाँ कहीं भी लोकतंत्र को हरे-भरे मैदान से रेगिस्तान में तब्दील किया जा रहा है, वहाँ आज नागरिक होने और सूचना पर उसके अधिकार की लड़ाई थोड़ी मुश्किल ज़रूर हो गई है, मगर असंभव नहीं है।

नागरिकता के लिए ज़रूरी है कि सूचनाओं की स्वतंत्रता और प्रामाणिकता हो। आज मीडिया और उसके बिज़नेस पर स्टेट का पूरा कंट्रोल हो चुका है। मीडिया पर कंट्रोल का मतलब है, आपकी नागरिकता का दायरा छोटा हो जाना। मीडिया अब सर्विलांस स्टेट का पार्ट है जो निगरानी करता है। वह अब फोर्थ एस्टेट नहीं है, बल्कि फ़र्स्ट एस्टेट है। प्राइवेट मीडिया और गवर्नमेंट मीडिया का अंतर मिट गया है। इसका काम ओपिनियन को डाइवर्सिफ़ाई करना नहीं है, बल्कि कंट्रोल करना है। ऐसा भारत सहित दुनिया के कई देशों में हो रहा है।

न्यूज़ चैनलों की डिबेट की भाषा लगातार लोगों को राष्ट्र की उनकी अपनी समझ से भटकाने में सक्रिय है। इतिहास की सामूहिक स्मृतियों को हटाकर उनकी जगह एक पार्टी का 'राष्ट्र' और 'इतिहास' लोगों पर थोपा जा रहा है। मीडिया की भाषा में दो तरह के नागरिक हैं—एक तो नेशनल और दूसरे, एंटी-नेशनल। एंटी-नेशनल वह है जो सवाल करता है, असहमति रखता है। असहमति लोकतंत्र और नागरिकता की आत्मा है। उस आत्मा पर रोज़ हमला होता है। जब नागरिकता ख़तरे में हो या उसका मतलब ही बदल दिया जाए, तब उस नागरिक की पत्रकारिता कैसी होगी? नागरिक तो दोनों हैं, जो ख़ुद को नेशनल कहता है और जिसे एंटी-नेशनल कहा जाता है।

दुनिया के कई देशों में यह स्टेट सिस्टम, जिसमें न्यायपालिका भी शामिल है, लोगों के बीच लेजिटिमाइज़ हो चुका है। फिर भी हम कश्मीर और हांगकांग के उदाहरण से समझ सकते हैं कि लोगों के बीच लोकतंत्र और नागरिकता की क्लासिक समझ अभी भी बची हुई है और वे उसके लिए संघर्ष कर रहे हैं। आख़िर क्यों हांगकांग में लोकतंत्र के लिए लड़ने वाले लाखों लोगों का सोशल मीडिया पर विश्वास नहीं रहा। उन्हें उस भाषा पर भी विश्वास नहीं रहा, जिसे सरकारें जानती हैं। इसलिए उन्होंने अपनी नई भाषा गढ़ी और उसमें आंदोलन की रणनीति को कम्यूनिकेट किया। यह नागरिक होने की रचनात्मक लड़ाई है। हांगकांग के नागरिक अपने अधिकारों को बचाने के लिए उन जगहों के समानांतर, नई जगह पैदा कर रहे हैं, जहाँ लाखों लोग नए तरीक़े से बात करते हैं, नए तरीक़े से लड़ते हैं और पल भर में जमा हो जाते हैं। अपना एप्प बना लिया और मेट्रो के इलेक्ट्रॉनिक टिकट ख़रीदने की रणनीति बदल ली। फ़ोन के सिमकार्ड का इस्तेमाल बदल लिया। कंट्रोल के इन सामानों को नागरिकों ने कबाड़ में बदल दिया। यह प्रोसेस बता रहा है कि स्टेट ने नागरिकता की लड़ाई अभी पूरी तरह नहीं जीती है। हांगकांग के लोग सूचना संसार के आधिकारिक नेटवर्क से ख़ुद ही अलग हो गए।

कश्मीर में दूसरी कहानी है। वहाँ कई दिनों के लिए सूचना-तंत्र को बंद कर दिया गया। एक करोड़ से अधिक की आबादी को सरकार ने सूचना संसार से अलग कर दिया। इंटरनेट शट डाउन हो गया। मोबाइल फ़ोन बंद हो गए। सरकार के अधिकारी प्रेस का काम करने लगे और प्रेस के लोग सरकार का काम करने लग गए। क्या आप बग़ैर कम्यूनिकेशन और इन्फ़ॉर्मेशन के सिटिज़न की कल्पना कर सकते हैं? क्या होगा, जब

मीडिया, जिसका काम सूचना जुटाना है, सूचना के तमाम नेटवर्क के बंद होने का समर्थन करने लगे और वह उस सिटिज़न के ख़िलाफ़ हो जाए जो अपने स्तर पर सूचना ला रहा है या ला रही है या सूचना की माँग कर रहा है/कर रही है।

यह उतना ही दुर्भाग्यपूर्ण है कि भारत के सारे पड़ोसी प्रेस की स्वतंत्रता के मामले में निचले पायदान पर हैं। पाकिस्तान, चीन, श्रीलंका, बांग्लादेश, म्यांमार और भारत। नीचे की रैंकिंग में ये सब पड़ोसी हैं। पाकिस्तान में एक इलेक्ट्रॉनिक मीडिया रेगुलेटरी अथॉरिटी है जो अपने न्यूज़ चैनलों को निर्देश देती है कि कश्मीर पर भारत के ख़िलाफ़ किस तरह से प्रोपगैंडा करना है, कैसे रिपोर्टिंग करनी है। इसे वैसे तो सरकारी भाषा में सलाह कहते हैं, मगर होता यह निर्देश ही है। बताया जाता है कि कैसे 15 अगस्त के दिन स्क्रीन को ख़ाली रखना है, ताकि पाकिस्तान कश्मीर के समर्थन में काला दिवस मना सके। जिसकी समस्या का एक बड़ा कारण वह भी है। महात्मा गांधी ने 1 जनवरी, 1948 को कहा था—'फ़ुजूल की बेएतबारी जहालत और बुज़दिली की निशानी है।'

दूसरी तरफ़, जब कश्मीर टाइम्स की अनुराधा भसीन भारत के सुप्रीम कोर्ट जाती हैं तो उनके ख़िलाफ़ प्रेस काउंसिल ऑफ़ इंडिया कोर्ट चला जाता है, यह कहने कि कश्मीर घाटी में मीडिया पर लगे बैन का वह समर्थन करता है। मेरी राय में प्रेस काउंसिल ऑफ़ इंडिया और पाकिस्तान के इलेक्ट्रॉनिक मीडिया रेगुलेटरी अथॉरिटी के दफ़्तर एक ही बिल्डिंग में होने चाहिए। गनीमत है कि एडिटर्स गिल्ड ऑफ़ इंडिया ने कश्मीर में मीडिया पर लगी रोक की निंदा की और प्रेस काउंसिल ऑफ़ इंडिया की भी आलोचना की। पी.सी.आई. बाद में स्वतंत्रता के साथ हो गया। दोनों देशों के नागरिकों को सोचना चाहिए, लोकतंत्र मज़ाक़ नहीं है, वह

एक गंभीर मसला है। क्या वे बगैर सूचनाओं के, बगैर सही सूचनाओं के अपने देश के भीतर और दुनिया के साथ संवाद कायम कर सकते हैं? और अगर करेंगे भी तो क्या उसमें यह विश्वसनीयता रहेगी, जिसके लिए वो चाहते हैं कि माहौल अच्छा हो। प्रोपगैंडा के ज़रिये क्या वे एक-दूसरे में भरोसा पैदा कर पाएँगे? होली नहीं है कि इधर से गुब्बारा मारा तो उधर से गुब्बारा मार दिया। वैसे, भारत के न्यूज़ चैनल दर्शकों को परमाणु हमले के समय बचने की तैयारी का लेक्चर दे रहे हैं। बता रहे हैं कि परमाणु हमले के वक़्त बेसमेंट में छिप जाएँ। आप हँसें नहीं। वे अपना काम काफ़ी सीरियसली कर रहे हैं।

यह वही मीडिया है, जिसने अपने खर्चे में कटौती के लिए 'सिटिज़न जर्नलिज़्म' को गढ़ना शुरू किया था। इसके ज़रिये मीडिया ने अपने रिस्क को आउटसोर्स कर दिया। मेनस्ट्रीम मीडिया के भीतर सिटिज़न जर्नलिज़्म और मेनस्ट्रीम मीडिया के बाहर के सिटिज़न जर्नलिज़्म दोनों अलग-अलग चीज़ें हैं। लेकिन जब सोशल मीडिया के शुरुआती दौर में लोग सवाल करने लगे तो यही मीडिया सोशल मीडिया के ख़िलाफ़ हो गया। न्यूज़रूम के भीतर ब्लॉग और वेबसाइट बंद किए जाने लगे। आज भी कई सारे न्यूज़रूम में पत्रकारों को पर्सनल ओपिनियन लिखने की अनुमति नहीं है। यह अलग बात है कि उसी दौरान बगदाद बर्निंग ब्लॉग के ज़रिये 24 साल की छात्रा रिवरबेंड (असल नाम सार्वजनिक नहीं किया गया) की इराक पर हुए हमले, युद्ध और तबाही की रोज़

की स्थिति ब्लॉग पोस्ट की शक्ल में आ रही थी और जिसे साल 2005 में 'Baghdad Burning: Girl Blog from Iraq' शीर्षक से किताब की शक्ल में पेश किया गया तो दुनिया के प्रमुख मीडिया संस्थानों ने माना कि जो काम सोशल मीडिया के ज़रिये एक लड़की ने किया, वह हमारे पत्रकार भी नहीं कर पाते। यह सिटिज़न जर्नलिज़्म है जो मेनस्ट्रीम मीडिया के बाहर हुआ।

आज कोई लड़की कश्मीर में बगदाद बर्निंग की तरह ब्लॉग लिख दे तो मेनस्ट्रीम मीडिया उसे एंटी-नेशनल बताने लगेगा। मीडिया लगातार सिटिज़न जर्नलिज़्म के स्पेस को एन्टी-जर्नलिज़्म के नाम पर डि-लेजिटिमाइज़ करने लगा है, क्योंकि उसका इंटरेस्ट अब जर्नलिज़्म में नहीं है। पत्रकारिता के नाम पर मीडिया अब स्टेट का भागीदार है, उसका काम्प्रडॉर है, एजेंट है। मेरे ख़याल से सिटिज़न जर्नलिज़्म या नागरिक पत्रकारिता की कल्पना का बीज उसी वक़्त के लिए है, जब मुख्यधारा पत्रकारिता सूचना के ख़िलाफ़ हो जाए। उसे हर वह आदमी देश के ख़िलाफ़ नज़र आने लगे जो सूचना पाने के लिए संघर्ष कर रहा हो। मेनस्ट्रीम मीडिया जब नागरिकों को सूचना से वंचित करने लगे, असमहति की आवाज़ को गद्दार कहने लगे। इसीलिए यह नागरिक होने का टेस्टिंग टाइम है।

जब मीडिया ही नागरिक के ख़िलाफ़ हो जाए तो फिर नागरिक को मीडिया बनना ही पड़ेगा। यह जानते हुए कि स्टेट कंट्रोल के इस दौर में सिटिज़न और सिटिज़न जर्नलिज़्म दोनों के ख़तरे बहुत बड़े हैं और सफलता बहुत दूर नज़र आती है। उसके लिए स्टेट के भीतर से इन्फ़ॉर्मेशन हासिल करने के दरवाज़े पूरी तरह बंद हैं। मेनस्ट्रीम मीडिया सिटिज़न जर्नलिज़्म में कॉस्ट कटिंग और प्रॉफ़िट का स्कोप बनाना चाहता है और इसके लिए उसका सरकार का पीआर होना ज़रूरी है। सिटिज़न जर्नलिज़्म संघर्ष कर

रहा है कि कैसे वह जनता के सपोर्ट पर सरकार और विज्ञापन के जाल से बाहर रह सके। लेकिन अभी सफलता बहुत दूर है।

भारत का मेनस्ट्रीम मीडिया पढ़े-लिखे नागरिकों को दिन-रात पोस्ट-इलिटरेट करने में लगा है। वह अंधविश्वास से घिरे नागरिकों को सचेत और समर्थ नागरिक बनाने का प्रयास छोड़ चुका है। अंध-राष्ट्रवाद और सांप्रदायिकता उसके सिलेबस का हिस्सा हैं।

यह स्टेट के नैरेटिव को पवित्र सूचना (प्योर इन्फ़ॉर्मेशन) मानने लगा है। अगर आप इस मीडिया के ज़रिये किसी डिमोक्रेसी को समझने का प्रयास करेंगे तो यह एक ऐसे लोकतंत्र की तस्वीर बनाता है, जहाँ सारी सूचनाओं का रंग एक है। यह रंग सत्ता के रंग से मेल खाता है। उसका एक रंग है—झूठ। कई सौ चैनल हैं, मगर सारे चैनलों पर एक ही अंदाज़ में एक ही प्रकार की सूचना है। एक तरह से सवाल फ्रेम किए जा रहे हैं, ताकि सूचना के नाम पर धारणा फैलाई जा सके। इन्फ़ॉर्मेशन में धारणा ही सूचना है—perception is the new information—जिसमें हर दिन नागरिकों को डराया जाता है, उनके बीच असुरक्षा पैदा की जाती है कि बोलने पर आपके अधिकार ले लिए जाएँगे। इस मीडिया के लिए 'विपक्ष' एक गंदा शब्द है।

जब मेनस्ट्रीम मीडिया में विपक्ष और असहमति गाली बन जाए, तब असली संकट नागरिक पर ही आता है। दुर्भाग्य से इस काम में न्यूज़ चैनलों की आवाज़ सबसे कर्कश और ऊँची है। एंकर अब बोलता नहीं

है, चीख़ता है।

भारत में बहुत कुछ शानदार है। यह एक महान देश है। इसकी उपलब्धियाँ आज भी दुनिया के सामने नज़ीर हैं, लेकिन इसके मेनस्ट्रीम और TV मीडिया का ज़्यादातर हिस्सा गटर हो गया है। भारत के नागरिकों में लोकतंत्र का जज़्बा बहुत ख़ूब है, लेकिन न्यूज़ चैनलों का मीडिया उस जज़्बे को हर रात कुचलने आ जाता है। लाखों साधारण लोग अपनी-अपनी माँगों को लेकर हर दिन प्रदर्शन करते हैं, लाठियाँ खाते हैं। वो सबूत दे रहे हैं कि लोकतंत्र अभी ज़िंदा है। लेकिन मेनस्ट्रीम मीडिया उनकी परवाह नहीं करता है। भारत में शाम तो सूरज डूबने से होती है, लेकिन रात का अँधेरा न्यूज़ चैनलों पर प्रसारित होने वाली ख़बरों से फैलता है।

भारत में लोगों के बीच लोकतंत्र ख़ूब ज़िंदा है। हर दिन सरकार के ख़िलाफ़ ज़ोरदार प्रदर्शन हो रहे हैं, मगर मीडिया अब इन प्रदर्शनों की स्क्रीनिंग करने लगा है। अब इनकी ख़बरें नहीं बनतीं। उसके लिए प्रदर्शन करना, एक फ़ालतू काम है। बग़ैर डिमॉन्स्ट्रेशन के कोई भी डिमोक्रेसी, डिमोक्रेसी नहीं हो सकती है। इन प्रदर्शनों में शामिल लाखों लोग अब खुद वीडियो बनाने लगे हैं। फ़ोन से बनाए गए उस वीडियो में ख़ुद ही रिपोर्टर बन जाते हैं और घटनास्थल का ब्योरा देने लगते हैं, जिसे बाद में प्रदर्शन में आए लोगों के व्हॉट्सएप्प ग्रुप में चलाया जाता है। मेनस्ट्रीम मीडिया उन्हें जिस नागरिकता का पाठ पढ़ा रहा है, उसमें नागरिक का मतलब यह नहीं कि वह सरकार के ख़िलाफ़ नारेबाज़ी करे। इसलिए नागरिक अपने होने का मतलब बचाए रखने के लिए व्हॉट्सएप्प ग्रुप के लिए वीडियो बना रहा है। आंदोलन करने वाले सिटिज़न जर्नलिज़्म करने लगते हैं। अपना वीडियो बनाकर यूट्यूब पर डालने लगते हैं।

जब स्टेट और मीडिया एक होकर सिटिज़न को कंट्रोल करने लगें, तब क्या कोई सिटिज़न जर्नलिस्ट के रूप में ऐक्ट कर सकता है? सिटिज़न बने रहने और अपने अधिकारों के सही इस्तेमाल के लिए जिस ईको-सिस्टम की ज़रूरत होती है, वह भी उसी डिमोक्रेसी को प्रोवाइड कराना होता है जिसमें कोई सिटिज़न रह रहा होता है। अगर कोर्ट, पुलिस और मीडिया होस्टाइल हो जाएँ, फिर सोसाइटी का वह हिस्सा जो स्टेट बन चुका है, किसी नागरिक को एक्सक्लूड करने लगे तो हर तरह से निहत्था होकर वह नागरिक किस हद तक लड़ सकता है? यह हम सभी को सोचना है। पूरी दुनिया को सोचना है, क्योंकि यह पूरी दुनिया में हो रहा है। नागरिक फिर भी लड़ रहा है।

मुझे हर दिन व्हॉट्सएप्प पर 500 से 1,000 मैसेज आते हैं। कभी-कभी यह संख्या ज़्यादा भी होती है। हर दूसरे मैसेज में लोग अपनी समस्या के साथ पत्रकारिता का मतलब भी लिखते हैं। मेनस्ट्रीम न्यूज़ मीडिया भले ही पत्रकारिता की परिभाषा को भूल गया है, लेकिन जनता को याद है कि पत्रकारिता की परिभाषा कैसी होनी चाहिए। जब भी मैं अपना व्हॉट्सएप्प खोलता हूँ, यह देखने के लिए कि मेरे ऑफ़िस के ग्रुप में किस तरह की सूचना आई है, मैं वहाँ तक पहुँच ही नहीं पाता। मैं हज़ारों लोगों की भेजी हुई सूचनाओं को देखने में ही उलझ जाता हूँ, इसलिए मैं अपने व्हॉट्सएप्प को पब्लिक न्यूज़रूम कहता हूँ। देशभर में मेरे नंबर को ट्रोल आर्मी ने वायरल किया कि मुझे गाली दी जाए। गालियाँ आईं, धमकियाँ भी आईं। आ रही हैं, लेकिन उसी नंबर पर वो लोग भी अपनी और अपने इलाक़े की ख़बरों को लेकर आए जिनकी आवाज़ मीडिया के माध्यमों की बहुलता के इस दौर में भी दबा दी गई हैं। ये वो ख़बरें हैं जो न्यूज़ चैनलों की परिभाषा के हिसाब से ख़त्म हो

चुकी हैं, मगर उन्हीं चैनलों को देखने वाले ये लोग जब ख़ुद परेशानी में पड़ते हैं तब उन्हें पत्रकार का मतलब पता होता है। उनके ज़हन से पत्रकारिता का मतलब अभी समाप्त नहीं हुआ है।

जब रूलिंग पार्टी ने मेरे शो का बहिष्कार किया था, तब मेरे सारे रास्ते बंद हो गए थे। उस समय यही वे लोग थे, जिन्होंने अपनी समस्याओं से मेरे शो को भर दिया। जिस मेनस्ट्रीम मीडिया ने सिटिज़न जर्नलिज़्म के नाम पर जर्नलिज़्म और सत्ता के ख़िलाफ़ बोलने वाले तक को आउटसोर्स किया था, जिससे लोगों के बीच मीडिया का भ्रम बना रहे, सिटिज़न के इस समूह ने मुझे मेनस्ट्रीम मीडिया में सिटिज़न जर्नलिस्ट बना दिया। मीडिया का यही भविष्य होना है। उसके पत्रकारों को सिटिज़न जर्नलिस्ट बनना है, ताकि लोग सिटिज़न बन सकें।

ठीक उसी समय में, जब न्यूज़ चैनलों से आम लोग ग़ायब कर दिए गए और उन पर डिबेट शो के ज़रिये पॉलिटिकल एजेंडा थोपा जाने लगा, एक तरह के नैरेटिव से लोगों को घेरा जाने लगा, उसी समय में लोग इस घेरे को तोड़ने का प्रयास भी कर रहे हैं। गालियों और धमकियों के बीच ऐसे संदेशों की संख्या बढ़ने लगी, जिनमें लोग सरकार से डिमांड कर रहे थे। मैं लोगों की समस्याओं से ट्रोल किया जाने लगा हूँ, और इसका मुझे सुखद एहसास है। 'क्या आप नहीं बोलेंगे, क्या आप सरकार से डरते हैं?'—यह आवाज़ उनके लिखे हुए हर मैसेज से आती है। मैंने उन्हें सुनना शुरू कर दिया।

प्राइम टाइम शो का मिज़ाज बदल गया। हज़ारों नौजवानों के मैसेज आने लगे कि सेंट्रल गवर्नमेंट और स्टेट गवर्नमेंट सरकारी नौकरी की परीक्षा-प्रक्रिया को दो से तीन साल में भी पूरी नहीं करती हैं। जिन परीक्षाओं के रिज़ल्ट आ जाते हैं, उनमें भी अप्वाइंटमेंट लेटर ज़ारी नहीं

करती हैं। अगर मैं सारी परीक्षाओं में शामिल नौजवानों की संख्या का हिसाब लगाऊँ तो रिज़ल्ट का इंतज़ार कर रहे नौजवानों की संख्या एक करोड़ तक चली जाती है। प्राइम टाइम शो के 'जॉब सीरीज़' का असर होने लगा और देखते-देखते कई परीक्षाओं के रिज़ल्ट भी निकले और नौजवानों को अप्वाइंटमेंट लेटर भी मिला। जिस राज्य (बिहार) से मैं आता हूँ, वहाँ 2014 की परीक्षा का परिणाम 2018 तक नहीं आया था। बस, मेरा व्हॉट्सएप्प नंबर पब्लिक न्यूज़रूम में बदल गया। सरकार और पार्टी सिस्टम में जब मेरे सीक्रेट सोर्स किनारा करने लगे, मुझसे बात करने से बचने लगे, तब पब्लिक मेरे लिए ओपन सोर्स बन गई।

मेरा प्राइम टाइम शो अब अक्सर लोगों के भेजे गए मैसेज के आधार पर बनने लगा है। यह व्हॉट्सएप्प का रिवर्स इस्तेमाल था। एक तरफ़ राजनीतिक दल का आईटी सेल लाखों की संख्या में सांप्रदायिकता, ज़ेनोफोबिया, अंधराष्ट्रवाद फैलाने वाले मैसेज भेज रहा है, तो दूसरी तरफ असली ख़बरों के मैसेज भी मुझ तक पहुँच रहे हैं। मेरा न्यूज़रूम NDTV इंडिया के न्यूज़रूम से शिफ़्ट होकर लोगों के बीच चला गया है। यही भारत के लोकतंत्र की उम्मीद हैं, क्योंकि इन्होंने न तो सरकार से उम्मीद छोड़ी है और न ही सरकार से सवाल करने का रास्ता अभी बंद किया है। तभी तो वे लोग मेनस्ट्रीम मीडिया में अपने लिए खिड़की ढूँढ़ रहे हैं या उन्होंने ढूँढ़ ली है। जब यूनिवर्सिटी की रैंकिंग के झूठे और फ़र्ज़ी सपने दिखाए जा रहे थे, तब कॉलेजों के छात्र अपने क्लासरूम और टीचर की संख्या मुझे भेज रहे थे। 10,000 छात्रों पर 10-20 शिक्षक भी नहीं हैं बिहार के कॉलेजों में। मैं वहाँ कभी नहीं पहुँच पाता, मगर लोग मुझ तक पूरी जानकारी के साथ पहुँच रहे थे। मीडिया जिस दौर में स्टेट के हिसाब से सिटिज़न को डिफ़ाइन कर रहा था, उसी दौर में

सिटिज़न अपने हिसाब से मुझे डिफ़ाइन करने लगे। डिमोक्रेसी में उम्मीदों के कैक्टस के फूल खिलने लगे।

मुझे चंडीगढ़ की उस लड़की का मैसेज अब भी याद है। वह प्राइम टाइम देख रही थी और उसके पिता TV बंद कर रहे थे। उसने अपने पिता की बात नहीं मानी और पूरा शो देखा। वह भारत के लोकतंत्र की नागरिक है। जब तक भारत में वैसी लड़कियाँ हैं, लोकतंत्र अपनी चुनौतियों को पार कर लेगा। उन बहुत से लोगों का ज़िक्र करना चाहता हूँ, जिन्होंने पहले मुझे ट्रोल किया, गालियाँ दीं, मगर बाद में ख़ुद लिखकर मुझसे माफ़ी माँगी। अगर मुझे लाखों गालियाँ आई हैं तो माफ़ी के ऐसे हज़ारों मैसेज भी आए हैं। महाराष्ट्र के उस लड़के का मैसेज याद है जो अपनी दुकान पर TV पर चल रहे नफ़रत वाले डिबेट से घबरा उठता है और अकेले में कहीं जा बैठता है। जब अपने घर में वह मेरा शो चलाता है तो उसके पिता और भाई टीवी बंद कर देते हैं कि मैं देशद्रोही हूँ। मेनस्ट्रीम मीडिया और आईटी सेल ने मेरे ख़िलाफ़ यही कैम्पेन चलाया है। आप समझ सकते हैं कि इस तरह के कैम्पेन से घरों में स्क्रीनिंग होने लगी है। लोग आईटी सेल का काम करने लगे हैं।

यह मैं इसलिए बता रहा हूँ कि आज नागरिक पत्रकार होने के लिए आपको स्टेट और स्टेट की तरह बर्ताव करने वाले नागरिक से भी जूझना होगा। जो बड़ा भाई छोटे भाई को टीवी नहीं देखने दे रहा है, जो पिता अपनी बेटी को प्राइम टाइम देखने से रोक रहे हैं, वह घर में स्टेट की तरह बर्ताव करने वाला नागरिक पैदा हो गया है। यही डरने वाली बात है। चुनौती सिर्फ़ स्टेट नहीं है, स्टेट जैसे हो चुके लोग भी हैं। सांप्रदायिकता और अंध-राष्ट्रवाद से लैस भीड़ के बीच दूसरे नागरिक भी डर जाते हैं। उनका जोख़िम बढ़ जाता है। आपको अपने मोबाइल पर

यह मैसेज देखकर घर से निकलना होता है कि मैसेज भेजने वाला मुझे लिंच कर देना चाहता है। आज का नागरिक दोहरे दबाव में है। उसके सामने चुनौती है कि वह इस मीडिया से कैसे लड़े, जो दिन-रात उसी के नाम पर अपना धंधा करता है।

हम इस मोड़ पर हैं, जहाँ लोगों को सरकार तक पहुँचने के लिए मीडिया के बैरिकेड से लड़ना ही होगा। वर्ना उसकी आवाज़ व्हॉट्सएप्प के इनबॉक्स में घूमती रह जाएगी। पहले लोगों को नागरिक बनना होगा, फिर स्टेट को बताना होगा कि उसका एक काम यह भी है कि वह हमारी नागरिकता के लिए ज़रूरी निर्भीकता का माहौल बनाए। स्टेट से सवाल कर सकने का माहौल बनाने की ज़िम्मेदारी भी सरकार की है। एक सरकार का मूल्यांकन आप तभी कर सकते हैं, जब उसके दौर में मीडिया स्वतंत्र हो। सूचना के बाद अब अगला हमला इतिहास पर हो रहा है, जिससे हमें ताक़त मिलती है, प्रेरणा मिलती है। अब उस इतिहास को छीना जा रहा है।

आज मुख्यधारा मीडिया के पत्रकार बहुत डरे हुए हैं और एक डरा हुआ पत्रकार एक मरा हुआ नागरिक पैदा करता है। आज़ादी के समय भी तो ऐसा ही था। बाल गंगाधर तिलक, महात्मा गांधी, डॉ. आंबेडकर, गणेश शंकर विद्यार्थी, पीर मुहम्मद मूनिस—अनगिनत नाम हैं। ये सब अपने दौर के सिटिज़न जर्नलिस्ट थे। 1917 ई. में चंपारण सत्याग्रह के समय महात्मा गांधी ने कुछ दिनों के लिए प्रेस को आने से रोक दिया। उन्हें पत्र लिखा

कि आप चंपारण सत्याग्रह से दूर रहें। गांधी ख़ुद किसानों से उनकी बात सुनने लगे। चंपारण में गांधी के आसपास पब्लिक न्यूज़रूम बनाकर बैठ गई। आप उन तस्वीरों को देखेंगे तो न्यूज़रूम में एडिटर की तरह गांधी बैठे हुए हैं और हर नागरिक एक पत्रकार की तरह उन्हें अपनी रिपोर्ट बताता हुआ दिखाई देता है। वहाँ की अवाम अपनी शिकायतें प्रमाण के साथ उन्हें बताने लगी। उसके बाद भारत की आज़ादी की लड़ाई का इतिहास आप सबके सामने है।

मैं ऐसे किसी दौर या देश को नहीं जानता जो ख़बरों के बग़ैर धड़क सकता है। किसी भी देश के ज़िंदादिल होने के लिए वहाँ सूचनाओं की प्रामाणिकता का होना बहुत ज़रूरी है। सूचनाएँ सही और प्रामाणिक नहीं होंगी तो नागरिकों के बीच का भरोसा कमज़ोर होगा। इसलिए एक बार फिर सिटिज़न जर्नलिज़्म की ज़रूरत तेज़ हो गई है। वह सिटिज़न जर्नलिज़्म जो मेनस्ट्रीम मीडिया की कारोबारी स्ट्रैटेजी से अलग है। इस हताशा की स्थिति में भी कई लोग इस गैप को भर रहे हैं, कॉमेडी से लेकर इंडिविजुअल यूट्यूब शो के ज़रियें सिटिज़न जर्नलिज़्म के मूल तत्त्व को ज़िंदा रखे हुए हैं। उनकी ताक़त का असर यह है कि भारत के लोकतंत्र में अभी सब कुछ एकतरफ़ा नहीं हुआ है। जबकि मुख्यधारा मीडिया एकतरफ़ा हो गया है। जनता सूचना के क्षेत्र में अपने स्पेस की लड़ाई लड़ रही है, भले ही वह जीत नहीं पाई है।

महात्मा गांधी ने 12 अप्रैल, 1947 की प्रार्थना-सभा में अख़बारों को लेकर एक बात कही थी। आज के विभाजनकारी मीडिया के लिए उनके प्रवचन काम आ सकते हैं। गांधी ने एक बड़े अख़बार के बारे में, जिसमें ख़बर छपी थी कि कांग्रेस की वर्किंग कमेटी में अब गांधी की कोई नहीं सुनता है, कहा था कि 'यदि अख़बार दुरुस्त नहीं रहेंगे तो फिर हिंदुस्तान

की आज़ादी किस काम की?' आज अख़बार डर गए हैं। वे अपनी आलोचना को देश की आलोचना बना देते हैं, जबकि मैं मेनस्ट्रीम मीडिया और ख़ासकर न्यूज़ चैनलों की आलोचना अपने महान देश के हित के लिए ही कर रहा हूँ। गांधी ने कहा था, 'आप इन निकम्मे अख़बारों को फेंक दें। कुछ ख़बर सुननी हो तो एक-दूसरे से पूछ लें। अगर पढ़ना ही चाहें तो सोच-समझकर अख़बार चुन लें, जो हिंदुस्तानवासियों की सेवा के लिए चलाए जा रहे हों, जो हिंदू और मुसलमान को मिलकर रहना सिखाते हों।' भारत के अख़बारों और चैनलों में हिंदू-मुसलमान को लड़ाने-भड़काने की पत्रकारिता हो रही है। गांधी होते तो यही कहते जो उन्होंने 12 अप्रैल, 1947 को कहा था और जिसे मैं यहाँ आज दोहरा रहा हूँ, इन न्यूज़ चैनलों को देखना बंद कर दीजिए। यह भारत के लोकतंत्र की हत्या करने का दैनिक प्रयास कर रहे हैं।

आज बड़े पैमाने पर नागरिक पत्रकारों की ज़रूरत है, लेकिन उससे भी ज़्यादा ज़रूरत है हर नागरिक के लोकतांत्रिक होने की।

किताब के बारे में

रवीश कुमार की यह किताब देश की स्थिति को जस का तस हमारे सामने रख देती है। यह इस बात की जाँच करती है कि कैसे सांस्थानिक, मानसिक और शारीरिक हिंसा का इस्तेमाल कर बहस, संवाद और सामाजिक सद्भाव को खत्म करने की कोशिश की जा रही है...पत्रकार कभी तटस्थ नहीं रह सकता, एक पक्ष उसे लेना ही पड़ेगा। भले ही उनके विचारों से कोई सहमत हो या न हो, एक पत्रकार के रूप में रवीश ने अपने काम में एक मुकाम हासिल किया है। इस बात से कोई इनकार नहीं कर सकता। यहाँ रामधारी सिंह 'दिनकर' की यह पंक्तियाँ बहुत सटीक बैठती हैं : *समर शेष है नहीं पाप का भागी केवल व्याघ्र; जो तटस्थ हैं, समय लिखेगा उनका भी इतिहास।*

—संदीप सिन्हा, द *ट्रिब्यून*

इस किताब को अच्छे ढंग से पढ़ा जाना चाहिए, इस पर पूरी बहस होनी चाहिए। हर चिंतक और हर पत्रकार को इसे सावधानी से पढ़ना चाहिए और इससे प्रेरणा लेनी चाहिए।... यह किताब हम सभी लोगों को किंकर्तव्यविमूढ़ हो जाने से सचेत करती है और साथ आने का आह्वान करती है। इसे उन सभी लोगों को पढऩा चाहिए जो देश के आज के हालात से निराश हैं।

—चित्रा अहन्थेम, द *इम्फाल प्रेस*

यह किताब प्रत्येक उस व्यक्ति के लिए आवश्यक है जो घृणा और धर्मांधता से सामना होने पर मुँह फेर लेता है। यह उन मीडिया संस्थानों के लिए हिम्मत को वापस हासिल करने की गाइड है जो सरकार की आलोचना करने से घबराते हैं। इसके साथ यह भारत और भारतीयों के, हमारी आँखों के सामने, बदल जाने की दस्तावेज़ है।

—प्रिया रमानी, *स्क्रॉल.इन*

जब हम लोग झूठ, अफ़वाह और डर की इस सर्द रात से गुज़रकर एक गुनगुनी सुबह में दाख़िल होंगे, तब यह किताब बीते वक़्त की याद ईमानदारी से दिलाती रहेगी। इस किताब को पढ़ते हुए कई बार लगता है कि कुमार निराशावादी हो रहे हैं, लेकिन यह किताब आशा से भरी है। यह आशा, एकता और करुणा की अलख जगाती है।

—प्रकाश के रे, द *वायर*

यह पुस्तक समकालीन भारत की वस्तुस्थिति की सटीक आलोचना है। और इसके छपकर आने के लिए आज से बेहतर और कोई वक़्त नहीं हो सकता था।

—ऐश्वर्या भूटा, *एल.एस.ई. रिव्यू ऑफ़ बुक्स*